GEORGES DUBY

W0062685

Wirklichkeit und höfischer Traum

Zur Kultur des Mittelalters

Aus dem Französischen von
Grete Osterwald

FISCHER TASCHENBUCH VERLAG

FISCHER WISSENSCHAFT

4.−5. Tausend: August 1991

Dieser Band wurde von Georges Duby in Zusammenarbeit mit
Aglaia Hartig und dem Verlag Klaus Wagenbach zusammengestellt.
Der Verlag dankt Grete Osterwald für ihre Hilfe bei der Auswahl
und Beschaffung der Illustrationen.

Ungekürzte Ausgabe
Veröffentlicht im Fischer Taschenbuch Verlag GmbH,
Frankfurt am Main, Mai 1990

Lizenzausgabe mit freundlicher Genehmigung
des Verlags Klaus Wagenbach, Berlin
Für die deutsche Ausgabe:
© 1986 Georges Duby und Verlag Klaus Wagenbach
Umschlaggestaltung: Buchholz / Hinsch / Hensinger
Druck und Bindung: Wagner GmbH, Nördlingen
Printed in West-Germany
ISBN 3-596-10252-9

Inhalt

Vorwort

Der vorliegende Band sammelt einige kürzere Arbeiten, die in unterschiedlichen Zusammenhängen entstanden sind. Sie beziehen sich jedoch alle auf einen bestimmten Abschnitt jenes wissenschaftlichen Weges, dessen Verlauf ich 1970 in meiner Antrittsvorlesung über ›Die mittelalterlichen Gesellschaften‹ am Collège de France beschrieben habe. Derselbe Text dient als Einführung zu den nachfolgenden Beiträgen, deren Stellenwert für den Zusammenhang meiner Forschungsarbeiten ich hier kurz erläutern möchte.

In meinem Bemühen, das Funktionieren jener Gesellschaft, die wir gewöhnlich als Feudalgesellschaft bezeichnen, besser zu verstehen, habe ich mich anfangs auf die genauere Untersuchung ihrer materiellen Grundlagen konzentriert. Die Lehrer, deren Werk meine ersten Schritte lenkte, insbesondere Marc Bloch, hatten die materiellen Grundlagen in den Mittelpunkt ihrer Aufmerksamkeit gestellt; nicht zufällig trägt ja die Zeitschrift ›Annales‹, von der ich mich in den Jahren meiner Ausbildung anregen ließ, den Titel ›Annales d'histoire économique et sociale‹ – einen Titel, der die Vorrangigkeit der Wirtschaftsgeschichte bekräftigte und die Geschichte der Gesellschaften – mein Feld also –, wie die Ethnologen sagen würden – auf den zweiten Platz verweist.

Ich spreche hier von den Ethnologen, weil die eifrige Lektüre ihrer Arbeiten mich seit den fünfziger Jahren in der Überzeugung bestärkt, daß der Einfluß ›ideeller‹ Faktoren, um einen Ausdruck des französischen Anthropologen Maurice Godelier zu gebrauchen, nicht weniger determinierend für die gesellschaftlichen Veränderungen und die ihnen zugrundeliegenden Bewegungen ist, als der Einfluß der im eigentlichen Sinne materiellen Faktoren. Es liegt auf der Hand, daß beispielsweise die Verwandtschaftsstrukturen, die Mythen, die Glaubensvorstellungen oder die religiösen Institutionen sowohl in den ›primitiven‹ Kulturen als auch in der Vergangenheit unserer eigenen Kultur von herausragender Bedeutung für das Produktionssystem waren. Auf der Basis der Kenntnisse, die ich dank meiner früheren Arbeiten über den Stand der Techniken, die demographische Entwicklung, die Verteilung der Grundrechte sowie die Distribution und die Zirkulation der Reichtümer im Frankreich des 11., 12. und 13. Jahrhunderts besaß, habe ich mich in der jüngeren Zeit an die Erforschung eines Bereichs herangewagt, der viel weniger bekannt und schwerer zugänglich ist. Nicht, daß es an Quellen

Leben am Hof von König Artus
Französische Miniatur, um 1510

fehlte; im Gegenteil sie sind reichlich vorhanden; aber sie sind äußerst verschiedenartig und heikel zu interpretieren. Wer sich mit ihnen befaßt, muß in der Tat versuchen, sich zunächst von seinen eigenen Gewohnheiten im Denken, im Fühlen und im Glauben freizumachen, was nie vollständig gelingt.

Die folgenden Seiten handeln von Ideologien, von geistigen Vorstellungen, von Kulturmodellen, von ihrer Verbreitung und ihrem wechselseitigen Aufeinandertreffen. Geschrieben wurden sie in Vorbereitung oder am Rande größerer Werke wie *Le Dimanche de Bouvines* oder *Les trois Ordres ou l'Imaginaire du Féodalisme* (dt. *Die Drei Ordnungen*). Es sind Essais im wahrsten Sinne des Wortes, die zum Teil recht verwegen Neuland betreten. Ihr Ziel besteht darin, einer Geschichte den Weg zu bahnen, deren Traum es ist, mit Unterstützung der Anthropologie die vielfältigen Triebkräfte ans Licht zu bringen, deren Zusammenwirken das Schicksal der menschlichen Gesellschaften lenkt.

Georges Duby

Die mittelalterlichen Gesellschaften
Ein Überblick

Bis heute erscheint die Sozialgeschichte nur allzu oft als ein Anhängsel, als ein Zusatz, ja als die arme Verwandte der Wirtschaftsgeschichte. Die Wirtschaftsgeschichte, seit mehr als einem halben Jahrhundert von einem mächtigen Aufschwung beflügelt, hat in der Tat unentwegt die fruchtbarsten Forschungen angeregt und vorangetrieben; sie hat die weitesten Räume erobert und ist gerade im Begriff, sich mit Hilfe der jüngsten Entwicklung einer Archäologie des materiellen Lebens neue Wege zu bahnen. Sie triumphiert. Und im Strom ihres Erfolgs zieht sie die Geschichte der Gesellschaften hinter sich her. Kein Wunder, denn selbstverständlich können über die soziale Schichtung, über die Beziehungen zwischen Individuen oder Gruppen keine Untersuchungen angestellt werden, wenn nicht zuvor geklärt worden ist, wie die Produktionsverhältnisse in einem bestimmten Moment beschaffen waren und wie die Gewinne sich verteilten.

Für die Sozialgeschichte, namentlich für die der mittelalterlichen Gesellschaften, ist in zwei Punkten besondere Wachsamkeit geboten. Erstens haben die Wirtschaftshistoriker bei der Beobachtung der Vergangenheit öfter mit einem Ökonomiebegriff gearbeitet, der den heutigen Verhältnissen entspricht, sich aber in der Anwendung auf frühere Zeiten als anachronistisch und verzerrend erweist. So haben sie, ohne sich dessen bewußt zu sein, den Handelsaktivitäten und der Geldzirkulation lange einen privilegierten Platz in der mittelalterlichen Welt des Abendlandes eingeräumt, und das nur, weil sie es – trotz mancher hilfreicher Ergebnisse der ethnologischen Forschung – versäumt haben, die Rolle des Geldes und die Tauschmodalitäten in einer derart ländlichen Zivilisation genau zu definieren.

Zweitens und vor allem wäre es falsch zu glauben, man hätte die Analyse einer Gesellschaft bereits abgeschlossen, wenn es einem dank der Auswertung von Zins- und Grundbüchern oder Wertverzeichnissen gelungen ist, die einzelnen Hausherren den verschiedenen Stufen einer Vermögenshierarchie zuzuordnen, wenn man durch die Interpretation eines Pacht- oder Dienstvertrages herausgefunden hat, in welcher Weise ein bestimmter Arbeiter ausgebeutet wurde, oder wenn man anhand von Steuerzählungen die Tendenzen einer demographischen Entwicklung aufzeigen kann. Die Gefühle, die Individuen oder Gruppen hinsichtlich ihrer wechselseitigen Position hegen, und die daraus sich ergebenden

Verhaltensweisen werden in der Tat nicht unmittelbar durch die Realität ihrer jeweiligen ökonomischen Stellung determiniert, sondern durch das Bild, das sie sich davon machen – ein Bild, das nie wirklichkeitsgetreu sein kann, das immer dem komplexen Zusammenspiel geistiger Vorstellungen unterworfen ist. Die gesellschaftlichen Phänomene als bloße Verlängerung der ökonomischen Phänomene zu begreifen, läuft daher auf eine wesentliche Einengung des Untersuchungsfeldes hinaus, auf eine unerhörte Vereinfachung der Problematik, auf die Unmöglichkeit, bestimmte Grundlinien des sozialen Kräftefeldes klar zu erkennen.

Schon sehr früh, schon in der Anfangszeit der Wirtschaftsgeschichte, hielten manche Wissenschaftler es für unerläßlich, die Erforschung der materiellen Grundlagen früherer Gesellschaften durch andere Untersuchungen zu ergänzen: die der Riten, der Glaubenshaltungen und der Mythen; durch die Analyse sämtlicher Aspekte einer kollektiven Psychologie, die das individuelle Verhalten bestimmen und von denen die sozialen Beziehungen ebenso direkt und ebenso zwangsläufig abhängig sind wie von den ökonomischen Gegebenheiten. So hat – sehr langsam und lange Zeit sehr zögernd – eine Geschichte Gestalt angenommen, die, vielleicht nicht ganz zutreffend, die Geschichte der Mentalitäten genannt worden ist. Die lebhaften Fortschritte der jungen Geisteswissenschaften, etwa der Sozialanthropologie und der Semiotik, haben ihr in den letzten Jahren geholfen, ihre Methoden zu festigen und ehrgeizigere Pläne zu entwickeln. Das weite Feld, das sich somit der Forschung geöffnet hat, ist für die Mediävisten besonders faszinierend, weil die mittelalterlichen Textquellen fast alle von Kirchenmännern verfaßt worden sind und den Dingen des Geistes schon aus diesem Grund eine sehr viel wichtigere Funktion beimessen als den ökonomischen Realitäten, weil sie sehr wenig quantifizierbare und statistisch brauchbare Angaben enthalten, während sie sich in Hinblick auf die Phänomene der Mentalität als besonders aufschlußreich erweisen. Diese Disposition birgt jedoch gleichzeitig eine ernste Gefahr, der manche Historiker sich nicht entzogen haben: Indem sie sich verführen ließen, die gleiche Haltung einzunehmen wie die Zeugen, die sie befragen wollten und deren ganzes Bestreben darauf ausgerichtet war, das Geistliche vom Zeitlichen zu befreien, haben sie sich manchmal von den konkreten Zusammenhängen entfernt; sie haben den geistigen Strukturen eine zu große Autonomie gegenüber den sie determinierenden materiellen Strukturen zugesprochen und die Geschichte der Mentalitäten auf diese Weise unmerklich in die Nähe der *Geistesgeschichte* (deutsch im Original; A. d. Ü.) gerückt.

Wenn man also will, daß die Sozialgeschichte Fortschritte macht und Unabhängigkeit gewinnt, muß man sie auf einen Weg führen, der die Geschichte der materiellen Zivilisation und die Geschichte der kollektiven Mentalität ineinandergreifen läßt. Ich halte es allerdings für notwendig, diesem Versuch drei methodische Prinzipien voranzustellen. Erstens muß man von dem Gedanken ausgehen, daß der Mensch als gesellschaftliches Wesen letztlich Hauptgegenstand der historischen Forschung und deren erstes Prinzip ist. Die Sozialgeschichte umfaßt in der Tat die ganze Geschichte. Und weil jede Gesellschaft ein großes Ganzes bildet, an dessen Zusammensetzung ökonomische, politische und geistige Faktoren beteiligt sind, ohne daß man diese – außer zu Zwecken der Analyse – voneinander trennen könnte, bezieht die Sozialgeschichte sämtliche Informationen, sämtliche Hinweise, sämtliche Quellen in ihre Arbeit ein. Es liegt auf der Hand, daß sie sich niemals mit dem begnügen könnte, was in den Texten steht, ganz gleich ob es erzählende oder juristische Texte sind, ob sie liturgische Regeln vermitteln oder das Erlebte ins Imaginäre transponieren, um so der Zerstreuung oder der Stärkung einer Moral zu dienen. Es genügt ihr nicht einmal, über den Inhalt der Texte hinaus deren formale Hülle zu untersuchen, um jenseits der Begriffe und der Wortkonstellationen, der Zahlen und Rechenverfahren, jenseits des Aufbaus einer Rede, des äußeren Rahmens eines Schriftstücks und jenseits dessen, was die Handschrift selbst enthüllen mag, etwas über die Wirklichkeit der Verfasser und Benutzer dieser Texte zu erfahren und herauszufinden, wie ihr Verhältnis zur Welt tatsächlich ausgesehen hat. Die Sozialgeschichte muß obendrein wachsam auf alle Spuren der Vergangenheit achten, auf die Überreste von Werkzeugen und Gerätschaften, die bei Ausgrabungen ans Licht befördert werden, auf sämtliche Spuren früherer menschlicher Ansiedlungen, die im jetzigen Gesicht der Landschaften und Städte noch erkennbar sind, und schließlich auf alles, was aus dem Grundriß einer Wallfahrtsstätte, aus der Komposition einer Buchmalerei, aus dem Rhythmus einer gregorianischen Sequenz spricht und eine von den vielfältigen Formen der künstlerischen Schöpfung getragene Weltvorstellung durchscheinen läßt. Denn, so sagt Pierre Francastel mit Recht, »jede Gesellschaft, die eine ökonomische und politische Ordnung hervorbringt, bringt zugleich eine figurative Ordnung hervor, und jede im Werden begriffene Gesellschaft schmiedet immer zugleich Institutionen, Begriffe, Bilder und Schauspiele«.

Ausgehend von all diesen Quellen und ohne eine von ihnen zu vernachlässigen, kann die Geschichte der Gesellschaften sicher nicht umhin, die Phänomene zunächst und um der Einfachheit der Forschung willen auf unterschiedlichen analytischen Ebenen zu betrachten. Sie muß jedoch aufhören, sich selbst als Verlängerung einer Geschichte der materiellen Zivilisation, einer Geschichte der Macht, einer Geschichte der Mentalitäten zu begreifen. Ihre eigene Berufung ist die der Synthese. Ihr kommt die Aufgabe zu, alle Ergebnisse der in verschiedenen Bereichen gemeinsam durchgeführten Untersuchungen aufzugreifen und sie in der Einheit einer globalen Betrachtung zu versammeln. »Um das geschichtliche Leben wiederzufinden«, schreibt Michelet, »müßte man ihm geduldig auf all seinen Wegen, in all seinen Formen, in all seinen Elementen folgen.

Aber«, fügt er hinzu, »man müßte mit noch größerer Geduld auch das Zusammenspiel von alldem rekonstruieren, die Wechselwirkung all der verschiedenen Kräfte im Strom einer mächtigen Bewegung, aus der das Leben selbst entstünde.« Das Zusammenspiel von alldem rekonstruieren heißt, die genauen Korrelationen zwischen den unterschiedlichen Wirkungskräften bestimmen. Eben dies ist das zweite Prinzip: das Bemühen, die wirklichen Zusammenhänge innerhalb eines Ganzen zu erfassen. Welchen Einfluß beispielsweise der Druck einer ökonomischen Bewegung auf den Entwurf einer bestimmten Moral hat und wie das Streben nach spirituellem Fortschritt durch die Art seiner Einbettung in das Produktionssystem schließlich sein Ziel verfehlt, zeigt sich sehr deutlich am Schicksal der Ordensbruderschaften in den Zisterzienserabteien des 12. Jahrhunderts. Diese ganz besonderen Gesellschaften wollten ein Vorbild sein. Es waren ritualisierte Gesellschaften, einem Kodex unterstellt, einem sechs Jahrhunderte alten Komplex von Vorschriften: der Regel des heiligen Benedikt. Der Text war in der Sorge um ein genaues, dem ursprünglichen Sinn getreues Verständnis wiederaufgegriffen und gelesen worden. Doch im Zuge der Auslegung wurde der Schwerpunkt bei der Gründung des Ordens auf die Verpflichtung zur Armut gelegt: Es war dringend notwendig geworden, den moralischen Folgen einer allgemeinen Bereicherung entgegenzutreten, zumal es schon so weit gekommen war, daß der angesehenste Benediktinerorden jener Zeit, der von Cluny, wegen seines zunehmenden Versinkens in Bequemlichkeit und grundherrlicher Sicherheit Anstoß erregte. Doch gerade weil die zisterziensischen Mönchskonvente sich weigerten von Renten zu leben, weil sie sich entschieden hatten, dem Boden ihre Nahrung durch eigene Arbeit abzuringen, weil sie beschlossen hatten, sich in der Einsamkeit zwischen Weiden und Wäldern niederzulassen, befanden sie sich – gegen ihren Willen und unter treuer Beibehaltung des archaischen Modells, das sie unvorsichtigerweise zu ihrer Lebensregel erkoren hatten – im Vorfeld einer unvergleichlichen landwirtschaftlichen Eroberung: Dank ihres Standortes waren sie in der Lage, massenhaft Wolle, Fleisch, Eisen und Holz zu produzieren, lauter Waren, die sie nicht selbst verbrauchen konnten und die sich immer besser verkauften. Durch eine Art unvorhergesehenen ökonomischen Gegenschlag wurden diese Apostel der Armut reich. In der Einsamkeit, in der sie lebten, blieben sie ihrem Ideal zweifellos treu. Aber in den Augen derer, die sie nur als Geschäftemacher auf den Märkten sahen oder miterlebten, wie sie ihren Besitz durch unschlagbare Höchstgebote auf Kosten der Nachbarn erweiterten, und in den Augen derer, die sich dem weltlichen Leben verschrieben hatten, es aber angesichts des wachsenden Wohlstandes immer schlechter ertrugen, daß die Männer Gottes nicht zum Ausgleich wirkliche Arme waren, hörten die Zisterzienser allmählich auf, spirituelle Vollkommenheit zu verkörpern. Die Ehrfurcht wurde nun anderen zuteil, denen, die mit einem Sack bekleidet barfuß durch die Vorstädte zogen, denen, die nichts besaßen.

Bei der Analyse solcher Zusammenhänge wird aber von Anfang an noch etwas klar: daß nämlich jede einzelne der mitwirkenden Kräfte trotz ihrer Abhängigkeit von der Bewegung aller anderen eine eigene Dynamik entfaltet. Obwohl alle diese Kräfte keineswegs nebeneinanderstehen, sondern in einem kohärenten System, das jede Abspaltung verbietet, eng miteinander verbunden sind, entwickelt sich jede von ihnen in einer relativ autonomen Dauer, die ihrerseits auf den verschiedenen Ebenen der Zeitlichkeit von mehreren Strömungen belebt wird: von den an der Oberfläche brodelnden Ereignissen, von den weitläufigen Schwankungen der Konjunktur und von noch tieferen Wellenbewegungen, die sehr viel langsameren Rhythmen folgen. Aus diesen unterschiedlichen Geschwindigkeiten ergeben sich laufend neue Mißverhältnisse, Verzögerungseffekte, Schwerfälligkeiten, anhaltende Rückständigkeiten und manchmal vollständige Blockierungen, die dazu führen, daß sich unmerklich die Triebfedern plötzlicher Umwälzungen spannen. Betrachten wir zum Beispiel die juristischen Regeln. Festgelegt durch den Wortlaut eines geschriebenen Gesetzes, lassen sie sich sehr viel schwerer verändern, als wenn nur das kollektive Gedächtnis sie aufbewahrt. Dennoch, trotz aller Dehnbarkeit der mündlich überlieferten Gewohnheitsrechte der Feudalzeit gelang es nicht, sie unverzüglich dem neuesten Stand der Machtverteilung anzupassen, dem gemäß sie die sozialen Beziehungen dauerhaft hätten ordnen sollen.

In den französischen Grundherrlichkeiten des 11. Jahrhunderts haben die Sprachgewohnheiten, die Formeln der Rechtsverträge und die dazugehörigen rituellen Gesten dafür gesorgt, daß die Spaltung zwischen den Abkommen der Sklaven und den als frei bezeichneten Arbeitern auch nach dem Zerfall der öffentlichen Institutionen, die den Unterschied begründet hatten, noch lange Jahrzehnte bestehen blieb. Durch die Segregationen, die Verbote und die sozialen Ausschlußmechanismen, die dank der alten Sitten und Gebräuche fortbestehen konnten, wurde die Entwicklung der Produktivkräfte eine Zeitlang verschleiert und sicher auch gebremst, das demographische Wachstum wurde verzögert und die anhaltenden Gefühle der Unzufriedenheit ließen die Keime der städtischen Aufstände gedeihen, das heißt, sie trieben den Gärungsprozeß der juristischen Innovationen bis zur Reife voran. Dieses komplexe Spiel der sozialen Zeit, dem unsere stets lückenhaften Informationen nie ganz gerecht werden, macht ein letztes methodisches Prinzip erforderlich. Indem der Historiker die Interaktion der sich überschneidenden Widerstände und Impulse ebenso genau analysiert wie die offensichtlichen Brüche und Widersprüche, die dadurch hervorgerufen oder belebt werden, muß er in jedem Moment, den er für seine Beobachtung wählt, die Illusion einer Diachronie zerstreuen. Denn nur wenn man die verbinden-

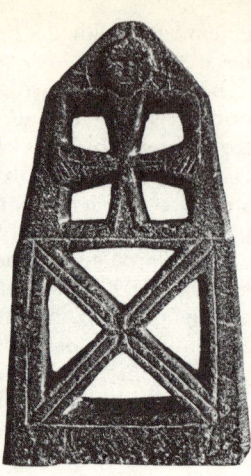

Vermischung von heidnischen und christlichen Elementen an Grabsteinen
Niederdollendorf und Moselkern, Mitte des 7. Jh.

den und die sich widersprechenden Aspekte einer Gesamtheit mit der
gleichen Sorgfalt herausarbeitet, kann man versuchen, eine Geschichte
der mittelalterlichen Gesellschaften zu schreiben – eine Geschichte, deren
Leitfaden ich nun in groben Zügen beschreiben will.

Eines Tages durchbrachen die Barbarenvölker den Schutzwall, den die
römischen Heere gegen ihr Eindringen errichtet hatten. Eines Tages war
Sidonius Apollinaris trotz seines Widerwillens gezwungen, die germanischen Herrscher in den Nebengebäuden seines Wohnsitzes zu empfangen. Damals begann das Mittelalter. Es begann mit der Begegnung
zweier Gesellschaften von ähnlicher Struktur. Rom faszinierte noch die
wilden Völker, aber für das Abendland war es nichts anderes mehr als
ein verwitterter Dekor. Schon lange hatte die anhaltende demographische und ökonomische Regression Auswirkungen gezeigt: das Netz aus
Städten und Straßen, das die Legionen über die eroberten Provinzen
gespannt hatten, um sie besser kontrollieren zu können, und das dem
bescheidenen Glück einiger Privilegierter Zuflucht bot, war durchlöchert
und im Zerfall begriffen. Der abblätternde Lack einer städtischen, vom
Handel geprägten Zivilisation ließ das präkoloniale, grundherrliche und
bäuerliche Substrat jener Zeit wieder zum Vorschein kommen, in der die
großen Ländereien, die Klientschaften im Umkreis der Dorfoberhäupter
den Rahmen der gesellschaftlichen Beziehungen gebildet hatten. Unter
dem Einfluß einer sehr langsamen Osmose – einer Phase, in der die
großen Invasionen, um deren Datierung die Geschichtsschreibung sich
bemüht, nur als die Höhepunkte und besonders stürmischen Momente

14

einer kontinuierlichen Entwicklung erscheinen – verloren die Reichsgrenzen ihre trennende Funktion. Zweifellos brachten die wandernden Völker bestimmte Kulturzüge mit, die ihnen eigen waren: ein weniger verschwommenes Freiheitsgefühl, eine Neigung zur Verherrlichung kriegerischer Tugenden, eine Kunst der Schmuckgestaltung und der Darstellung abstrakter Zeichen. Sie ließen sich in Gegenden nieder, wo andere Traditionen überlebt hatten: die Gewöhnung an Brot und Wein, der Umgang mit Geld, der Steinbau. Ihre Anführer legten Wert darauf, sich in den Stadtpalästen und Amphitheatern mit dem groben Flitterwerk einer todkranken Zivilisation zu schmücken. Dennoch waren beide Gesellschaften – die der Eindringlinge und die der Einheimischen – ländlich, beide hielten Sklaven, beide waren von einer starken Aristokratie beherrscht, und beide waren fast gleichermaßen roh. Sie vermischten sich ohne Schwierigkeit. Die christliche Kirche, darum bemüht, alle Bewohner der Erde in ein und demselben Glauben zu versammeln, beschleunigte den Verschmelzungsprozeß, und auf den germanischen Gräbern tauchten Kreuze auf. Aber die Kirche fiel zunehmend in Kulturlosigkeit zurück. Sie wurde immer ländlicher. Ihre Vorhut waren von nun an die Mönche, und von den lateinischen Schriften rettete sie kaum mehr als Fragmente, namentlich solche, die dem Gebet dienen konnten.

In der Dunkelheit, die sich während des 7. Jahrhunderts durch den Untergang der Hochkultur allmählich verdichtet, weisen einige schwache Zeichen auf eine entscheidende Wende in der Produktions- und Bevölkerungsgeschichte hin. Es zeichnet sich der Anfang eines langsamen Fortschritts ab, zweifellos angeregt durch günstigere klimatische Bedingungen im Westen des europäischen Kontinents. Da sich die ersten Ansätze des Wachstums aber in einem sehr unkultivierten Milieu entfalten, in einem auf Ackerbau und Kriegführung beruhenden Wirtschaftssystem, das den bäuerlichen Volksstämmen keine einträglichen Gewinnquellen bietet als Raub und Plünderung, führt der Aufschwung im Endergebnis zur Errichtung großer erobernder Staaten durch die angriffslustigen Horden besser bewaffneter Krieger. Das angesehenste dieser politischen Gebilde ist das Reich der Karolinger. Was ist es in Wirklichkeit? Eine Dorfherrschaft, die nach den Dimensionen des Universums strebt, die sich in konzentrischen Kreisen immer weiter ausdehnt, um schließlich die Gesamtheit aller Territorien zu umfassen, von den äußersten Siedlungsgrenzen bis hin zur Person des Herrschers selbst; von den Grenzen der undurchdringlichen Wälder, wo die Gesetzlosen Zuflucht suchen, wo sich im Herbst die Schweineherden einfinden und wo die wagemutigen, zu Haufen versammelten Jäger ihr Glück versuchen, bis in die Lichtungen hinein, wo die hungerleidenden Bauern sich auf schweren Ackerböden plagen, um das zu produzieren, was sie bei den Großen abliefern müssen – bei jenen Spezialisten des Kampfes, die der König und Kriegs-

Aus dem Stundenbuch des Herzogs von Berry: November
Buchmalerei der Brüder von Limburg, Anfang 15. Jh.

herr jedes Frühjahr zu Raubzügen in immer fernere Gegenden führt. Die eigentlichen Achsen, die Strahlen dieser konzentrischen Organisation bestehen in den Banden des persönlichen Gehorsams, die sich im Privatbereich, innerhalb der Familienverbände, der Dienerschaften und der Kriegerschar herausgebildet haben – Treuepflichten, denen ein komplexes Spiel von Leistungen und Belohnungen zugrunde liegt und die mit Hilfe der karolingischen Gesetzgebung institutionalisiert werden sollen. Doch neben dem Herrscher thronen die Kleriker und die Mönche, die ihn umgeben. Durch ihre Vermittlung, durch ihren Einfluß wird die Realität der sozialen Beziehungen weitgehend verschleiert und entstellt: Als Erben der römischen Kultur raten sie Karl dem Großen, für den Bau der Aachener Pfalzkapelle antike Säulen aus Italien kommen zu lassen; und als Erben der römischen Kultur bemühen sie sich, aus deren Überresten ein neues Gebäude zu errichten, das in Wirklichkeit nur ein neuer Dekor auf den Trümmern des alten ist. Sie versuchen, den König davon zu überzeugen, daß er der Nachfolger der Cäsaren sei und daß seine Mission darin bestehe, das Römische Reich, die römische Ordnung wiederherzustellen. Doch indem sie sich zugleich von der Bibel und von lateinischen Texten des klassischen Altertums anregen lassen, befleißigen sie sich vor allem, eine globale Vorstellung von der Gesellschaft zu entwerfen. Eine Vorstellung, die sich als so widerstandsfähig erweisen sollte, daß sie dem kollektiven Bewußtsein jahrhundertelang ihren Stempel aufprägte.

Dieses neue Modell, ebenfalls konzentrisch organisiert, aber als bloßer irdischer Widerschein der einzigen Realität des göttlichen Königreichs erlebt, soll unwandelbar sein, denn es entspricht dem göttlichen Plan, und der einzige Fortschritt, den es erlaubt, ist der spirituelle Fortschritt, der die Menschen bis an die Tore des Jüngsten Gerichts geleiten wird. Mitten im Kreis steht der König – er allein. Als Gesalbter des Herrn und Ebenbild des einzigen Gottes lenkt er die Geschicke des ganzen christlichen Volkes, dem er, dazu ist er berufen, den Weg des Heils weisen soll. Als Friedensfürst, als *Augustus*, ist es seine Pflicht, den Glauben zu verbreiten, indem er die Ungläubigen zurückdrängt, indem er die Heiden in den Grenzgebieten zur Taufe zwingt, indem er sich bemüht, die hartnäckigen Kerne der verfemten, aber dennoch kraftvollen jüdischen Gemeinschaften allmählich aufzulösen oder wenigstens ihre weitere Ausdehnung zu verhindern. Als Garant der Ordnung schließlich ist er der von Gott bestallte Schutzherr der Kirche und der Armen, die bedroht sind von den Kräften des Bösen und den Angriffen der Mächtigen.

In manchen Punkten spiegelt dieses Modell tatsächlich Tendenzen wider, die sich in der Realität der damaligen Zeit lebhaft bemerkbar machen: die Missionierungsbestrebungen, das ständige Expandieren der Grenzen, das die militärischen Feldzüge seit Anfang des 11. Jahrhunderts zu gewagten und wenig einträglichen Unternehmungen macht, und vor

allem das zunehmende Gewicht einer Grundherrschaft, die unwiderstehlich zur Ausdehnung neigt, die wenigen noch unabhängigen Bauern
absorbiert und in die Knechtschaft zwingt. Andererseits aber stand das
von den Intellektuellen der Kirche entworfene Bild in Widerspruch zu
den Grundvoraussetzungen jener Machtausübung, um deren Unterstützung und Rechtfertigung es ging. Den König in einen friedlichen Herrscher verwandeln zu wollen, lief in erster Linie auf eine Schwächung
seiner Position gegenüber den Großen hinaus, die er nie so fest in der
Hand hatte, wie wenn es um kriegerische Unternehmungen und die
Aufteilung der Beute ging. Das Bestreben, die königlichen Funktionen zu
moralisieren, dem Monarchen Pflichten aufzuerlegen, ihn auf die Seite
der Armen zu stellen, ließ ihn überdies in direkten Gegensatz zu einer
Aristokratie geraten, die dank des landwirtschaftlichen Fortschritts unmerklich immer mächtiger und immer widerspenstiger wurde. In der Tat,
kaum hatte das Modell der Kirchenmänner klare Züge angenommen,
kaum hatte sich das Idealbild des gesellschaftlichen Gebäudes zur Zeit
Ludwigs des Frommen im Geist des Herrschers festgesetzt, paarte es sich
mit anderen Kräften, um den überdimensionalen Staat, den das neue
Reich darstellte, in den Ruin zu stürzen. Auch wenn die von der
karolingischen Kolonisation überkommenen politischen Strukturen in
dem noch jungen Land, das Deutschland damals war, sehr lange fortbestehen sollten, auch wenn sich mitten in der Kulturlosigkeit der fernen
slawischen und skandinavischen Welten eine Organisation der Macht
entfaltete, die genau mit dem schon zwei Jahrhunderte alten Entwurf der
Vorfahren Karls des Großen übereinstimmte, brach die Autorität des
Königs am Anfang des 10. Jahrhunderts in den fortschrittlichsten Gegenden des Reichs – in Süd- und Westgallien ebenso wie in der Lombardei –
zusammen. Eine Zeitlang riß ihr Niedergang die Hochkultur mit: Nach
dem hellen Licht, das die karolingische Renaissance auf die sozialen
Beziehungen in der Umgebung der fränkischen Herrscher geworfen
hatte, brach die Dunkelheit wieder herein und fügte dem chronologischen Ablauf an dieser Stelle einen künstlichen Schnitt zu.

Denn obschon in der neuen Finsternis schwer zu erkennen, ging die
Entwicklung weiter: Ein kontinuierliches Bevölkerungswachstum und
eine kontinuierliche Perfektionierung der landwirtschaftlichen Techniken ließen die wirkliche Realität unentwegt erstarken, und diese Realität
war kein Königreich, weder das himmlische noch das irdische, sondern
die Grundherrlichkeit – jene Konzentration einflußreicher, im ländlichen
Boden verwurzelter Kräfte, die der Enge einer gänzlich bäuerlichen
Zivilisation, in der niemand aus der Ferne befehlen konnte, genau
entsprachen. Der Zerfall der königlichen Macht gibt den Herren der
Felder und der Wälder immer weiterreichende und bessere Mittel zur
Beherrschung der Menschen an die Hand. Die Burgen, Stützpunkte der
lokalen Verteidigung, werden zur einzigen Zuflucht für das von den

letzten Plünderungsfeldzügen terrorisierte Volk. Diese neue Schutzfunktion berechtigt die Grundherren, sich einen noch größeren Teil von den ständig sich mehrenden Produkten der Landarbeit anzueignen. So nehmen zwei echte Klassen immer schärfere Konturen an: auf der einen Seite die der Grundherren, auf der anderen die der Bauern. Gleichzeitig führt die Konkurrenz um die steigenden Gewinne unter den Herren zum Bruch der bisherigen Komplizenschaft zwischen der weltlichen und der kirchlichen Aristokratie, die sich hinfort als Rivalen gegenüberstehen.

Die grundherrlich gewordene Kirche bereichert sich. Vor diesem Hintergrund kommt es zu einer kulturellen Erneuerung, die kurz vor dem Jahr 1000 den Entwurf eines neuen Systems geistiger Vorstellungen begünstigt. Dieses System – abermals das Werk von Klerikern und Mönchen – erscheint als eine modifizierte Übernahme des karolingischen Modells. Es hält das Königtum immer noch für notwendig: »Ein einziger herrscht im himmlischen Königreich, derjenige, der den Blitz schleudert; also ist es natürlich, daß unter ihm auch auf Erden nur ein einziger herrscht«, schreibt einer der Intellektuellen. Aber die höchste Autorität wird ins Irreale verlagert, während sie in der erfahrbaren Wirklichkeit nicht mehr Wahrscheinlichkeit bewahrt als die übernatürlichen Kräfte. Das neue System beruht – genau wie das vorherige – auf der Idee des Friedens, der ihrerseits die Vorstellung einer unwandelbaren sozialen Schichtung als Vorausdarstellung der Ordnung im Himmlischen Jerusalem zugrunde liegt. Aber was es zeigt, ist eine trianguläre Organisation: drei Ordnungen, drei stabile, streng abgegrenzte soziale Kategorien, und jede mit einer besonderen Funktion begabt. Im ersten Rang die Ordnung der Männer des Gebets – die Kirche, die in ihrem Reformbestreben danach trachtet, sich im Namen der Überlegenheit des Geistlichen deutlicher vom Weltlichen, den Laien, zu unterscheiden, und die den Klerikern die Moral der Mönche empfiehlt, um den inneren Zusammenhalt zu fördern. An zweiter Stelle die Ordnung derer, die kämpfen, die beauftragt sind, das gesamte Volk zu verteidigen, und deren Funktion – genau wie die der Kirchenmänner – es rechtfertigt, daß sie von der Arbeit anderer leben. Schließlich die Ordnung der Bauern, restlos unterworfen, restlos geschunden, über eine mühselige Arbeit gebeugt, um die beiden anderen Ordnungen zu ernähren.

Dieses sehr einfache Modell, das sich eben wegen seiner Einfachheit erstaunlich lange halten konnte, weist drei miteinander verbundene Aspekte auf. Zunächst spiegelt es eine Reihe von Veränderungen in den sozialen Beziehungen wider, Veränderungen, die unter dem Einfluß eines Fortschritts der materiellen Zivilisation und einer Evolution der politischen Verhältnisse zustandegekommen sind. Indem es die gesamte Landbevölkerung als homogene Körperschaft zusammenfaßt, sanktioniert es beispielsweise das zunehmende Verschwinden der letzten Rückstände der Sklaverei, die vor der privaten Gerichtsbarkeit und unter dem

Vier Stadtgründungsszenen
Französische Miniatur, um 1470

Schwergewicht der grundherrlichen Ausbeutung kaum noch bestehen
können. Ferner – und dieses Beispiel ist noch deutlicher – macht das
Modell von den drei Ordnungen einen dreifachen Antagonismus bewußt, drei miteinander verknüpfte Arten der Herrschaft: die ökonomische Herrschaft, die der Grundherren über die Arbeiter; die politische
Herrschaft, die der Krieger über alle Waffenlosen; die spirituelle Herrschaft, die von der Kirche angestrebte Herrschaft über die Laien. Doch
abgesehen davon soll das neue Modell eine Entschärfung der Antagonismen bewirken. Um dieses Ziel zu erreichen, stützt es sich auf den Begriff
des Dienstes, der im Rahmen der persönlichen Ergebenheiten große
Bedeutung gewonnen hatte und jetzt zur Grundlage der gesellschaftlichen Ordnung gemacht werden soll. Diejenigen, die an der Konstruktion

des Modells beteiligt waren, hatten beim heiligen Paulus gelesen: »Gleichwie *ein* Leib ist und hat doch viele Glieder, alle Glieder aber des Leibes, wiewohl ihrer viele sind, doch *ein* Leib sind.« Daraus zogen sie den Schluß, daß jede der drei Ordnungen dazu beitragen muß, die Eintracht in einer vom göttlichen Denken geordneten und folglich unwandelbaren Welt zu erhalten. So, und dies ist der dritte Aspekt, steht das Modell im Ungleichgewicht zur konkreten Realität, das heißt, der Fortsetzung und in den letzten Jahren des 11. Jahrhunderts sogar einer Beschleunigung der ökonomischen Entwicklung. Das landwirtschaftliche Wachstum nimmt weiterhin zu, schneller als bisher; allenthalben müssen Brachländer und Sümpfe den bestellten Feldern und den Weinpflanzungen weichen; allenthalben mehren sich die neuen Dörfer. Und da die landwirtschaftlichen Erträge dank einer uneingeschränkten Ausdehnung der Nutzungsflächen auf unberührte, Fruchtbarkeit speichernde Böden noch keine rückläufige Tendenz zeigen, nimmt das Volumen der Produktion beständig zu. Den Rahmen dieses Aufschwungs bildet das grundherrliche Ausbeutungssystem, das die soziale Stellung der Arbeiter auf der untersten Ebene nivelliert und auf diese Weise dafür sorgt, daß der wesentliche Teil des Überschusses in die Hände der Herren gelangt und deren Neigung zum Luxus stimuliert. Um diese neuen Bedürfnisse zu befriedigen, lösen sich kleinere Gruppen von Fachmännern – Maurer, Winzer, Handwerker, Kaufleute – aus der Masse der Bauern heraus, und die Wiederbelebung des Tausches führt zu einer Wiederbelebung der Städte. In ganz Europa bilden sich am Rande der alten Stadtkerne neue Viertel heraus; an den Schnittpunkten der Handelswege und der Flußschiffahrt entstehen rasch anwachsende Marktflecken. Gegen Ende des 12. Jahrhunderts macht die Zivilisation des Abendlandes eine grundlegende Wandlung durch: Nachdem sie jahrhundertelang in Ländlichkeit versunken war, nimmt jetzt der urbane Anteil überhand. Von nun an konzentriert sich alles auf die Stadt – der Reichtum, die Macht und die Schöpfungen des Geistes.

Derart tiefgreifende Veränderungen brachten natürlich Unordnung in das Beziehungssystem, dessen Züge die Theorie der drei Ordnungen hatte verewigen wollen und von dem man eine Weile geglaubt hatte, daß die Truppen der Kreuzfahrer, die sich auf den Weg zum Grab Christi machten, dem Ende der Welt entgegen, seine zeitlose Harmonie vorübergehend verkörpern würden. Die Umwälzungen machten sich auf drei Ebenen bemerkbar. Erstens ließ der materielle Fortschritt die soziale Schichtung nach und nach zu einem komplizierten Gebilde werden. Innerhalb jeder einzelnen sozialen Kategorie entstanden zahlreiche, immer deutlicher hervortretende Gegensätze. Was die Kirche betrifft, so verschärfte das Wiedererwachen der Städte die alte, eine Zeitlang aber verschleierte Zwietracht zwischen den ganz und gar ländlich strukturierten Klosterverbänden und der Weltkirche, die sich im Umkreis der

Kathedralen zunehmend belebte, mitgerissen vom Strom einer Entwicklung, die viele Kleriker zu Eroberern eines neuen Zeitalters werden ließ. In der Ordnung der Krieger spielte die Lebhaftigkeit des Tausches und der Geldzirkulation eine entscheidende Rolle: Indem die staatlichen Strukturen Festigkeit gewannen, vergrößerte sich der Abstand zwischen der überwiegenden Mehrheit der Krieger, die nur Boden besaßen, deren Leben weiterhin dem Rhythmus des Dorfes folgte, und einigen wenigen, deren Anzahl immer geringer wurde, in deren Händen die Fäden einer immer konzentrierteren und immer gewinnträchtigeren Macht zusammenliefen. Unter den Arbeitern schließlich bildeten sich unterschiedliche ökonomische Bedingungen heraus. Innerhalb der Bauernschaft förderte die wachsende Mobilität der Besitztümer den Wohlstand einiger Reicher, der sich deutlich von der allgemeinen Bescheidenheit abhob, während der demographische Aufschwung und die damit einhergehende Zerstückelung der Erbteile die Schar jener Dorfbewohner mehrten, die nichts besaßen, die eine Beschäftigung suchten, um zu überleben. Noch krasser traten in den Vororten der Städte die Gegensätze zwischen dem Volk der Handwerker und kleinen Kaufleute und den großen Abenteurern des Handels hervor. Zweitens wirkte sich die materielle Entwicklung auf die Organisation der sozialen Beziehungen aus. Bislang hatten vertikal verlaufende, hierarchische Beziehungen vorgeherrscht: auf der einen Seite die Autorität, auf der anderen die Unterwerfung. Neuerdings wurde dieses Netz von horizontalen Strukturen durchzogen: Gleiche gesellten sich zu Gleichen. Davon zeugen sowohl die zahlreichen religiösen Bruderschaften als auch die Interessengemeinschaften der Einwohner bestimmter ländlicher Pfarreien, die städtischen Kommunen, die Gilden, die Verbände bewaffneter Krieger oder die Zusammenschlüsse von Lehrern und Schülern im Umkreis der Bischofssitze. Schließlich ermutigte die wirtschaftliche Dynamik zu persönlichen Initiativen, sie bewirkte eine Lockerung der alten, in der Familie, in den Dienstverhältnissen, in der Grundherrschaft verankerten Zwänge; sie förderte in allen Bereichen eine berechtigte Hoffnung auf individuellen Aufstieg, und sie schlug sich durch das umwälzende Gefühl eines Fortschritts im Bewußtsein der Menschen nieder. Nach und nach zeichneten sich neue Antagonismen ab, die nicht mehr ausschließlich auf eine Konfrontation der alten, ehemals streng abgegrenzten, jetzt aber immer durchlässiger werdenden sozialen Kategorien zurückgingen, die nicht nur zwischen den vielfältigen Schichten innerhalb der einzelnen, unter dem Einfluß des Wachstums langsam zerfallenden Klassen bestanden, sondern zwischen den Generationen. Die Älteren, die sich in den überkommenen Strukturen eingerichtet hatten und um deren Beibehaltung kämpften, gerieten zunehmend in Gegensatz zu den Jüngeren, deren Hoffnungen sich ein weites Feld öffnete, die erfüllt waren von Abenteuerlust und Kampfgeist: Studenten, die sich wetteifernd in scholastische Disputationen stürzten, unverheiratete Ritter, die auf Turnieren oder beim Durchstreifen des Landes Reichtum und Ruhm suchten, Bauernsöhne, die am Rande der noch nicht urbar gemachten Gebiete mehr Wohlstand und mehr Freiheit zu finden glaubten. Aber die wahren Urheber des wirtschaftlichen Aufschwungs, die wirklichen Anstifter des Fortschritts waren einerseits die Diener der großen Lehnsherren, die ihr eigenes Vermögen mehrten, indem sie die herrschaftliche Macht erweiterten, und andererseits die auf den Messen verkehrenden Händler sowie all diejenigen, die auf den Brücken Geld wechselten und Wucher trieben.

Ab der Mitte des 12. Jahrhunderts stößt man immer häufiger auf Bilder, die den sozialen Innovationen Ausdruck verleihen und sie zu rechtfertigen versuchen. Größtenteils stammen diese Bilder aus jenem Milieu, das immer noch als privilegierter Inhaber der höheren Kultur erscheint, das heißt, aus dem Milieu der Kirchenmänner. Während Moralisten und Prediger die Unterschiedlichkeit der neuen ›Berufsstände‹ erkannt haben, während sie sich bemühen, für jeden einzelnen von ihnen eine passende Ethik zu entwerfen, stellt sich vor dem Hintergrund der christlichen Ansprüche und der spirituellen Beunruhigung, die sich der Zeitgenossen bemächtigt hat, ein Problem, das immer dringlicher wird: das Problem der Armut. Unter den Wohlhabenden – ganz gleich ob im Rahmen der orthodoxen Glaubenslehre oder in dem der häretischen Sekten – gilt der Entschluß, sich aller materiellen Güter zu entblößen, als unbedingt heilbringend, als einzig mögliche Sühne für einen als Sünde empfundenen Reichtum. Aber die Praxis der Nächstenliebe unter den Kranken, unter den Entwurzelten, ja das ganze Elend, das sich am Rande der städtischen Siedlungen zusammenballt, geht einher mit einer wachsenden Verachtung der Armen, denen ihre Armut als selbstverschuldet angelastet wird und die von nun an als gefährlich gelten: Unmerklich bildet sich der Gedanke heraus, daß man die Armen ausgrenzen muß – alle Armen, die Leprakranken wie die Bedürftigen. Je mehr die gotische Kathedrale sich von der Dunkelheit einer in demütiger Anbetung verharrenden Religion befreit, je mehr sie sich dem Licht der Welt öffnet und dem Blick das Bild eines fleischgewordenen, mitten im Leben gegenwärtigen Gottes darbietet, um so bewußter weist sogar sie durch alle ihre Symbole darauf hin, daß der Mensch berufen ist, mit tatkräftigem persönlichem Einsatz einen entscheidenden Beitrag zu jenem ununterbrochenen Fortschritt zu leisten, in dem die Schöpfungsgeschichte hinfort ihren Ausdruck findet. Ganz neu schließlich ist das Aufblühen einer profanen, einer ritterlichen Kultur, die sich der Vormundschaft durch die Männer des Gebets entziehen will, obgleich diejenigen, die ihr Gestalt verleihen, vorwiegend Kleriker sind. In der Dichtung, der einzigen Ausdrucksform, die uns klar überliefert ist, zeugt diese Kultur – insbesondere durch das Thema des verspotteten Emporkömmlings – von den Befürchtungen der Adligen, deren Privilegien angesichts der unaufhaltsamen Tendenz zum sozialen Aufstieg bedroht sind. Sie nimmt Stellung zu den Generationskonflikten, indem sie einem von den Werten der Jugend faszinierten Publikum völlig bindungslose Helden vor Augen führt, indem sie der Moral der Adelsgeschlechter und der Priestermoral die Spiele der höfischen Liebe entgegenstellt.

In den Jahrzehnten vor und nach 1300 treten verschiedene Brüche klar hervor. Ein Bruch in der wirtschaftlichen Bewegung: Auf eine lange Entwicklungsperiode folgt eine Phase der Regression, zu deren sichtbarsten Merkmalen ein demographischer Rückgang in fast allen Gegenden Europas zählt. Ein Bruch in der kulturellen Evolution, der sich wesentlich in einer raschen Verallgemeinerung des zur Volksreligion werdenden Christentums und in der damit verbundenen Entklerikalisierung zahlreicher Werte und Bilder äußert: Die wichtigsten Stätten der Kreativität entziehen sich nach und nach dem ausschließlichen Einfluß der Kirche, indem sie ihren Schwerpunkt an die Fürstenhöfe verlagern. Ein vielleicht noch entscheidenderer Bruch zeigt sich in dem Material selbst, das den Historikern zur Verfügung steht: Plötzlich gibt es Quellen im Überfluß, und auch sie werden immer weltlicher. Durch die Auswertung von Notariatsverzeichnissen oder Steuerurkunden, durch die thematische Analyse einer entschieden figürlich gewordenen und um die Beschreibung der Realität bemühten Malerei, durch die Untersuchung all der zahlreichen, von den Archäologen entdeckten Objekte, die uns zum ersten Mal vor Augen führen, wie das Haus eines Bauern, der Grundriß eines Dorfes, die Organisation einer landwirtschaftlichen Nutzungsfläche oder das Werkzeug einer Handwerksstätte ausgesehen hat, wird es möglich, sich den ökonomischen Realitäten über vorstatistische Methoden zu nähern und so, gestützt auf numerische Fakten, die Mechanismen von Wachstum und Regression zu erfassen. Gleichfalls zum ersten Mal enthüllt dieses Quellenmaterial einen ganzen Komplex von Symbolen, Schmuckstücken und Emblemen, die in den Augen der Zeitgenossen kennzeichnend für die unterschiedlichen gesellschaftlichen Stellungen waren. Und schließlich rückt es zum ersten Mal diejenigen Menschen direkt ins Blickfeld, die man bis dahin immer nur durch einen Zerrspiegel gesehen hatte, durch den Bezugsrahmen der einzigen bis dahin verfügbaren Zeugen, den der Kirchenmänner und der Großen: Zum ersten Mal bekommen wir ein Bild von den kleinen Leuten. All die genannten Brüche haben in der Tradition der mittelalterlichen Geschichtsschreibung und namentlich in Frankreich zu einer scharfen Zäsur geführt, die das 14. und das 15. Jahrhundert deutlich von den früheren Jahrhunderten trennt. Aber trifft dieser Umschwung auch auf die Geschichte der Gesellschaften zu? Besteht nicht die Gefahr, daß er uns in diesem Bereich falsche Diskontinuitäten vermuten läßt?

Seit vielen Jahren sind die beiden letzten Jahrhunderte des Mittelalters in Frankreich ebenso wie in den meisten anderen europäischen Ländern zum Feld der intensivsten Forschungen und der aufschlußreichsten Entdeckungen geworden. So weiß man heute beispielsweise genauer darüber Bescheid, wie sich die große Welle der Epidemien 1348 in Europa ausgebreitet hat; so kann man sich auch von den Geschäftsbeziehungen unter den Kaufleuten von Toulouse oder unter den Bankiers von Genua ein klares Bild machen. Und wenngleich uns die ländlichen Gegenden immer noch weniger bekannt sind als die Städte, wissen wir jetzt immerhin, wie die Menschen in der Region von Senlis gerichtet wurden, wie die Beziehungen zwischen Grundherren und Bauern im Bordelais oder in den Middlands ausgesehen haben und welches Schicksal die Ritter im Namurois oder in den Landstrichen der Ile-de-France erlitten. Doch da die Quellen sehr viel reicher sind und die bisher noch recht handwerklichen Methoden der Mediävisten keine schnelle Erforschung ihres Inhaltes erlauben, werden die Untersuchungen gewöhnlich im begrenzten Rahmen einer kleinen Provinz, einer Stadt, oder gar innerhalb einer Stadt in dem noch begrenzteren Rahmen einer bestimmten sozialen Kategorie durchgeführt. Die Vielfalt, die Verstreutheit und der oft punktuelle Charakter dieser Arbeiten machen es nicht leicht, einen Überblick zu gewinnen. Gewiß, die jüngsten Fortschritte des historischen Wissens haben uns erlaubt, die Schlußfolgerungen früherer Synthesen zu berichtigen. So spricht man heute beispielsweise nicht mehr von einer Krise, wenn es um die großen Veränderungen geht, die sich in der europäischen Geschichte des 14. Jahrhunderts vollzogen haben; auch sagt man sich mittlerweile von einer gewissen Romantik los, die das ausgehende Mittelalter vor dem Hintergrund des unentwegten Schlachtgetümmels, der riesigen Leichenhaufen und der makabren Tonart, die sich der religiösen Kunst bemächtigt hatte, insgesamt als eine Zeit der Entkräftung, des Rückzugs und der inneren Unruhe beschrieb, all die lebhaften Strömungen vernachlässigend, die unentwegt am Werke waren und nicht nur große Eroberungsunternehmen, sondern auch die bewundernswerten Formen einer erneuerten Ästhetik hervorgebracht haben. Trotzdem wäre es wichtig, einen weiteren Schritt nach vorn zu tun, die angereicherten Daten der historischen Analyse in einen überschaubaren Zusammenhang zu bringen und sich zu bemühen, einige bedeutende Phänomene in ihren Grundzügen zu erfassen. Besonders eines von ihnen verdient größte Aufmerksamkeit, da es die Epoche, von der hier die Rede ist, zu charakterisieren scheint: Ich meine die Massenunruhen, die Kette der volkstümlichen Aufstände, die Gärungsprozesse, die in den unteren Schichten der Gesellschaft für dauernde Agitation sorgten und die sich im Laufe des 14. Jahrhunderts in ganz Europa verbreiteten. Hier und dort erhoben sich Bauern, bewaffneten sich mit ihrem Werkzeug, plünderten die Wohnsitze der Adligen und massakrierten die Häscher der

Fürsten. Hier und dort rotteten sich in den Vorstädten Handwerker zusammen, die – wie die Ciompi in Florenz – das Recht verlangten, an der Kommunalverwaltung teilzuhaben. Angesichts derart übergreifender und lange anhaltender Bewegungen stellt sich eine erste Frage. Waren diese Erschütterungen tatsächlich nur in den letzten Phasen des Mittelalters zu spüren? Haben sie nicht schon das 13., das 12. Jahrhundert erschüttert? Gab es nicht damals schon ebenso heftige Spannungen zwischen dem Volk und seinen Herren, Spannungen, die in den – vielleicht unzureichend erforschten – Zeugnissen überspielt und verschleiert werden? Wenn man versucht, die Antriebskräfte der Unruhen zu bestimmen, wenn man zunächst die ökonomische Seite betrachtet – dank der neuartigen Quellen ist die Wirtschaftsgeschichte der Sozialgeschichte tatsächlich weit überlegen, und das gilt für die hier angesprochene Epoche noch unabweislicher als für die Zeit davor –, so stellt man fest, daß die *Jacques* im Beauvaisis oder die aufständischen Anhänger eines Wat Tyler in England nicht zu den Ärmsten zählten und daß die wirklich Elenden sich ihnen nicht immer anschlossen. Man kann sich also fragen, was die in der Organisation der Produktionsbeziehungen angelegten Konflikte eigentlich bewirkt haben. Die politische Geschichte, auch sie begünstigt durch die Art der Quellen, trägt einige Elemente zu einer Antwort bei. Sie gibt Anlaß, die Aufstände als Rückschlag gegen die Schwerfälligkeit der staatlichen Strukturen und das drückende Steuerwesen zu begreifen. Um jedoch zu wirklich befriedigenden Schlußfolgerungen zu kommen, muß man den Geisteshaltungen größte Beachtung schenken. Man muß die Zusammenhänge erforschen, die Verbindungen zwischen dem Ursprung der Unruhen und dem System der Überzeugungen und Mythen, die das Bewußtsein des Volkes beherrschten und für uns in dieser Zeit zum ersten Mal erkennbar werden.

Man muß sich fragen, ob all diese Bewegungen nicht auch durch andere Faktoren in Gang gebracht wurden, durch die chiliastischen Vorstellungen einer noch ungeschliffenen Religiosität oder schlicht und einfach durch die fortschreitende Erziehung des Volkes, die langsam mit der allgemeinen Verbreitung des Christentums einherging, durch den Einsatz wirksamer Mittel, die Massen zu unterrichten, das heißt, durch die Predigt der Bettelbrüder und das Schauspiel. Dieses Problem der Sozialgeschichte läßt sich nicht aufklären, ohne andere Untersuchungen zu Hilfe zu nehmen; die der religiösen Empfindsamkeit, die der Bruderschaften und der Sekten, und schließlich die der mündlich vermittelten Literatur und der ikonographischen Themen. Einer Tatsache allerdings muß man ins Auge sehen: Unter allen Elementen, die als Voraussetzung für eine notwendige Synthese in Betracht kommen, erscheinen diejenigen, die von der Geschichte der kollektiven Mentalitäten beigesteuert werden könnten, noch als die ungewissesten und am wenigsten einheitlichen Elemente. Das führt zu einem Schluß: Vom Fortschritt dieser

Geschichte hängt der künftige Fortschritt der Geschichte der Gesellschaften ab. Es führt aber auch zu einer Frage, der dringlichsten Frage vielleicht, die sich den Historikern heute stellt: Wie läßt sich die Geschichte der Mentalitäten mit der Gesamtheit der historischen Forschung verbinden?

Wie mir scheint, bietet die Epoche des Mittelalters günstige Bedingungen für eine Klärung dieses Ineinandergreifens, weil der ökonomische Bereich in jener Zeit nicht so unmittelbar determinierende Auswirkungen hatte wie in der jüngeren Vergangenheit. Außerdem ist das Mittelalter so weit von uns entfernt, daß es dem Historiker leichter fällt, die notwendige Distanz gegenüber den damals herrschenden Denk- und Verhaltensweisen zu wahren. Für denjenigen, der die Vergangenheit der Gesellschaften verstehen will, besteht die mühsamste und zugleich notwendigste Anstrengung in der Tat darin, sich von den Geisteshaltungen, die ihn selbst beherrschen, unabhängig zu machen. Ich habe anfangs darauf hingewiesen, daß es nicht einfach ist, den heutigen Ökonomiebegriff außer acht zu lassen, um die wirtschaftlichen Verhältnisse früherer Zeiten ohne verzerrende Voreingenommenheiten beobachten zu können. Noch komplizierter ist es, die Beobachtung früherer Mentalitäten von den Einflüssen unserer Zeit freizuhalten. Das aber macht die Geschichte der kollektiven Psychologie, der Moralvorstellungen und der ihnen zugrundeliegenden Weltbilder zu der schwierigsten Geschichte überhaupt. Schwierig ist sie schon deshalb, weil die geistigen Phänomene in sehr viel subtileren Mechanismen aufgehoben sind als diejenigen, die an der Entwicklung der materiellen Lebensbedingungen beteiligt sind, weil sie sich den derzeit verfügbaren statistischen Mitteln größtenteils entziehen und weil sie in ihrer Flüchtigkeit ungreifbar erscheinen. Schwierig ist sie aber auch, weil in jeder Gesellschaft verschiedene Kulturniveaus existieren, die in enger Beziehung zueinander stehen und durch diverse Strömungen miteinander verbunden sind; die kraftvollsten Bewegungen führen dazu, daß die für kleine Eliten geschaffenen Modelle in immer tieferen und breiteren Gesellschaftsschichten Wurzeln schlagen, sich aber im Laufe dieses Prozesses selber verändern; die Grenzen zwischen den verschiedenen kulturellen Schichten sind ungenau und beweglich, nur selten stimmen sie genau mit denen der ökonomischen Bedingungen überein. Schwierig ist sie schließlich, weil uns die geistigen Vorstellungen und die Verhaltensweisen der Menschen jener Zeit ausschließlich über die Sprache vermittelt werden, weil sich viele der alten Sprachen vermischt haben oder gänzlich verlorengegangen sind, weil die übrigen eine eigene Geschichte hinter sich haben und weil die Zeichen, aus denen Sprachen bestehen, sich im Zuge einer Evolution gemeinhin wenig verändern: Sie

Paolo Uccello, Die Schlacht bei San Romano
Gemälde, um 1450

passen sich der Bewegung der kollektiven Mentalitäten an, indem sie nach und nach eine neue Bedeutung annehmen, und solche semantischen Verschiebungen lassen sich nicht leicht genau verfolgen. Dennoch muß diese Geschichte geschrieben werden. Um sie auf eine wissenschaftliche Grundlage zu stellen, muß man, und dies ist die einzige Möglichkeit, von

dem Prinzip ausgehen, daß die vielfältigen Einzelelemente – ob es sich
nun um die Wahrnehmungen, die Kenntnisse, die affektiven Reaktionen,
die Träume und die Phantasmen der Menschen handelt oder um Riten,
um Rechtsgrundsätze und die Regeln der Wohlanständigkeit, um das
Amalgam überkommener Ideen, in dem das individuelle Bewußtsein stets

verhaftet ist und von dem der Geist, so unabhängig er auch sein mag, sich nie vollständig befreien kann, oder um die mehr oder weniger wirren, mehr oder weniger logischen Weltbilder, von denen die Handlungen, die Wünsche und die Ablehnungen der Menschen in ihrer Beziehung zu anderen Menschen geprägt werden – keineswegs zerstreute Elemente sind, sondern in einem engen Zusammenhang stehen, der sie zu einer wirklichen Struktur verbindet. Man muß ferner von dem Prinzip ausgehen, daß diese Struktur nicht von anderen, sie determinierenden und von ihr beeinflußten Strukturen isoliert werden kann; daß jeder Fortschritt in der Geschichte der Mentalitäten und folglich auch in der auf sie angewiesenen Sozialgeschichte von der Anwendung des wirksamsten methodischen Instruments abhängt, das dem Historiker heute zur Verfügung steht: Gemeint ist eine gleichmäßig strenge, immer auf die Gesamtheit bezogene Analyse der materiellen, ökologischen und ökonomischen Infrastrukturen, der politischen Strukturen und des ideologischen Überbaus. Tatsächlich besteht eine direkte Verbindung zwischen zeitlich so weit auseinanderliegenden und einander dem Anschein nach so fremden Fakten wie etwa der unmerklichen Klimaschwankung, die den Fortschritt der Landwirtschaft an den Rändern des merowingischen Waldes begünstigte, und der Entscheidung, die Paolo Uccello an der Schwelle zur Renaissance ganz im Sinne seiner Auftraggeber traf, als er die Tumulte der siegreichen Schlacht von San Romano in der klaren Plastizität eines geometrischen und nächtlichen Universums festhielt. Wenn wir bereit wären, so weit wie möglich in das Dickicht aus Zusammenhängen, Widersprüchen und Resonanzen einzudringen, wäre dies sicherlich ein mühsam, geduldig und leidenschaftlich erkämpfter Fortschritt im Verständnis all der Dinge, deren Geschichte die der Gesellschaften ist – ein Versuch, Michelets Traum weiterzuträumen und diese Geschichte »im Strom einer mächtigen Bewegung« zu erfassen, »aus der das Leben selbst entstünde«.

Geschichte der Ideologien

Die Geschichte der Gesellschaften muß ohne Zweifel auf eine Analyse der materiellen Strukturen gegründet sein. Faktoren wie die Organisation von Gruppen, Familien- oder Nachbarschaftsverbänden, Vereinigungen, Trupps, Gesellschaften oder Sekten, die Beschaffenheit und Stärke der Bande, die ihren inneren Zusammenhalt gewährleisten, die Situation der Individuen in diesem Beziehungsnetz, ihre jeweilige Position in der komplexen Hierarchie sich überlagernder Schichten oder die Verteilung der Macht können nicht klar ans Licht gebracht werden, wenn nicht zuvor alle Hinweise gesammelt worden sind, die Aufschluß über die materiellen Strukturen geben und uns erlauben, die Komponenten des vom Menschen eroberten, urbar gemachten und bewirtschafteten Raums zu rekonstituieren, den Sinn der verschiedenen, die Evolution der Siedlungsgeschichte determinierenden Bewegungen zu begreifen, das Niveau der Produktions- und Kommunikationstechniken zu bestimmen und schließlich die Art und Weise zu verstehen, wie die Aufgaben, Reichtümer und Gewinne verteilt waren, wie die Überschüsse genutzt wurden. Die umfassende Entwicklung der historischen Forschung, die in den letzten drei Jahrzehnten im ökonomischen, demographischen sowie neuerdings im ökologischen Bereich erfolgte, hat einen ersten Fortschritt im Bereich der Sozialgeschichte angeregt. Doch die Zukunft dieses Fortschritts wird – auch daran besteht kein Zweifel – von der Ausarbeitung neuer Fragen abhängen, von einer Überprüfung der alten Texte, von der Erforschung neuer Quellen sowie von der Anerkennung und Erkundung neuer Forschungsfelder.

Um die Ordnung der menschlichen Gesellschaften zu begreifen, um herauszufinden, welche Kräfte ihre Entwicklung bedingen, ist es in der Tat wichtig, den geistigen Phänomenen, die unbestritten ebenso determinierende Wirkungen haben wie die ökonomischen und demographischen Phänomene, angemessene Aufmerksamkeit zu schenken. Denn die Menschen richten ihr Verhalten nicht nach ihrer tatsächlichen Stellung, sondern nach dem Bild, das sie sich von ihr machen, das jedoch nie ein getreues Abbild ist. Sie bemühen sich, es jenen Verhaltensmustern anzupassen, die in Wirklichkeit Kulturprodukte sind und sich im Lauf der Geschichte recht und schlecht auf die materiellen Realitäten einstellen.

Der Zusammenhang der sozialen Beziehungen und die Bewegungen gesellschaftlicher Transformationen sind also eingebettet in den Rahmen eines Wertsystems, und gemeinhin nehmen die Menschen an, die Geschichte der sozialen Beziehungen orientiere sich an diesem Wertsystem.

Tatsächlich beherrscht es das Verhalten jedes einzelnen Individuums gegenüber den anderen Mitgliedern seiner Gruppe. Auf ihm beruhen die Zwänge, die jeder akzeptiert oder zu überwinden sucht, von denen aber jeder durchaus erwartet, daß der andere sie respektiert. Innerhalb des Wertsystems erblüht oder verkümmert das Bewußtsein, das die Menschen von ihrer eigenen Gemeinschaft, Schicht oder Klasse und von deren Abstand zu den anderen Klassen, Schichten oder Gemeinschaften gewinnen – ein Bewußtsein, das mehr oder weniger klar ist, dessen Fehleinschätzung aber die Tragfähigkeit jeder Analyse einer sozialen Klassifikation und ihrer Dynamik einschränken würde. Das Wertsystem entscheidet darüber, ob die Rechtsvorschriften und Verordnungen der Herrschenden erträglich oder unerträglich scheinen. Ihm wohnen die Prinzipien eines Handelns inne, das den Anspruch erhebt, das Werden des gesellschaftlichen Verbands anzuregen; in ihm ist der Sinn verankert, den jede Gesellschaft ihrer Geschichte zuschreibt; in ihm sammeln sich ihre Hoffnungen. Es nährt die Träume und die Utopien – mögen diese auf die Vergangenheit gerichtet sein, auf ein beispielhaftes Goldenes Zeitalter mit trügerischen Reizen, oder aber auf die Zukunft, eine Zukunft, wie man sie sich wünscht und für die man gegebenenfalls kämpfen würde. Das Wertsystem befördert sowohl Passivität als auch Resignation, doch gleichzeitig birgt es die Keime aller Reformbestrebungen, aller revolutionären Programme, die Triebfedern jedes plötzlichen Umschwungs. Eine der Hauptaufgaben der heutigen Wissenschaft vom Menschen besteht deshalb darin, den Druck zu messen, der einerseits von den ökonomischen Bedingungen ausgeht, und andererseits von dem Komplex der Anstandsregeln und moralischen Vorschriften, von den durch sie definierten Verboten und den empfohlenen Wegen der Besserung. Zu diesem Unternehmen haben die Historiker einen entscheidenden Beitrag zu leisten. Die Wertsysteme werden zwar ohne sichtbare Veränderung durch unterschiedliche Mechanismen der Erziehung von einer Generation auf die andere übertragen, sind aber dennoch nicht unbeweglich. Sie haben ihre eigene Geschichte, die weder in ihrem Rhythmus noch in ihren Phasen mit der Siedlungsgeschichte oder der Geschichte der Produktionsweisen übereinstimmt. Doch gerade anhand solcher Nichtübereinstimmungen ist die Korrelation zwischen den materiellen Strukturen und den Mentalitäten am deutlichsten zu erkennen.

So öffnet sich der Untersuchung der Geisteshaltungen, ohne die keine Gesellschaftsgeschichte geschrieben werden könnte, sowohl auf der Ebene kurzfristiger Entwicklungen als auch in der Langzeitperspektive ein ungewöhnlich weites Feld. Zu diesem noch kaum erforschten Bereich, der künftigen Arbeiten keine Grenzen setzt, gehört notwendig auch die Erforschung der Ideologien. Das Wort Ideologie ist unbestimmt. Durch die Art, wie es in der Politik gebraucht wird, ist es zweideutig geworden. Der Historiker muß es in seinem weitesten Sinne verwenden, und frei von den pejorativen Anklängen, mit denen es oft belastet ist. Wir wollen Ideologie hier so verstehen, wie Louis Althusser sie definiert, als ein von Fall zu Fall unterschiedliches System von Bildern, das seine je eigene Logik und seine je eigene Strenge besitzt, als »ein Repräsentations-system, das innerhalb einer gegebenen Gesellschaft seine eigene Existenz führt und dem eine historische Rolle zukommt«.

Dieser Definition zufolge besitzen die Ideologien bestimmte Züge, die von vornherein klargestellt werden sollen:

1. Sie erscheinen als vollständige Systeme, die naturgemäß globalisie-rende Ansprüche erheben, indem sie vorgeben, eine in die Totalität eines Weltbildes integrierte Gesamtdarstellung der Gesellschaft, ihrer Vergan-genheit, ihrer Gegenwart und ihrer Zukunft zu liefern. So standen die Bilder von der Gesellschaft bis vor gar nicht langer Zeit in enger Beziehung zu den Kosmologien und den Theologien, das heißt, sie waren offenbar unzertrennlich mit einem Glaubenssystem verbunden: Im mit-telalterlichen Europa beispielsweise suchte jede Repräsentation der ge-sellschaftlichen Verhältnisse notwendig Rückendeckung bei einigen grundlegenden Texten des Christentums.

2. Die Ideologien, deren erste Funktion die der Beruhigung ist, liefern – auch dies ist ganz natürlich – Zerrbilder. Ihre Darstellung von der gesellschaftlichen Organisation beruht auf einem kohärenten Gefüge von Abwandlungen, Verschiebungen und Entstellungen, einer zurechtgerück-ten Perspektive, einem Beleuchtungsspiel, das bestimmte Verbindungen zu verschleiern sucht, indem es das Licht gebündelt auf andere Stellen projiziert, um auf diese Weise partikularen Interessen besser dienen zu können. Das dualistische und ausgesprochen manichäische Schema bei-spielsweise, von dem das Denken der Kirchenmänner im 9. Jahrhundert bestimmt war und das die ›Mächtigen‹ in Gegensatz zu den ›Armen‹ stellte, ermutigte Kirche und Königtum, deren Interessen damals überein-stimmten, dem Druck der Laienaristokratie zu widerstehen; aber zu-gleich verschleierte dieses Bild einige wesentliche gesellschaftliche und ökonomische Funktionen der ländlichen Grundherrlichkeit (und im Geist der Sozialhistoriker hat diese Verschleierung bis in die jüngste Zeit fortgewirkt).

3. Daraus folgt, daß in einer gegebenen Gesellschaft mehrere Reprä-sentationssysteme koexistieren, die – ebenfalls naturgemäß – miteinan-der konkurrieren. Zum Teil sind diese Gegensätze nur formal und entsprechen der Existenz verschiedener kultureller Ebenen. Sie spiegeln vor allem solche Antagonismen wider, die etwa aus dem Nebeneinander unterschiedlicher ethnischer Gruppen entstehen können, aber stets durch die Machtverhältnisse determiniert sind. Diese Ideologien weisen zahlrei-che gemeinsame Züge auf, da die tatsächlichen Verhältnisse, deren Bild sie wiedergeben, dieselben sind, da ihnen derselbe Kulturkomplex zu-

grunde liegt und sie sich in denselben Sprachen ausdrücken. Doch gewöhnlich stellen sich die einen Ideologien als das umgekehrte Bild der anderen, der gegnerischen Ideologien dar. So erscheint etwa die ›heidnische‹, zum Ehebruch ermunternde höfische Liebe in der Christenheit des 12. Jahrhunderts als geradezu höhnische Umkehrung der affektiven Beziehungen, die innerhalb der Familiengeschlechter und Vasallenschaften praktiziert werden oder auch in den neuen Formen der Marienverehrung zum Ausdruck kommen. Das weltzugewandte Spiel der höfischen Liebe war in der Tat ein wesentlicher Bestandteil des ideologischen Systems, das die Haltungen der unverheirateten, von den Familienbräuchen frustrierten Ritter deckte, die sich durch die fortschreitende Verkalkung der feudalen Verhältnisse eingeengt fühlten und deren Zügellosigkeit die Kirchenmoral bremsen wollte.

4. Die Ideologien erweisen sich nicht nur als globalisierend, verzerrend und konkurrierend, sondern auch als stabilisierend. Das gilt selbstverständlich für solche Repräsentationssysteme, die darauf abzielen, einmal errungene Vorteile der herrschenden Gesellschaftsschichten zu bewahren. Es gilt aber auch für jene anderen, die als umgekehrtes Spiegelbild den Gegenpart der ersteren bilden. Selbst die ideale Organisation, von der die revolutionärsten Ideologien träumen lassen, wird am Ende, nach all den Siegen, zu denen die neuen Vorstellungen anregen, als endgültige Einrichtung wahrgenommen: Keine Utopie ruft nach der permanenten Revolution. Diese Neigung zur Stabilität rührt daher, daß die ideologischen Vorstellungen an der Schwerfälligkeit teilhaben, die allen auf Traditionen beruhenden Wertsystemen innewohnt. Die Starrheit der unterschiedlichen Erziehungsorgane, der formale Fortbestand des linguistischen Rüstzeugs, die Macht der Mythen, die zutiefst in den Lebensmechanismen verwurzelte Abwehr jeder Innovation – all diese Faktoren stehen einer spürbaren Veränderung des Wertsystems bei seiner Übernahme durch eine neue Generation im Wege. Die Angst vor der Zukunft hat zur Folge, daß die Ideologien sich ganz selbstverständlich auf konservative Kräfte stützen, die, wie zu beobachten ist, in fast allen Kulturmilieus, die sich innerhalb des gesellschaftlichen Verbandes gegenüberstehen und sich wechselseitig durchdringen, vorherrschen. Manchmal verstärkt bereits eine bestimmte Disposition der Produktionstechniken den Widerstand gegen Veränderungen. So verhält es sich beispielsweise in Gesellschaften mit starken landwirtschaftlichen Grundlagen. Ihr Überleben hängt von der Stabilität eines kohärenten Systems empirischer Verfahren ab, dessen Gleichgewicht als Ergebnis langwieriger Bemühungen, die natürlichen Gegebenheiten bestmöglich zu nutzen, zerbrechlich erscheint und tatsächlich um so zerbrechlicher ist, je primitiver die Techniken sind. Daher leben diese Gesellschaften in der Furcht vor

Sternkundiger, Kopist und Kalenderberechner
Buchmalerei aus dem Psautier de Paris, 13. Jh.

Neuheiten, die das Gleichgewicht zerstören könnten; zum Schutz ziehen sie sich unter einen Panzer von Gewohnheiten zurück und finden ihre Sicherheit im Respekt vor einer Weisheit, deren Gewährsleute die Alten sind. Meist jedoch findet der Konservatismus einen noch festeren Halt in der gesellschaftlichen Hierarchie selbst. Die herrschenden Schichten, deren Interessen von den am besten gewappneten ideologischen Modellen vertreten werden, leisten sich gemeinhin und in dem Maße, in dem sie sich ihrer materiellen Überlegenheit sicher wähnen, den Luxus, Innovationen im Bereich der Ästhetik und der Mode zu fördern. Doch im tiefen Innern sind sie aufmerksam darauf bedacht, sich gegen jede weniger oberflächliche Veränderung, die ihre Macht und ihre Vorteile in Frage stellen könnte, zu verteidigen. Es ist anzunehmen, daß der Widerstand gegen Veränderungen nirgendwo so stark verankert ist wie bei den Mitgliedern des Klerus, die mehr als alle anderen an der Wahrung der alten Begriffe hängen, an der Wahrung der Glaubensvorstellungen und moralischen Regeln – der einzigen Stütze der Macht, die sie genießen, und der Privilegien, die ihnen zuerkannt werden. Schließlich wird die Tendenz zum Konservatismus auch durch eine Bewegung verschärft, die in allen Gesellschaften zu finden ist und im Zuge derer die kulturellen Modelle von Stufe zu Stufe wandern, von den Spitzen der gesellschaftlichen Hierarchie, wo sie je nach den Vorlieben und Interessen der führenden Gruppen Gestalt angenommen haben, bis hin zu den immer breiteren und niedrigeren Schichten, die von diesen Modellen fasziniert sind und danach streben, sie sich anzueignen. Dieser kontinuierliche Verallgemeinerungsprozeß geht mit einer allmählichen Verzerrung der geistigen Vorstellungen einher. Dennoch garantiert er bestimmten Haltungen ein langes Überleben. So trägt auch dieser Prozeß dazu bei, daß unter dem Anstrich der Modernität, den die herrschenden Schichten zur Schau stellen, um sich vom Gemeinen abzusetzen, ein solider Grund traditioneller Bezüge bestehen bleibt, der dem konservativen Denken als beste Stütze dient.

5. Gleichwohl, in den Kulturen, deren Geschichte bekannt ist, beruhen alle ideologischen Systeme auf einer Vorstellung von dieser Geschichte, auf einer objektiven oder mythischen Erinnerung an vergangene Zeiten, die den Entwurf einer Zukunft erlaubt und die Ankunft einer vollkommeneren Gesellschaft verheißt. Sie alle befördern Hoffnungen. Sie ermutigen zum Handeln. Alle Ideologien sind ›praktisch‹ und tragen deshalb dazu bei, die Bewegung der Geschichte anzuregen. Doch im Zuge dieser Bewegung verwandeln sie sich selbst, und zwar im wesentlichen aus drei Gründen:

a) Zunächst einmal bestehen recht enge Beziehungen zwischen den tatsächlichen Verhältnissen und der Vorstellung, die die Menschen sich von ihnen machen, so daß sich jede Veränderung der Wirklichkeit mehr oder weniger auf die Vorstellung niederschlägt.

b) Angesichts der permanenten Rivalität, in der sich die verschiedenen Altersklassen oder die durch unterschiedliche Interessen getrennten gesellschaftlichen Gruppen befinden, und im Laufe der Konflikte, die sich bei jeder Beschleunigung der ökonomischen und demographischen Entwicklung zuspitzen – die sich auch dann verschärfen, wenn die Entwicklung Veränderungen in der politischen Struktur bewirkt –, müssen die Ideologien sich den jeweiligen Verhältnissen anpassen, um besser widerstehen oder besser obsiegen zu können. Sie straffen sich oder werden nachgiebig gegenüber den feindlichen Ideologien, sie behaupten sich in ihrer alten Form oder verbergen sich unter dem Schleier neuer Erscheinungen. Befinden sie sich in einer Position der Stärke, gelingt es ihnen zumeist, Teile der Bilder und Modelle, die ihnen als äußere Bedrohung entgegentreten, in ihr eigenes System zu integrieren, sie gefügig zu machen, sie zu unterwerfen, sie zur Festigung ihrer eigenen Standpunkte zu benutzen. So gelang es beispielsweise der siegreichen Kirche des 13. Jahrhunderts, ihre Herrschaft auf die Predigt des heiligen Franz von Assisi auszuweiten, die im Grunde nichts anderes war als eine weniger aufrührerische Blüte der häretischen Auflehnung. Um den Vollkommenheitsbestrebungen der franziskanischen Lehre Platz zu machen, mußte die Kirche ihre eigene Organisation spürbar verändern; sie mußte die unversöhnlichsten Aspekte der franziskanischen Inhalte ausschalten, auflockern, unterdrücken oder verdrängen, zugleich aber aufnehmen, was sie assimilieren konnte, ja mehr noch: Sie mußte die angeeigneten Bestandteile als Verstärkung in das Grundgerüst ihrer eigenen materiellen und spirituellen Strukturen einfügen. Nicht ohne Schwierigkeiten gelang es ihr schließlich, sowohl die Gestalt als auch die Botschaft des heiligen Franz umzuformen, zu bändigen.

Im Zuge solcher Konflikte, Proteste, Rückeroberungen und Integrationen, die den Leitfaden der Ideologiegeschichte bilden, spielen bestimmte gesellschaftliche Kreise eine vorrangige Rolle. Der Historiker sollte denen besondere Aufmerksamkeit schenken, die dank ihrer beruflichen Stellung an der Spitze des Kampfes stehen und sich als Wortführer der konservativen Kräfte, des Widerstands oder der Eroberung, als die Wegbereiter der notwendigen Anpassung erweisen. Dabei handelt es sich insbesondere um alle Spezialisten, die in einer gegebenen Gesellschaft mit den Funktionen der Erziehung und des Unterrichts betraut sind. Es handelt sich aber auch um all diejenigen, die sich zum Sprachrohr einer gesellschaftlichen Gruppe machen, aus der sie zumeist nicht selber hervorgegangen sind; sei es, daß sie sich aufgrund bestimmter Enttäuschungen veranlaßt sahen, mit ihrer eigenen Gruppe zu brechen, von ihr abzurücken, sie zu bekämpfen und sich in diesem Kampf auf andere – natürlich antagonistische – gesellschaftliche Verbände zu stützen, ja deren Ideologie durch ihre Erfahrung und ihr Wissen zu stärken; sei es, daß sie sich von den Reizen einer Karriere verführen ließen und auf diese

Weise zu Überläufern wurden, wie es der Fall bei zahlreichen Intellektuellen war, die in den Dienst der herrschenden Schichten traten und sich
zu deren Bütteln machten.

c) Schließlich kommt es vor, daß die ideologischen Systeme sich
verändern, wenn ihre kulturelle Umgebung vom Einfluß fremder oder
benachbarter Kulturen durchdrungen wird – einem Einfluß übrigens,
von dem sie nur selten vollständig frei sind. Oft entspringen derartige
Durchdringungen einem ungleichen Kräfteverhältnis zwischen den auf-
einandertreffenden Zivilisationen. Als Begleiterscheinung politischer
Umwälzungen, die durch Invasion oder Kolonisation hervorgerufen
werden, kann der Einbruch einer anderen Kultur gewalttätige Formen
annehmen. Meist aber handelt es sich um einen schleichenden Prozeß,
um die Folge einer Faszination, die ein Glaube, eine Idee oder eine
verführerische Lebensart aus der Ferne ausübt. Die Aneignung kann aber
auch willentlich geschehen, da die Ideologien stets und überall auf der
Suche nach neuen Elementen sind, die sie zur eigenen Verstärkung
heranziehen könnten. So verhielt es sich im Abendland des 12. Jahrhunderts mit der höfischen Ethik: Zur Bereicherung ihrer eigenen Geistes-
vorstellungen, Rituale und Ausdrucksweisen schöpfte sie sowohl aus der
Kultur der lateinischen Antike als auch aus der des islamisierten Spanien.
Gewiß, die Bewegungen, unter deren Einfluß die Ideologien aus ihrer
natürlichen Trägheit gerissen werden, gehen gewöhnlich sehr langsam
vonstatten und sind kaum von sprunghaften Entwicklungen gezeichnet:
Gemeinhin stellen sie sich durch geschmeidige Wandlungen auf die
abrupteren Veränderungen ein, die sich im ökonomischen und politischen Bereich vollziehen. Auf jeden Fall scheinen die ideologischen
Systeme in ständiger Evolution begriffen, so daß sie zweifelsfrei ein
Gegenstand der Geschichte sind.

Allerdings sollte man sich über die äußerste Schwierigkeit dieser Geschichte keine Illusionen machen. Schwierig ist bereits die Zusammen-
stellung der Zeugnisse. Von den meisten ideologischen Systemen der
Vergangenheit sind uns in der Tat nur flüchtige, entstellte, dünne Spuren
erhalten. Das gilt einerseits für die ›volkstümlichen‹ Ideologien, zu
verstehen als die Ideologien jener gesellschaftlichen Milieus, die selbst
keinen Zugang zu den notwendigen Kulturinstrumenten hatten, um ein
Weltbild in dauerhafte Formen zu übersetzen; allein die Aufmerksamkeit, die ihnen gegebenenfalls von den herrschenden Schichten geschenkt
wurde, erlaubt uns, hier und dort etwas von ihren Ideologien zu erahnen;
das Bild jedoch, das sich über diesen Umweg enthüllt, ist immer ver-
schwommen, partial und außerordentlich verzerrt. Es gilt aber auch für
alle aufrührerischen Ideologien, die verdrängt und oft so lange verfolgt
wurden, bis sie nur noch wirre Spuren in der Erinnerung hinterließen.
Aufspüren kann man sie nur anhand der Unterdrückung, die ihnen zuteil

wurde. Das Material, um wenigstens einige ihrer Züge zu rekonstruieren, findet sich in den Widerlegungen, in den Argumenten der Gegenpropaganda, in den Ratschlägen, die den Inquisitoren erteilt wurden, und in den Erwägungen der schriftlichen Urteile. Direkten Aufschluß geben die Urkunden nur über solche Ideologien, die den Interessen und Hoffnungen der herrschenden Klassen entsprachen. Denn sie allein verfügten über die Mittel, dauerhafte Kulturgüter zu schaffen, die nicht so leicht vergänglich waren und deren Überreste eine historische Analyse erlauben. Obendrein gestattete die Machtverteilung nur diesen Ideologien, sich im vollen Tageslicht zu zeigen, sich zu verbreiten, in alle Ausdrucksformen einzudringen, sich durch das Spiel der Erziehungs- und Informationssysteme sowie durch die faszinierenden Wirkungen, die die Moden und Haltungen der gesellschaftlichen Eliten naturgemäß auf die untergeordneten Schichten ausübten, nach und nach allgemeine Gültigkeit zu verschaffen. Es ist ein wesentliches Prinzip der Methodik, daß man diese Situation nie aus den Augen verliert und sich stets um eine Korrektur der falschen Perspektiven bemüht, die sie hervorzubringen droht.

Aber nicht einmal an die siegreichsten ideologischen Systeme kommt man mühelos heran, denn nur in den seltensten Fällen werden diese komplexen Einheiten freimütig in ihrem Gesamtzusammenhang ausgedrückt. Selbst wenn das Bild in der kohärenten Darstellung einer Lehre bewußt mitgeteilt wird, bleibt es fragmentarisch: Ein ganzer Teil bleibt im Unausgesprochenen verborgen. Um dem, was nicht gesagt wird, auf die Spur zu kommen, müßte man alle individuellen und kollektiven Verhaltensweisen analysieren können, denn sie alle sind mehr oder weniger von den Ideologien geprägt. Wer versuchen will, die letzteren in ihrer Totalität zu rekonstruieren, muß folglich zahllose Hinweise sammeln, die uns verstreut in den stets lückenhaften und wirren Spuren dieser Verhaltensweisen überliefert sind. Um die ideologischen Systeme aus dem Staub der Vergangenheit auszugraben, muß eine Vielzahl unzusammenhängender Zeichen ausfindig gemacht, verbunden und interpretiert werden. Die Aufgabe des Historikers besteht im Entziffern und Entschlüsseln. Doch damit nicht genug – während dieser Arbeit muß er sich obendrein so gut wie möglich von den ideologischen Zwängen befreien, in denen er selber gefangen ist.

Zu den Quellen, die am leichtesten zugänglich sind und die deutlichsten Aussagen enthalten, gehören natürlich alle Propagandaschriften, die Traktate über das gute Verhalten, die erbaulichen Reden, die Manifeste, Pamphlete, Predigten, Loblieder, Epitaphe und die Biographien der beispielhaften Helden; kurz, alle verbalen Äußerungen eines bestimmten gesellschaftlichen Milieus über die von ihm verehrten Tugenden und die von ihm verworfenen Laster, Äußerungen, die ihm zur Verteidigung und Propagierung jener Ethik dienen, die seinem guten Gewissen zugrunde liegt. Eigentlich darf bei derartigen Untersuchungen kein einziger Text vernachlässigt werden. Das Vokabular der Berichte, der dramatischen Werke, der Briefwechsel, der gelehrten Bücher, ja auch das ausnehmend konservative Vokabular der Liturgien, der Verordnungen und der Gerichtsurkunden muß eingehend untersucht werden, wobei es vor allem – mehr noch als um Wörter, Redewendungen, Metaphern oder Wortverbindungen – um die Aufdeckung enthüllender Begriffe geht; in ihnen spiegelt sich unbewußt das Bild, das eine bestimmte Gruppe in einem gegebenen Augenblick von sich selbst und von den anderen hat. Da die Ideologie aber oft noch unmittelbarer und prägnanter in dem Gefüge sichtbarer Zeichen zum Ausdruck kommt, kann man sich die reichste Ausbeute von dem ungeschriebenen Quellenmaterial versprechen. Die Embleme, die Trachten, der Schmuck, die Insignien, die Gesten, der äußere Rahmen und die Gestaltung von Festen und Zeremonien, die Einteilung des sozialen Raums – all diese Dinge zeugen von einer bestimmten erträumten Ordnung des Universums. In diesem besonderen und zentralen Bereich der Sozialgeschichte muß die Forschung ihr Augenmerk auf alles Figürliche richten, auf die Struktur der Bauwerke, ihre Ausstattung und die vielen in Stein gehauenen oder gemalten Bilder, die ein Quellenmaterial ersten Ranges darstellen. Denn in allen Zivilisationen und in fast allen Phasen der historischen Vergangenheit wurden die bildlichen Darstellungen schwerer, unverblümter mit Sinn beladen als der schriftliche Ausdruck. Sie galten als besonders wirksame Verteidigungs- und Angriffswaffen. Denken wir nur an das Portal der Abteikirche von Saint-Gilles, das sich zur Abwehr der Katharer an einem Knotenpunkt des von der Ketzerei verseuchten südlichen Galliens erhob – ein regloses Theater, ausgestattet mit der ganzen Überzeugungskraft, die in die Skulptur hineingelegt wurde, eine Summe der katholischen Ideologie, untermauert durch majestätische Erinnerungen an die kaiserliche römische Ordnung. Etwas später fand die Papstkirche ihre besten Handlanger unter den Malern, und zwar unter den größten: Sie wurden benutzt, um die franziskanische Lehre von den letzten Keimen des Widerstands zu säubern und diese lyrische Bewegung der Armut, die einlud zum freien Dialog zwischen den Gläubigen und Jesus, schließlich in den Dienst einer Ideologie zu stellen, die den Vorrang des Klerus ebenso rechtfertigte wie den Reichtum.

Hat man alle Hinweise dieser Art ausfindig gemacht, sollte man sie zunächst versammeln, um das System anhand der von ihm hinterlassenen Spuren in seinem Gesamtzusammenhang, in seiner formalen Ordnung zu rekonstruieren. Dabei muß die größte Aufmerksamkeit dem gelten, was verschwiegen wird. Das Schweigen als Nichtvorhandensein zu interpretieren, wäre hier noch weit gefährlicher, noch schwerwiegender als bei der Erforschung der Wirtschaftsgeschichte. Auslassungen sind in der Tat ein fundamentales Element des ideologischen Diskurses: Ihre wesentliche Bedeutung muß aufgeklärt werden. Anschließend müssen die in ihrer

Das Portal der Kirche von St. Gille

semantischen Verbindung rekonstituierten Repräsentationssysteme einer zweifachen Untersuchung unterzogen werden. Zum einen bedarf es einer gründlichen Analyse der synchronen Ebene, um klarzustellen, inwieweit die Äußerungen der herrschenden Ideologie etwas von den konkurrierenden Ideologien offenbaren – von jenen gegnerischen Modellen, gegen die sie in den Kampf gezogen sind und die in den meisten Fällen nur durch sie, durch die Windungen ihrer eigenen Verteidigungs- und Angriffslinien, wahrnehmbar sind. Zum anderen gilt es, die unmerklichen Deformationen der ideologischen Systeme auf der diachronen Ebene zu erforschen. Hier scheint ein Rückgriff auf die Methoden der seriellen Geschichtsschreibung notwendig und möglich: Die bezeichnendsten Elemente der verschiedenen Sprachen des verbalen, rituellen oder bildlichen Ausdrucks können chronologisch zu quantifizierbaren Serien geordnet werden. Mit Hilfe dieses Verfahrens kann man erfassen, welche Verschiebungen dazu führen, daß bestimmte Begriffe oder Zeichen durch andere ersetzt werden, daß bestimmte Themen in den Hintergrund rücken und verschwinden, während andere neu auftauchen und sich durchsetzen. Hier kommen natürlich auch die Zähigkeit des Vokabulars und das beharrliche, jede Veränderung des semantischen Inhalts verschleiernde Fortbestehen der formalen Hüllen ins Spiel. Doch auf dieser Ebene der Forschung ist das Auseinanderfallen von Form und Bedeutung nicht so wichtig. Da die Ideologien in Wirklichkeit Deckmäntel sind, Repräsentationssysteme, die Verhaltensweisen bestätigen und rechtfertigen sollen, kommt es hier in erster Linie auf die Formen, die Schemata und die Themen an: Ihnen muß die Beobachtung gelten.

Krisenzeiten, in denen sich die Bewegung der materiellen und politischen Strukturen auf die ideologischen Systeme niederschlägt und den Konflikt zwischen ihnen verschärft, bieten besonders günstige Voraussetzungen für diese Art der Beobachtung. Im Laufe der Krisen und der durch sie hervorgerufenen Aufstände, Reformversuche oder Revolutionen erscheinen latente Strukturen, die gewöhnlich verborgen bleiben, im hellen Tageslicht. Die intensiver werdende Polemik fordert auch diejenigen zu Stellungnahmen heraus, die sich in ruhigen Zeiten nicht zu Wort melden oder nicht die Mittel dazu haben; zugleich versetzt sie den langfristigen Tendenzen, die den Entwicklungsprozeß der herrschenden Ideologie bestimmen, einen beschleunigenden Impuls. Gewiß, der Kampf regt auch ikonoklastische Absichten an und läßt auf diese Weise manche Indizien verschwinden. Doch zur Entschädigung bringt er dank der Stellungnahmen, zu denen er beide Seiten zwingt, ein plötzliches Wachstum des Quellenmaterials hervor. Der günstigste Augenblick für die historische Beobachtung ist der Moment, in dem der Kampf zu Ende geht. Einem Sieg folgen stets repressive Maßnahmen: Das in den Gerichts- und Polizeiarchiven gesammelte Material über Ermittlungen, Verhöre und Urteilssprüche liefert in diesem Zusammenhang zahlreiche

Informationen. Außerdem geht ein Sieg stets mit vielsagenden Bekehrungsversuchen, doktrinären Entwürfen und dem Bemühen um gesetzliche Regelungen einher. Aufschlußreich ist auch die Art und Weise, wie die ehemaligen Wirren im Licht der triumphierenden Ideologie dargestellt werden – aufschlußreich sowohl in Hinsicht auf die siegreiche Ideologie selbst als auch in Hinsicht auf die anderen Modelle, die angeblich von ihr unter Kontrolle gebracht worden sind: Man denke nur an die entlarvenden Interpretationen, die in den dreißiger Jahren des 19. Jahrhunderts von der Französischen Revolution geliefert wurden, oder an die Kommentare zum hundertsten Jahrestag der Pariser Kommune, ob sie das Ereignis nun feiern oder in den Schatten stellen wollten. Wenn man die ideologischen Systeme der Vergangenheit anhand zerstreuter Fragmente rekonstruiert, wenn man den Spuren ihrer Veränderungen folgt, nähert man sich in Wirklichkeit der noch viel heikleren Aufgabe, die Beziehungen zwischen den Ideologien und der erlebten Realität der gesellschaftlichen Organisation in ihrer historischen Entwicklung genauer zu bestimmen. Ich schlage vor, die Forschung von diesem Punkt an in zwei Etappen fortzusetzen:

a) Alle Ideologien stellen sich als Interpretation einer konkreten Situation dar. Folglich neigen sie dazu, deren Veränderungen widerzuspiegeln. Da sie aber von Natur aus konservativ sind, tun sie es möglichst spät. Ihre Anpassung an die veränderten Verhältnisse erfolgt erst am Ende einer manchmal sehr langen Frist und bleibt immer partial. Die Diskrepanz zwischen ihrer Geschichte und der Geschichte der realen gesellschaftlichen Verhältnisse ist um so schwerer einzuschätzen, als sich die Schwerfälligkeit der Repräsentationssysteme infolge eines subtilen dialektischen Prozesses auf die Bewegung der materiellen und politischen Strukturen selbst auswirkt und deren Entwicklung in bestimmten Punkten bremst. Dennoch ist von den Historikern durchaus zu erwarten, daß sie die Chronologie dieser Diskrepanz in allen Feinheiten nachzeichnen. Jeder weitere Schritt der Forschung, jede weitere Interpretation, muß sich auf diese Chronologie stützen.

b) Eine solche Analyse der unterschiedlichen Zeitlichkeit muß die Sozialhistoriker natürlich veranlassen, anschließend eine Kritik der kohärenten ideologischen Systeme der Vergangenheit vorzunehmen, sie *a posteriori* zu entmystifizieren und nachzuweisen, wie die aus dem Quellenmaterial hervorgehenden Züge der materiellen Bedingungen des gesellschaftlichen Lebens in jedem Augenblick der historischen Entwicklung mehr oder weniger entstellt von den geistigen Bildern wiedergegeben werden. Das heißt, der Historiker müßte möglichst genau feststellen – und die Tatsache, daß der Ausdruck des wirklich Erlebten in den meisten Urkunden mit den erträumten Zuständen verquickt ist, macht dieses Unternehmen besonders schwierig –, welche Übereinstimmungen und Nichtübereinstimmungen in jedem Punkt der Diachronie zwischen drei Variablen bestehen: Zwischen der objektiven Situation der Individuen oder Gruppen und dem illusorischen Bild, in dem sie Bestätigung und Rechtfertigung gefunden haben, sowie zwischen diesem Bild und den individuellen oder kollektiven Verhaltensweisen.

In diesem Zusammenhang scheint es mir hilfreich, die kritischen Gedanken Paul Veynes über das Vorgehen und die Risiken der historischen Arbeit heranzuziehen. Sie können uns in der Tat helfen, die Ziele und Grenzen der Forschung genauer zu bestimmen, die zu beschreitenden Wege klarer abzustecken. Veynes Überlegungen mahnen zur Vorsicht, und zwar vor allem, weil sie deutlich machen, welche Kluft in jeder Gesellschaft zwischen dem Verhalten der Menschen und den geistigen Vorstellungen oder den Wertsystemen liegt, auf die sie sich vorzugsweise berufen. Das Verhalten geht teilweise in Riten ein, die tatsächlich als Riten erlebt werden und die man nicht für den Ausdruck eines Glaubens oder einer Idee halten darf. Auf der anderen Seite folgt es den Regeln der Moral nur sehr mangelhaft. Die Ethik ist immer nur ein ›lokalisierter Abschnitt‹ des Ganzen, in dem sie je nach Kulturniveau, je nach Gesellschaft und Epoche die verschiedensten Wirkungen hervorbringt. Schließlich muß man anerkennen, daß stets ein »gewaltiger Unterschied zwischen dem offiziellen Aushängeschild einer politischen oder religiösen Bewegung und der herrschenden Atmosphäre« besteht. »Diese Atmosphäre wird von den Beteiligten erlebt, ohne daß sie begriffen würde ..., und sie hinterläßt kaum schriftliche Spuren«.[1] So entgeht sie der Beobachtung, obwohl sie die Verhaltensweisen der Menschen viel direkter beeinflußt als alle prinzipiellen Proklamationen und Deklarationen. Im übrigen warnt Paul Veyne vor der Versuchung, die Wirkung der ideologischen Systeme höher einzuschätzen als die Bewegung der Geschichte. Die Ideologien sind nichts als ›Fahnen‹, und es stimmt, daß »der ideologische Deckmantel niemanden täuscht, daß er außer den bereits Überzeugten kaum jemanden zu überzeugen vermag, daß der *homo historicus* sich schwerlich von den ideologischen Argumenten eines Gegners beeindrukken läßt, wenn seine eigenen Interessen auf dem Spiel stehen«.[2]

Aber auch Paul Veyne räumt ein – und in diesem Punkt verdienen seine Überlegungen besondere Aufmerksamkeit –, daß die Verhaltensweisen innerhalb eines bestimmten Rahmens der gesellschaftlichen Beziehungen, innerhalb dessen, was er ›Institutionen‹ nennt, direkter von ideologischen Motiven bestimmt werden. Unter ›Institutionen‹ ist hier alles zu verstehen, »was gemeint ist, wenn man von gemeinsamen Idealen, vom Kastengeist oder von Gruppentraditionen spricht; alles, was in jener Mischung aus persönlichen Ambitionen und kollektiver Zensur steckt, die dazu führt, daß eine gesellschaftliche Gruppe weniger eigennützige Ziele verwirklicht als die, die ihre Mitglieder individuell verfolgt hätten«; »eine Situation, in der die Menschen sich durch Beweggründe, die nicht notwendig idealistisch sind, veranlaßt fühlen, ideale

Ziele ebenso gewissenhaft zu erfüllen, als wenn sie sich aus persönlicher Neigung für diese Ziele interessierten«.[3] Solche institutionellen Rahmen sind natürlich stets ein Ort lebhafter Spannungen zwischen Prinzipien und individuellen Interessen. Doch sie ziehen sich um einen Komplex von Verhaltensregeln, dessen Einfluß unmittelbarer und tiefgreifender ist als irgendwo sonst, da innerhalb der Gruppe jeder von den anderen erwartet, daß sie die Regeln ebenso respektieren wie er selber. Die ›Institutionen‹ in dem Sinne, den Paul Veyne ihnen verleiht, konstituieren tatsächlich das wichtigste Feld, in dem der Historiker seine Beobachtungen zur Erforschung der Ideologiegeschichte durchführen muß. Das entbindet ihn jedoch nicht von der Aufgabe, jene großen Bewegungen, die dem institutionellen Rahmen zwar entspringen, aber über ihn hinausgehen und die Verbindung zu anderen ›Institutionen‹ herstellen, mit der gleichen Aufmerksamkeit zu studieren. Denn nur durch die Erforschung dieser Bewegungen gewinnt man genügend Abstand, um das zentrale Problem der Beziehungen zwischen den Ideologien und dem, was Karl Marx die gesellschaftliche Praxis nennt, in seiner ganzen Breite behandeln zu können. Aus guten Gründen hat Paul Veyne unter anderem das Beispiel des Kreuzzugs ausgewählt. Dieses Unternehmen hätte niemals einen derartigen Erfolg gehabt, wenn die Widersprüche in den herrschenden Schichten der Feudalgesellschaft am Ende des 12. Jahrhunderts weniger lebhaft gewesen wären. Hätten die Organisatoren den Feldzug nicht geheiligt, wären ihm allenfalls ›eine Handvoll Heimatlose‹ gefolgt. Der Kreuzfahrer, der nach Jerusalem aufbricht, spürt genau, daß er damit einer ausweglosen Situation entflieht, aber er engagiert sich ernsthaft für sein Seelenheil; er »weiß, daß der Kreuzzug ein Epos Gottes ist, denn man hat es ihm gesagt, und wie jeder andere drückt er das, was er fühlt, durch das aus, was er weiß«.[4] Indem ich das Beispiel des Kreuzzugs aufgreife und erweitere, möchte ich meine Überlegungen zur Methodik nun – und es wird höchste Zeit – von der Abstraktion befreien.

Diejenigen Mitglieder der christlichen Gesellschaft, die im Europa des 11. Jahrhunderts in der Lage waren nachzudenken, ihr Denken zu organisieren und ihm einen Ausdruck zu verleihen, der einige Beständigkeit versprach, das heißt, die führenden Kirchenmänner, haben die Züge eines ideologischen Modells festgelegt. Der heutige Stand der Forschung gibt keine Hinweise, daß dieses Modell seinerzeit zum Gegenstand ikonographischer Darstellungen gemacht worden wäre – was für uns nicht ganz unproblematisch ist. Immerhin wird es in einigen Texten klar zum Ausdruck gebracht, in Texten allerdings, die äußerst selten sind und genauestens erörtert werden müßten. Weit zahlreicher sind solche Schriften, in denen der Stempel des ideologischen Modells nur an der Art und Weise zu erkennen ist, wie bestimmte Berichte gestaltet sind, wie bestimmte Bilder einander gegenübergestellt und bestimmte Vokabeln aneinandergefügt werden – Zusammenhänge, die systematisch untersucht werden müßten. Das ideologische Schema entspricht der herrschenden Position derer, die es konstruiert haben, und es zielt darauf ab, diese Position zu festigen. Man kann davon ausgehen, daß es seine innere Geschlossenheit unter dem Druck der lebhaften Auseinandersetzungen gewann, die dem Niedergang der königlichen Amtsgewalt und der Schwächung ihrer aussöhnenden Kraft innerhalb der Aristokratie folgten und die damals vor allem in Form ketzerischer Ausbrüche sichtbar wurden, gegen die das Schema offenbar gerichtet war.

Das Schema ist einfach. Im Grunde versteht es sich von selbst, daß die ideologischen Vorstellungen ein vereinfachtes Bild von der Realität der gesellschaftlichen Organisation vermitteln, ein Bild, das die feinen Abstufungen, Überlagerungen und Verwicklungen unterschlägt, die Kontraste hingegen verschärft und den Akzent auf die Hierarchien und Antagonismen setzt. Es teilt die Menschen in drei Kategorien ein: Die Spezialisten des Gebets, die Spezialisten des Kampfes und die Spezialisten der Produktion, das heißt in diesem Fall die Bauern. In einer Welt, die durch die Auswirkungen des starken demographischen und ökonomischen Wachstums zunehmend in Unruhe geriet, räumte das Schema denjenigen ›Arbeitern‹, die sich im Zuge des Erwachens städtischer Siedlungen der Herstellung qualitätvoller Gegenstände, dem Handel mit diesen Waren und den Geldgeschäften widmeten, keinerlei Platz ein. Statt dessen lieferte es ein getreues Abbild der globalen Strukturen einer landwirtschaftlichen Gesellschaft, die sämtliche Schutzfunktionen an einige Spezialisten delegiert hatte – an solche, die zur Abwehr der sichtbaren Angreifer ihre Waffen erhoben, und an solche, die den geheimnisvollen Mächten des Jenseits durch das Gebet entgegentraten. Aber dieses ideologische Bild ist beruhigend. Zum einen, weil es die Spannungen zwischen den drei gesellschaftlichen Kategorien unter dem Deckmantel eines gerechten Austausches wechselseitiger Dienste verschleiert, und zum anderen, weil es die faktischen Ungleichheiten durch die Erfüllung dieser Dienste rechtfertigt: Es rechtfertigt sowohl den Müßiggang und den Wohlstand, die den Mitgliedern der beiden herrschenden Schichten aufgrund der von ihnen erfüllten speziellen Funktionen zustehen, als auch die Pflicht zur mühseligen Arbeit und die Ausbeutung, die auf der dritten Gesellschaftsschicht lasten. Beruhigend ist es auch in dem Maße, in dem es darauf ausgerichtet ist, die Strukturen, deren Bild es zeigt, zu stabilisieren, und zwar im Interesse der Eliten, die ihren Platz ganz oben an der Spitze haben, insbesondere im Interesse des Klerus. Diese Gesellschaftsideologie ist tatsächlich ausgesprochen konservativ. Ihrem Konzept nach sind die Einteilungen, die sie als ›Ordnungen‹, das heißt als unbewegliche Gruppen beschreibt, durch dichte Scheidewände abgegrenzt, die niemand überschreiten kann, es sei denn um den Preis eines ostentativen Gesinnungswandels. Sie leugnet alle Aufstiegsbewegungen, die sich dank des Fortschritts der landwirtschaftlichen Produktivität und der immer lebhafter werdenden Zirkulation der Reichtümer bereits abzeichnen. Sie stützt ihre veränderungsfeindliche Haltung auf die Grundlagen eines Glaubenssystems, das die Schöpfung als Ebenbild einer zeitlosen himmlischen Stadt darstellt: Die von ihr festgelegte soziale Klassifikation soll – außerhalb der Zeit und seit Anbeginn der Welt – der Vorsehung Gottes entsprechen. Dennoch erscheint dieses Abbild auf den ersten Blick unvollkommen, und die manichäische Weltsicht, in die das ideologische Modell eingebettet ist, bestätigt den zersetzenden Einfluß verderblicher Kräfte, Faktoren der Unruhe und Unordnung, die es mit allen Mitteln zu unterdrücken gilt. Trotz seiner stabilisierenden Funktion ruft dieses Bild also zum Handeln auf, zur Rückführung des Modells in die Vollkommenheit seines göttlichen Vorbilds. Es regt an zu Restaurationsbemühungen, deren erste Nutznießer die Würdenträger der Kirche und Erfinder des Schemas selber zu sein hoffen.

Obwohl das ideologische Modell, von dem hier die Rede ist, zu einer Zeit in das Kollektivbewußtsein eindringt, in der die Evolution der materiellen Strukturen zu langsam voranschreitet, als daß sie von den Zeitgenossen deutlich wahrgenommen werden könnte, fördert es eine Dynamik. Das wiederum erklärt sich durch den Geschichtsbegriff, der ihm zugrunde liegt. Die Geschichte, die eine wesentliche Rolle im damaligen Unterrichtssystem der Kirchenobersten spielt, wird als ein Fortschreiten des Volkes Gottes verstanden, als eine Prozession zum Licht, die seit der Menschwerdung Christi durch die Ausströmungen der Gnade beschleunigt wird. Der Kirche obliegt die Führung dieser Prozession, dem Ende der Zeiten und der Beispielhaftigkeit der göttlichen Absichten entgegen. Die Kirche aber lebt schon seit langer Zeit im Wohlstand der Grundherrlichkeit, die ihr das Mehrprodukt der bäuerlichen Arbeit zur Verfügung stellt. Dank des ideologischen Modells, das die Kirche propagiert, können die Geistlichen und die Mönche sich besten Gewissens der Erzeugnisse ihrer Domänen und der Abgaben ihrer Untertanen erfreuen – zumindest unter der Bedingung, daß sie als Fürstreiter der ›Armen‹, das heißt der Masse der Arbeiter, auftreten. Aus diesem Grunde schiebt das Schema eine dichte Scheidewand zwischen die Oberschicht des Kirchenverbands und die Laienaristokratie, obwohl die Klassensituation und der familiale Ursprung beider Gruppen in Wirklichkeit gleich sind. Es verschärft diese Trennung, indem es allen Kirchenmännern eine segregative Moral auferlegt, die ehemals den Klostermilieus eigen war: den Verzicht auf individuellen Reichtum, auf die Fleischeslust und auf die Freuden des Kampfes; um ganz sicher zu gehen, propagiert es ferner eine friedfertige Ethik, die Ethik des Gottesfriedens, dessen Vorschriften in ihrer ursprünglichen Form zur Folge hatten, daß die gesamte Gruppe der Krieger hinter einem Wall von Verboten abgesondert wurde. Auf diese Weise trägt das ideologische Schema dazu bei, diese Gruppe zu einer homogenen Körperschaft zusammenzuschließen, in der die von allen Mitgliedern geteilten, gemeinsamen Haltungen dafür sorgen, daß die Gegensätze, bedingt durch eine Vielfalt unterschiedlicher ökonomischer Stellungen, allmählich verschwinden.

Aber die Kirche ist es sich schuldig, den von ihr angeführten Kampf gegen die Kräfte des Bösen weiter voranzutreiben und sich zur Vervollkommnung des Modells der drei Ordnungen um eine weitere Moralisierung der kriegerischen Welt zu bemühen. Daher setzt sie sich im Lauf des 11. Jahrhunderts dafür ein, die Ritterschaft zu einer echten, durch eine besondere Ethik untermauerten ›Institution‹ zu machen. Infolgedessen bildet sich nach und nach eine den Rittern eigene Ideologie heraus, deren Konturen man bereits aus den gegen sie gerichteten Schmähungen der Kirchenleute herauslesen kann, die aber etwas später, als die für ein ritterliches Auditorium verfaßten literarischen Werke durch schriftliche Aufzeichnungen Beständigkeit erlangen, deutlicher erkennbar wird. Die Geistlichen, die an den Fürstenhöfen Karriere machen, wirken tatkräftig am Entwurf dieses neuen ideologischen Modells mit. Dennoch steht es in offenem Gegensatz zu dem Modell der Kirche: Die Werte, auf denen die ritterliche Ideologie beruht – die Begeisterung für Tapferkeit, Raubzüge, den Sinnesrausch und die Lebensfreude –, setzen in der Tat eine entschiedene Ablehnung der von den Männern des Gebets gepredigten Bußfertigkeit und Entsagungsbereitschaft voraus. An der zunehmenden Stärke dieser Werte zeigt sich die seit dem 10. Jahrhundert immer größer werdende Kluft zwischen dem weltlichen Teil der herrschenden Klasse und dem anderen Teil, der sich den religiösen Funktionen verschrieben hat. Doch die trotz allem weiterhin bestehenden gemeinsamen Interessen beider Teile, die Komplizenschaften und das mächtige Spiel der Familienbeziehungen, sorgen für weitreichende Verbindungen zwischen den beiden Repräsentationssystemen – Verbindungen, die die Christianisierung des weltlichen Modells erleichtern.

Das Kreuzzugsunternehmen vollendet die Christianisierung der ritterlichen Ideologie. Sicher wurde die tatsächliche oder erträumte Mobilisierung der gesamten Ritterschaft zur Befreiung des ›Heiligen Grabes‹ durch materielle Schwierigkeiten begünstigt, unter denen die weltlichen Herren litten; das heißt nicht etwa durch eine Krise im Bereich der Grundrente und der grundherrlichen Reichtümer, für die es keine sichtbaren Anzeichen gab, sondern durch die Auswirkungen des demographischen Wachstums und durch eine bestimmte Disposition der Verwandtschaftsstrukturen, die viele der jüngeren Söhne adliger Familien ins Abenteuer trieb. Begünstigt wurde der Kreuzzugsgedanke auch durch die Evolution der politischen Rahmenbedingungen, durch die zunehmende Stärke der Fürstentümer, die mit dafür sorgten, daß die angriffslustigen Kräfte der Unordnung nach außen abgelenkt wurden. Aber mindestens ebenso direkt hatte er mit einer zunehmenden Reife der Ideologie der drei

Aufstellung der Heiden und Christen zur Entscheidungsschlacht vor Jerusalem
Cod. gall. Monacensis, f. 151 r, Mitte 15. Jh.

Ordnungen selbst zu tun. Er siedelte sich in der geradlinigen Verlängerung der ersten diesbezüglichen Reflexionen der Geistlichen des Jahres 1000 an. Das Bestreben, die Ordnung der Krieger zu moralisieren, bedeutete in der Tat nicht nur den Aufbau eines Schutzwalls gegen die Ausbrüche ihrer zügellosen Gewalt; es bedeutete auch, daß die Spezialisten des Kampfes angehalten wurden, ihre Waffen zur besseren Verwirklichung der Pläne Gottes einzusetzen, das heißt, ihre kriegerische Aktivität nicht mehr gegen das christliche Volk, sondern gegen die Ungläubigen zu richten. Man berief sich auf die alten Mythen vom Millenium, auf die eschatologischen Visionen. Das himmlische Jerusalem, Ziel der großen Prozession der Menschheit, die den Vollkommenheiten der Gnade entgegenstrebt, hatte ein Ebenbild auf Erden: Judäa. Dorthin mußte das Volk marschieren, um die Ankunft des Königreichs herbeizuführen. Die Männer des Gebets sollten dem kollektiven Unternehmen als Wegweiser

49

dienen, während die durch den segensreichen Gebrauch ihrer Waffen geläuterten Schwertträger den Auftrag hatten, der angreifbaren Schar der Armen sicheres Geleit zu bieten. Die Kreuzzugsgesellschaft, die unmittelbar vor Anbruch des Jahres 1100 Gestalt anzunehmen schien, war nichts anderes als die Verwirklichung des ideologischen Schemas, das hundert Jahre zuvor von den Intellektuellen der Kirche konstruiert worden war.

Doch im Lauf dieses Jahrhunderts hatte sich der Rhythmus des ökonomischen und demographischen Wachstums beschleunigt, unmerklich hatte es die menschlichen Beziehungen innerhalb der religiösen Gemeinschaften, der Fürstentümer, der Grundherrlichkeiten, der Dörfer und Familien verändert. Zum Teil trieben diese untergründigen Strömungen die Entwicklung ganz im Sinne des ideologischen Modells voran, insoweit nämlich, als diesem Modell eine realistische Einschätzung wesentlicher sozialstruktureller Elemente zugrunde lag, ein der Wirklichkeit entsprechendes Bild von der Hierarchie der Reichtümer sowie von der Macht- und Funktionsverteilung in den französischen Ländern des beginnenden 11. Jahrhunderts.

Zum größeren Teil aber drängten sie in eine ganz andere Richtung. Sie verschärften die ursprünglichen Nichtübereinstimmungen zwischen der konkreten Realität und den geistigen Vorstellungen, deren Vollendung in einem anachronistischen Gesellschaftsbild bestand: dem Bild von der Kreuzzugsgesellschaft, die jedoch aufgrund ihres langsamen Reifungsprozesses und aufgrund der Hindernisse, die sich der Verbreitung und Festigung des ideologischen Modells in den Weg stellten, längst überfällig war. Faktisch kann von einer Formierung dieser Gesellschaft keine Rede sein. Weder brach das gesamte christliche Volk zur letzten erlösenden Wanderung auf, noch boten die Pilgerscharen auf den Wegen nach Osten das Bild einer reinen, uneigennützigen, friedlichen Menschheit, die sich der Moral der Mönche endlich ganz und gar gebeugt hätte. Den Kirchenmännern, die an der Pilgerfahrt teilnahmen, bot dieses Unternehmen Gelegenheit, in den östlichen Christenheiten und an den heiligen Stätten Werte zu entdecken, die noch kaum bekannt waren, und aus dem Nachdenken über die Menschwerdung Christi und die Macht des heiligen Geistes Motivationen für eine Transformation ihrer eigenen Beziehung zur Welt zu schöpfen. Die Standarten der kreuzfahrenden Ritterschaft konnten kaum darüber hinwegtäuschen, daß das Abenteuer für die Krieger in erster Linie eine gewaltige Erweiterung der Plünderungsfeldzüge und jener Vergnügungen bedeutete, denen sich die besitzlosen ›Jünglinge‹ auf der Suche nach Ruhm, Gewinn und einer Gemahlin bis dahin nur im Kleinen hatten hingeben können. Was die ›Armen‹ betrifft, die dem Ruf der Prediger folgten und in wirren Haufen losmarschierten, so wird niemand je sagen können, was sie wirklich suchten und was sie fanden. Im übrigen riß der Kreuzzug gesellschaftliche Gruppen mit, die keinen Platz im Schema der drei Ordnungen hatten: Mönche, die gegen ihre Regel verstoßen hatten, Prostituierte, Söldner, die für Geld kämpften und damals bereits die Vorhut der Heere bildeten, fürstliche Gesandte, die aus dem gemeinen Volk stammten, durch ihr Amt aber in den ersten Rang erhoben worden waren, sowie alle möglichen Seefahrer, Händler und abenteuerlustigen Kaufleute. Sie spielten eine wichtige, vielleicht sogar vorrangige Rolle bei der ganzen Sache. Am Ende der langen Reise fand niemand, was ihm versprochen war, weder die Wiederkunft Christi noch das himmlische Königreich, sondern allenfalls Reichtum, eine Vorliebe für fremde Landschaften und schönen Schmuck, Erschöpfung, Angst, Enttäuschung oder einen ganz banalen Tod. Der große Traum verkörperte sich schließlich in einigen politischen Formationen, die dem eroberten Land unpassende Adaptationen der abendländischen Rechtsvorschriften überzustülpen versuchten, in einem plötzlichen Handelserfolg, der den ersten Schritt zur Vereinnahmung der levantinischen Wirtschaft durch die Lateiner darstellte, und vor allem in Residualinstitutionen, den geistlichen Ritterorden, in denen sich die ursprünglichen Hoffnungen zu kristallisieren schienen: Im Rahmen dieser, aber auch nur dieser Institutionen, die im selbstlosen Dienste Gottes tatsächlich eine Verschmelzung der klösterlichen und der kriegerischen Haltungen ermöglichte und deren Hierarchie die adligen Ritter kategorisch von den Waffendienern niedriger Herkunft schied, wurde das ideologische Modell, wenngleich in äußerst geschrumpften Ausmaßen, voll realisiert. Ein weiterer Restbestand, der hartnäckig überlebte, war der verbreitete Mythos des erobernden Fortschritts und der eschatologischen Erwartung, der die Ideologien des Abendlands noch lange Jahrhunderte nähren sollte.

Wenn ich hier in einigen Zeilen darzulegen versucht habe, was man heute von der Entfaltung eines ideologischen Systems im Laufe einer etwa hundertjährigen Entwicklung erahnen kann, wollte ich im Grunde dazu anregen, die Forschung in diesem Bereich weiter voranzutreiben, bestimmte Probleme genauer zu umreißen und durch eine sorgfältige Analyse des unterschiedlichen Sprachgebrauchs, durch eine Gegenüberstellung der benutzten Vokabeln und Symbole herauszuarbeiten, welche Bedeutung zu bestimmten Zeitpunkten in sie hineingelegt wurde, was sich beispielsweise hinter dem Wort *laborator*, dem Zeichen des Kreuzes oder den Segensformeln der Schwertleite verbirgt. Ich wollte anregen, in alle Feinheiten einer Dialektik einzudringen, die den Gegensatz von Brauchtum und Innovation ebenso ins Spiel bringt wie die herrschenden Vorstellungen von der Gesellschaft und den Gesamtkomplex eines Glaubenssystems. Schließlich wollte ich aufzeigen, wie wichtig es ist, die Widerstände richtig einzuschätzen, die dem kirchlichen, genaugenommen sogar eher bischöflichen Modell der drei Ordnungen durch den jugendlichen Schwung der Ritterschaft und die Passivität der Bauern entgegengesetzt wurden. Doch damit nicht genug. Man müßte hier und

Ständeordnung der mittelalterlichen Gesellschaft
Oben, in der Mitte: der König; links: Vertreter des Klerus; rechts: weltliche Ratgeber und Ritter
Unten, links: Bürger; rechts: Bauern

dort auch einen Blick nach außen werfen, sowohl über die Kulturgrenzen der lateinischen Christenheit hinaus als auch in die Zeit vor und nach dem 11. Jahrhundert. Nur so könnte man Klarheit darüber gewinnen, durch welche geschmeidigen Abwandlungen das Schema der drei Ordnungen – möglicherweise unter ständiger Beibehaltung des trifunktionalen Rahmens, dessen feste Verwurzelung in den indo-europäischen Kulturen Georges Dumézil nachgewiesen hat – imstande war, das Modell eines gesalbten, liturgischen, kriegerischen und befruchtenden Königtums ebenso zu verdrängen wie das kirchliche Modell einer Stufenleiter der moralischen Vollkommenheit. Schließlich müßte man auch das lange Überleben dieses ideologischen Systems im Laufe seiner späteren Anpassung an die jeweiligen Verhältnisse verfolgen und seinen Einfluß auf die Gesamtentwicklung der gesellschaftlichen Beziehungen untersuchen. War es nicht dieses Modell, das die letzten Spuren der antiken Sklavenhaltung endgültig zum Verschwinden brachte? Das die größten Fürsten auf Dauer und unter Achtung des gleichen Wertkomplexes mit den ärmsten Krautjunkern verband? Das die Beteiligung der Aristokratie an den einträglichsten ökonomischen Aktivitäten einschränkte und so den unwiderstehlichen Aufstieg antagonistischer gesellschaftlicher Gruppen begünstigte? Das schließlich durch die ihm eigene Konzeption von Freigebigkeit und Nächstenliebe eine entscheidende Umverteilung der Reichtümer in Gang setzte?

Die Auseinandersetzung mit diesen Problemen oder mit anderen Fragen, die sich aus der Formation und Deformation anderer Schemata ergeben, könnte sicherlich zu einer feineren Wahrnehmung der besonderen, heute noch kaum bekannten Rhythmen führen, denen die Geschichte der Ideologien im Tempo ihrer spezifischen Dauer folgt. Gewiß könnte man auch besser einordnen, welche Zusammenhänge dafür sorgen, daß diese Geschichte stets mit den gesamtgesellschaftlichen Transformationen verbunden bleibt, und man könnte klarer erkennen, was die ideologischen Repräsentationen mit der objektiven Situation der Individuen oder Gruppen und mit deren Verhalten gemein haben. Infolgedessen wäre es vielleicht auch möglich, dem auf die Spur zu kommen, was für die Wissenschaft vom Menschen derzeit noch völlig im Dunkeln liegt: dem Anteil des Imaginären an der Evolution der menschlichen Gesellschaften.

Fußkampf zwischen Gawain und anderen
Französische Miniatur, Anfang 15. Jh.

Zur Verallgemeinerung der kulturellen Modelle in der Feudalgesellschaft

Ich werde mich in diesem kurzen Beitrag neben einigen methodischen Betrachtungen darauf beschränken, eine Problematik zu umreißen. Wir wissen in der Tat so wenig über die Geisteshaltungen im Mittelalter, daß es meiner Ansicht nach vermessen wäre, sich heute weiter vorzuwagen. Mein Ausgangspunkt ist eine ganz banale Überlegung, die schlichte Feststellung der offenkundigen Tatsache, daß die für die oberen Kreise der Gesellschaft entworfenen Kulturformen stets zur Verallgemeinerung neigen, daß sie die Tendenz haben, sich vom Gipfel des sozialen Gebäudes nach unten hin zu verbreiten, Stufe um Stufe in immer ungebildetere Schichten hinab. Wenn wir uns zunächst an die ›Kultur‹ im engsten Sinne und somit an den Bereich der literarischen oder künstlerischen Schöpfungen, des Wissens, der Überzeugungen und der religiösen Einstellungen halten, ist das Phänomen der Verallgemeinerung unschwer zu erkennen. Zwei Beispiele aus der europäischen Welt des 14. Jahrhunderts mögen als Erläuterung genügen – zwei miteinander verbundene, zwei parallele Beispiele.

Bekanntlich hat der Propagandafeldzug der Bettelorden im 14. Jahrhundert dazu geführt, daß das Christentum zumindest in den Städten anfing, eine Volksreligion zu werden, die es seit Jahrhunderten nicht mehr gewesen war. Durch die Predigt in der volkstümlichen Sprache, durch das Schauspiel, durch die *sacre rappresentazioni*, durch die Lobgesänge wurden dem Laienvolk nach und nach verschiedene, ihm bis dahin unzugängliche evangelische Gebote und ein neues Gesicht Christi enthüllt. Aber es handelt sich nicht nur um eine weit über den begrenzten Kreis der Kirchenmänner hinausgehende Verbreitung bestimmter Texte und geistiger Vorstellungen. In die tiefen Schichten der städtischen Gesellschaften dringen Frömmigkeitspraktiken ein, die jahrhundertelang einer kleinen Anzahl von Geistlichen, den Mönchen und den Chorherren, vorbehalten waren, so etwa der gemeinsame Gesang, die einsame Meditation und – wenigstens für einige Laien – die regelmäßige Lektüre des Stundenbuchs. Parallel dazu kann man im 14. Jahrhundert beobachten, wie Vertreter der Laienwelt oder vielmehr Gruppen, Familiengruppen und Bruderschaften, die sich in der Hierarchie der Macht und des Reichtums auf immer niedrigeren Ebenen ansiedeln, künstlerische Formen übernehmen, die einst für äußerst beschränkte Eliten geschaffen wurden. Im frühesten Mittelalter verfügten nur die Könige über eine eigene Kapelle, nur sie ließen ihre Gräber schmücken und besaßen Reliquien; am Ende des 14. Jahrhunderts besitzen zahlreiche Bürgerfamilien eine private Andachtsstätte, sie unterhalten Kaplane, haben eigene Grabgewölbe und beauftragen Künstler mit der Gestaltung von Altarbildern oder Grabstatuen. Reliquien werden für Männer aus dem mittleren Adel zu Körperschmuck verarbeitet. Das Holzschnittverfahren trägt die Abbilder der großen aristokratischen Kunst in außerordentlich breite soziale Schichten hinein. Und, ein recht merkwürdiges Phänomen, der architektonische Rahmen, der diese sehr volkstümlichen Kunstobjekte umgibt, macht die als Andachtsbilder dienenden Holzschnitte zu regelrechten Scheinkapellen für die Armen. Das alles ist offensichtlich und relativ leicht nachzuvollziehen, so daß ich hier nicht näher darauf eingehen muß. Ich stütze mich jedoch auf diese einleitenden Betrachtungen, um drei Problemfelder zu umreißen.

Das erste läßt sich auf eine schlichte Frage reduzieren: Ist die Bewegung tatsächlich so einfach, geht der von oben nach unten gerichtete Verallgemeinerungsprozeß nicht mit einer umgekehrten Bewegung einher? Anders gesagt, in welchem Maße hat die aristokratische Kultur – dabei meine ich immer noch die ›Kultur‹ im engsten Sinne des Wortes – während des Mittelalters Werte oder Formen aus den untersten Schichten des sozialen Gebäudes aufgenommen? Hier ist die Beobachtung unendlich viel schwieriger. Zum einen lassen sich die Mechanismen der kulturellen Schöpfung dieser Epoche nur sehr schwer verfolgen, zum anderen und vor allem aber ist es dem Mediävisten zwar möglich, bestimmte Züge der aristokratischen Kultur zu entdecken, weil die Formen, in denen sie sich verkörpert, in denen sie sich ausgedrückt hat, bis heute erhalten sind, doch was die Volkskultur betrifft, ist er für immer zu einer fast vollständigen Unkenntnis verdammt, ja sogar dazu, nicht einmal ihre Existenz beweisen zu können. Klarheit herrscht, wie mir scheint, nur in drei Punkten.

1. Wenn Kultur und Propaganda zusammenkommen, wie es in der Entwicklung des auf Bekehrung und um der Bekehrung willen auf Erziehung bedachten mittelalterlichen Christentums der Fall ist, zeigen die Werkstätten der kulturellen Schöpfung, die ihren Sitz in den obersten Schichten des sozialen Gebäudes haben, die von der Vorhut der Kirchenmänner betrieben, aber bewußt in den Dienst des Volkes gestellt werden, selbstverständlich eine große Bereitschaft, diffuse Tendenzen, Schemata und geistige Bilder von den niederen Ebenen der Kultur zu übernehmen, um sie ihrer Propagandakonstruktion einzuverleiben, um eben dieser Propaganda ein vertrauteres Gesicht zu geben und ihr Eindringen in die Massen zu erleichtern. Eine Bereitschaft folglich, das aufzunehmen, was gemeinhin als volkstümlich bezeichnet wird – und was der Historiker nur dank dieser Aufnahme kennt. Das beschriebene Phänomen hat sich

im Zeitalter der Merowinger ebenso ereignet wie im 13. und 14. Jahrhundert, als die Dominikaner und die Franziskaner mit größtem Eifer versuchten, Christus im Volk der Städte lebendig werden zu lassen.

2. Aber dank einer gewissen Neigung zum ›Populismus‹ zeigt die aristokratische Kultur auch eine ganz natürliche und permanente Aufnahmebereitschaft für das Volkstümliche. Deutlich sichtbar wird diese Neigung beispielsweise in den fürstlichen Kreisen des 15. Jahrhunderts, die neugierig an Schäfergedichten, an ländlichen Vergnügungen interessiert sind und allem Anschein nach bestimmte Ornamente des bildlichen Schmucks ihrer Wohnsitze oder auch Ornamente ihrer Hofmusik aus ›Volksmelodien‹ schöpfen, das heißt in Wirklichkeit aus Formen, die ursprünglich für hocharistokratische Kreise der Kirche oder der Welt geschaffen worden sind, sich aber mit der Zeit vereinfacht und abgeschliffen haben, ja die im Laufe eines langwierigen Verallgemeinerungsprozesses, im Laufe der allmählichen Übernahme durch niedrigere Schichten der Gesellschaft eine falsche Naivität gewonnen haben.

3. Dies führt zum dritten Punkt: Während die Elemente der aristokratischen Kultur nach und nach immer tiefer ins Innere der sozialen Körperschaft eindringen, machen sie Veränderungen durch, die sich allgemein auf der Ebene der Formen und der Ausdrucksmittel in einer zunehmenden Vereinfachung, einer zunehmenden Schematisierung äußern, und, was den Inhalt betrifft, in einer fortschreitenden Auflösung der logischen Rahmen und einer wachsenden Bedeutung der Affektivität. Einhergehend mit der Popularisierung des Christentums haben solche Wandlungen beispielsweise die religiöse Kunst und die Frömmigkeitsformen des 14. Jahrhunderts geprägt. Mir scheint allerdings – und dies ist meiner Ansicht nach die Hauptsache –, daß damals eine Art Rückschlag stattgefunden hat, eine korrelative Veränderung der kulturellen Gegebenheiten in den obersten Schichten der Gesellschaft. Das Christentum der hohen Geistlichkeit und das der Fürstenhöfe haben im 14. Jahrhundert unbestreitbar gefühlsmäßige Werte hinzugewonnen, die aus den Tiefen des Volkes kamen und um so mehr Ausdrucksmöglichkeiten fanden, je tiefer die künstlerischen Schöpfungen und die Frömmigkeitsformen ins Innere des Volkes eindrangen. Es wäre also notwendig – und so ließe sich ein erster Forschungsbereich definieren –, genau zu beobachten, wie das Spiel der Verallgemeinerung aristokratischer Modelle, das zweifellos die wesentliche Bewegung, der determinierende Motor der Kulturgeschichte ist, in Wirklichkeit eine wechselseitige Kommunikation zwischen den kulturellen Grundlagen der verschiedenen sozialen Schichten herstellt.

Doch das Netz der Probleme wird größer, wenn man die Fragestellung erweitert und das Wort ›Kultur‹ in einem weniger engen Sinn begreift. Es wird unverzüglich klar, daß sich der Verallgemeinerungsprozeß auf einen sehr viel umfassenderen Komplex niederschlägt, der nicht nur mit Überzeugungen, Wissen oder religiösen Haltungen zu tun hat, sondern auch mit den Gewohnheiten, den gesellschaftlichen Vorstellungen, der Art und Weise, wie eine Gesellschaft sich selbst begreift, mit Faktoren also, die das individuelle Verhalten, die ethischen Werte, kurz, die einen ganzen Lebensstil berühren. Es wird auch klar, daß das Phänomen der Verallgemeinerung zwei Seiten hat: Zum einen die Aneignung, die Imitation der von den Eliten vorgeschlagenen Modelle oder Haltungen durch die niedrigeren Schichten der Gesellschaft, und zum anderen die Übernahme einiger von unten kommender Werte durch die Eliten selbst. Dies möchte ich nun anhand einer Analyse der Kultur der französischen Aristokratie des 11. und 12. Jahrhunderts aufzeigen, wobei der Begriff ›Kultur‹ im weitesten Sinne des Wortes zu verstehen ist, in dem Sinne, den die Ethnologen ihm heutzutage verleihen.

Bei unserem Beispiel handelt es sich um eine gesellschaftliche Gruppe, die infolge der fortschreitenden Ausbildung bestimmter Haltungen, juristischer Grundsätze, Anstandsregeln und Moralvorstellungen, kurz, infolge der Konstitution einer gemeinsamen Kultur, nach und nach immer kohärenter, immer homogener geworden ist, obwohl sie ursprünglich äußerst vielschichtig war und ihr sehr verschiedene Typen angehörten – Typen, die sich so sehr voneinander unterscheiden wie etwa ein Herzog von der Normandie sich von jenen Rittern unterscheidet, die ich im Mâconnais beobachtet habe, oder auch von all den Zufallssoldaten, all den zum Herrenhaus gehörigen Rittern, die teilweise aus der Ministerialität stammten und sich im Nordwesten Frankreichs so überaus zahlreich um die adligen Familien scharten. Diese gemeinsame Kultur beruht im wesentlichen darauf, daß Gewohnheiten, die anfangs nur von einer beschränkten Elite, von einer dünnen Oberschicht, von den alten Adelsgeschlechtern geteilt wurden, allmählich auf sämtliche Mitglieder einer streng abgegrenzten Gruppe übergingen, die sich im Wandel der politischen Strukturen und dank der Einrichtung des sogenannten Feudalwesens um das Jahr 1000 herausgebildet hat.

Ich werde mich hier mit zwei Aspekten einer Bewegung befassen, die nichts anderes als einen kulturellen Verallgemeinerungsprozeß innerhalb der Feudalaristokratie darstellt, und zunächst eine jener Geisteshaltungen isolieren, die mir im Mittelpunkt der aristokratischen Kultur zu stehen scheinen. Ich meine das ausgeprägte Dynastiebewußtsein, die Ahnenverehrung, den Sinn für das Familiengeschlecht – einen ganzen Komplex geistiger Vorstellungen, der die eigentliche Grundlage des Begriffs *nobilitas* bildet. Ich habe die Ergebnisse meiner jüngsten Untersuchungen erst vor kurzem anläßlich eines Kolloquiums in Warschau dargelegt. Ich glaube erkennen zu können, daß die Organisation der aristokratischen Familie im Sinne eines Geschlechts, eines Stammes, eines Hauses, einer strikt agnatischen, strikt auf die patrilineare Blutsverwandtschaft gegründeten Genealogie, und alles, was mit dieser Konstel-

lation zusammenhängt – die Ehegewohnheiten, der Begriff der Primogenitur, der Gebrauch von patronymischen Namen, von Wappenzeichen,
usw. –, sicherlich weniger alt ist, als man vermutet, und tatsächlich eine
neue Struktur darstellt, die sich nach und nach in der Aristokratie
verankert hat, um schließlich ihr zweifellos wichtigster Rahmen zu
werden. Aber ich füge hinzu, daß diese Verankerung neuer Verwandtschaftsstrukturen durch eine fortschreitende Bewegung von oben nach
unten erfolgt ist, das heißt durch einen Verallgemeinerungsprozeß. In
Frankreich werden die neuen Formen der Familienbeziehungen in den
höchsten aristokratischen Kreisen, bei den Territorialfürsten und Gra-
fenfamilien, in der Mitte des 10. Jahrhunderts sichtbar; in den Familien
der Burgherren tauchen sie um das Jahr 1000 auf, und um 1050
verbreiten sie sich schließlich im Milieu der einfachen Ritter. Eine
Verallgemeinerung der neuen Familienstrukturen also. Aber auch eine –
in Wirklichkeit langsamer fortschreitende – Verallgemeinerung bestimmter Attribute, die ursprünglich den Mitgliedern des höchsten Adels, der
höchsten Aristokratie, vorbehalten waren. Ich denke etwa an den Turm,
der als Symbol der Macht, der Souveränität, der militärischen und
gerichtlichen Herrschaft galt. Der Turm war zunächst ein königliches
Monopol, dem Herrscher und seinen Bevollmächtigten, den Grafen,
sowie seinen Dienern, den Bischöfen, vorbehalten. Um das Jahr 1000
entwickelt er sich zum allgemeineren Besitz; er fällt in die Privathände
einiger Adelsgeschlechter, deren Anzahl aber noch gering ist. Dann, im
Laufe des 12. Jahrhunderts, werden die Türme weniger selten; manche
gehen an Nebenlinien der herrschenden Geschlechter über. Um 1200
fangen auch einfache Ritter an, Türmchen zu errichten, Gräben um ihre
Wohnsitze anzulegen, ihre ländliche Residenz, die Wiege ihres Geschlechts, in ein ›befestigtes Haus‹ zu verwandeln, das heißt, in eine
verkleinerte Nachahmung der großen fürstlichen Festungen. In der gleichen Weise und im gleichen Rhythmus verallgemeinern sich auch andere
Dinge, etwa die Ausnutzung der grundherrlichen Macht, die Verwen-
dung des Siegels und die Führung des Titels *dominus*, ›Messire‹, den um
das Jahr 1000 nur die Burgbesitzer, die alleinigen Inhaber der wirklichen
Macht trugen. Um 1200 zeichnet dieser Titel sämtliche Ritter aus und
dient ihnen allen als Unterscheidungsmerkmal gegenüber dem Rest der
Bevölkerung. So könnte man die französische Aristokratie zu diesem
Zeitpunkt, am äußersten Ende des 12. Jahrhunderts, als die Gesamtheit
derer definieren, die an jenen Vorrechten, Titeln und Gebräuchen teilhaben, die um das Jahr 1000 noch das Privileg einiger Familien, das Privileg
der *proceres*, der *optimates*, ja die nochmals zwei Jahrhunderte früher
sicherlich das Privileg einer einzigen Familie, der Familie des Königs,
gewesen waren.

Wenn man die Kultur der Feudalaristokratie analysiert, kann man
indes nicht darüber hinwegsehen, daß eine andere Hauptachse sich durch

Der Turm als Symbol der Macht
Buchmalerei aus der Bible d'Etienne Harding

eine ebenfalls fortschreitende, aber umgekehrt verlaufende Bewegung herausgebildet hat, eine Bewegung, die nicht von der Spitze der aristokratischen Gesellschaft ausgeht, sondern im Gegenteil von ihrer untersten Ebene. Die aristokratische Kultur, die Kultur der Feudalaristokratie, orientiert sich in der Tat an zwei wesentlichen Begriffen: Dem Begriff des Adels, der sich von der höchsten Ebene, von der kleinen Elite der *nobiles* des Jahres 1000 aus nach unten hin verbreitet hat, und dem Begriff der Ritterschaft, der unbestreitbar aus den niedrigsten Schichten der Aristokratie stammt. Am Anfang des 11. Jahrhunderts ist *miles* zwar durchaus ein Titel, doch mit ihm schmücken sich nur Abenteurer oder mäßig begüterte Grundherren, die sich um die Burgen und die großen Herren der Fürstentümer scharen, denn zu dieser Zeit bedeutet *militare* nicht nur kämpfen, sondern auch dienen. Doch nach und nach wird dieser Titel häufiger geführt und zugleich genießen die Werte, die er impliziert, zunehmende Anerkennung: Die Werte des Muts, des kämpferischen Geschicks, der Ehrenhaftigkeit, die für lange Zeit einen wichtigen Platz in der aristokratischen Ethik einnehmen sollten. Der Titel verbreitet sich, steigt auf, dringt in die höchsten sozialen Schichten ein. Im Jahr 1200 ist die Entwicklung vollendet: Zu diesem Zeitpunkt rühmen sich die größten Fürsten und selbst die Könige, Ritter zu sein. Die Zeremonie der Schwertleite markiert eine der wichtigsten Etappen ihrer Existenz. So könnte man die französische Aristokratie am äußersten Ende des

12. Jahrhunderts auch – und mit dem gleichen Recht wie unter dem zuerst angeführten Gesichtspunkt – als die Gesamtheit derer definieren, die nunmehr die Tugenden, die Fähigkeiten und die spezifischen Pflichten der *milites* des Jahres 1000 teilen, das heißt, der zielstrebigen jungen Männer, die manchmal von sehr weit unten kamen und die *familia*, die Dienerschaft, das Gefolge der Großen bildeten. Man müßte also herausfinden – und dies könnte ein zweiter Forschungsbereich sein –, welche Bewegungen Einfluß auf die Ausbildung der Kulturmodelle nehmen und ob sie nicht häufig von den beiden Extremen ein und derselben sozialen Schicht herkommen, wie es in der soeben dargelegten, allerdings nur grob umrissenen Analyse der Fall ist. Diese Fragestellung ist deshalb so wichtig, weil sie auf der Ebene der geistigen Vorstellungen, auf der Ebene der kollektiven Psychologie sicherlich zu einem besseren Verständnis jener Mechanismen führen würde, die eine langsame Herausbildung dessen erlauben, was man wagen darf, als Klasse zu bezeichnen.

Abschließend möchte ich meine letzten Fragen auf den Begriff des Kulturmodells konzentrieren, von dem ich glaube, daß er eine wesentliche Bedeutung im Sinne eines Bindemittels, eines Kohäsionsfaktors hat, der bestimmte Gruppen zusammenhält und sie von anderen abgrenzt. Die konkreten Verhaltensmodelle, die exemplarischen Formen menschlicher Vollendung, sind zunächst für die Mitglieder bestimmter sozialer Schichten erfunden worden, galten aber bald, sehr bald sogar, auch als Maßstab für diejenigen Gruppen, die sich unterhalb der betreffenden sozialen Schicht ansiedelten. Die Faszination, die von diesen Modellen ausging, stellte die stärkste Antriebskraft der hier thematisierten Verallgemeinerungsprozesse dar. In der abendländischen Gesellschaft der Feudalzeit war die Anzahl solcher Modelle äußerst beschränkt. Nur zwei sind klar erkennbar, genau definiert und einander im übrigen direkt entgegengesetzt; das eine dem geistlichen Teil, das andere dem weltlichen Teil der aristokratischen Kultur zugewandt. Allerdings repräsentieren auch sie meiner Ansicht nach nur zwei Facetten eines einzigen und zweifellos ursprünglichen Musterbeispiels: Des königlichen Modells – vorausgesetzt, daß die Kultur des Hochmittelalters tatsächlich in der Gestalt des Herrschers als dem Ebenbild Gottes kulminiert, daß der gesamte Verallgemeinerungsprozeß tatsächlich, wie ich glaube, der Faszination durch das königliche Beispiel entspringt. Die beiden entgegengesetzten Modelle sind einerseits das des Kriegers, sagen wir, das ritterliche Modell, auf das ich hier nicht näher eingehen will, und andererseits das des Priesters, des Klerikers. Was das letztere betrifft, so müßte genauer erforscht werden – und dies könnte ein Weg zu unserer Problematik sein –, wie sich das klerikale Modell im Laufe des 11. Jahrhunderts zunehmend einem anderen genähert hat, einem Modell, das in der moralischen Hierarchie höher stand, das blendender, in der spirituellen Vollkommenheit weiter fortgeschritten war: dem klösterlichen Modell.

Man müßte aber auch beobachten, wie es kam, daß der Typus des Klerikers, eines Mannes also, der in Verstandesdingen ebenso geschult war wie im Gebet, trotz der weltabgewandten Haltung, trotz des freiwilligen oder unfreiwilligen inneren Rückzugs der klösterlichen Institution, nach 1100 bald allein in den Vordergrund trat.

Daß es nötig wäre, die Komponenten dieser beiden Modelle aufmerksam zu analysieren, versteht sich von selbst. Aber es tauchen auch andere Fragen auf, die mit ihrer Verführungskraft zu tun haben. Da das gesamte Forschungsprogramm noch offen ist, will ich mich hier auf zwei Aspekte des Problems beschränken. Der erste, der mir außerordentlich wichtig erscheint, besteht in der Festigkeit, der Dauerhaftigkeit beider Modelle, deren Grundzüge, was Frankreich betrifft, um 1130 voll ausgereift waren und die sich dann mindestens zweieinhalb Jahrhunderte lang kaum noch verändert haben. Zum Beweis für diese Stabilität hier ein Beispiel, das ich den Forschungsarbeiten eines meiner Schüler, Jacques Paul, entnehme. Jacques Paul hat untersucht, welches Vokabular, welche Wörter, welche semantischen Felder der Franziskaner Salimbene um 1260 in seinen Lobreden auf zeitgenössische Persönlichkeiten benutzte. In dem ganzen Schwall der Eigenschaften, die Salimbene anführt, weist nichts auf den geringsten Einfluß des franziskanischen Spiritualismus hin, nichts läßt auf die geringste Fähigkeit des Autors schließen, sich von den beiden überlieferten sozio-kulturellen Modellen freizumachen, obwohl wir es doch mit einem Mann zu tun haben, der sich ausgezeichnet darauf versteht, Landschaften genauestens zu beobachten und sie auf eine ganz persönliche Art und Weise zu beschreiben. Alle ehrenwerten Laien, denen er begegnet ist, sind für ihn zugleich ›schön und edel‹ – zwei Adjektive, die unbedingt zusammengehören. Sie sind *docti ad proelium*, sie sind höfisch, freigebig und reich (selbst für diesen Franziskaner ist die Armut eine Schande), sie sind fähig, Lieder zu komponieren; das heißt, sämtliche Eigenschaften, deretwegen sie gepriesen werden, stimmen mit dem ritterlichen Vorbild überein. Andererseits sind alle ehrenwerten Kirchenmänner in Salimbenes Augen heilig und gebildet; das heißt, die Persönlichkeit, die er in ihnen rühmt, ist ihrerseits vollkommen dekkungsgleich mit dem klerikalen Vorbild. In welchem Moment, unter dem Einfluß welcher Strömungen diese Modelle schließlich zerfielen, könnte vielleicht durch sorgfältige Analysen der literarischen und auch der ikonographischen Zeugnisse des späten Mittelalters präzisiert werden.

Was dagegen den Ursprung dieser Modelle betrifft, was die Orte betrifft, an denen sie entstanden sind und die ihnen nach und nach zu immer mehr Ausstrahlung verholfen haben, so wäre es meiner Ansicht nach sinnvoll, die Aufmerksamkeit wenigstens in der ersten Zeit auf ein gesellschaftliches Milieu zu richten, das ich für den Kristallisationspunkt der kollektiven Vorstellungen halte: Ich meine die Fürstenhöfe. Um den Fürsten scharten sich die Repräsentanten der beiden gesellschaftlichen

Die wachsende Bedeutung des Geschriebenen
Buchmalerei aus dem Roman de Troilus

Eliten, von seinen Gaben ließen sie sich ernähren: die Repräsentanten der religiösen und die der weltlichen Oberschicht. Kam die Dynamik innerhalb dieser Versammlung, die den Hof ausmachte, nicht von den ›Jungen‹, den *juvenes*? In einem anderen Beitrag habe ich auf die Bedeutung der ›Jugend‹ in der Feudalgesellschaft hingewiesen, auf die Bedeutung dieser Gruppe junger Männer, die ihre Ausbildung zur Erfüllung der militärischen oder religiösen Funktion bereits hinter sich hatten, deren Erziehung abgeschlossen war, die schon initiiert, durch die Zeremonie der Schwertleite in die Gesellschaft der Erwachsenen aufgenommen waren, sich aber noch nicht etabliert hatten, weder als Hausherr noch als Kanoniker, und die auf der Suche nach ihrem Glück ein unstetes Leben führten. Ich habe in diesem Zusammenhang nur von der Jugend der Ritterschaft gesprochen. Aber ich bin überzeugt, daß man unter den Klerikern leicht Gruppierungen, Haltungen und Enttäuschungen erkennen könnte, die absolut vergleichbar sind. In dieser ebenso klerikalen wie ritterlichen Gruppe der ›Jungen‹, die in der fürstlichen Umgebung zusammenkamen, liegt meiner Ansicht nach der Ausgangspunkt des Wetteifers, der Rivalitäten (der Begriff des bei Stechspielen oder beim Wortgefecht errungenen Wertes oder Preises spielt hier eine fundamentale Rolle), der Ausgangspunkt jenes permanenten Wettstreits, der sich naturgemäß um Formen der Vollendung drehte, die für alle gelten sollten und deren Merkmale teilweise durch den Wetteifer selbst bestimmt wurden. Der jugendlichste Teil des Hofes erscheint mir in der Tat als das wahre Zentrum, als der Ort, an dem die Modelle zurechtgefeilt und die exemplarischen Figuren des vollkommenen Ritters und des vollkommenen Geistlichen geschaffen wurden. In den Rededuellen zwischen jungen Klerikern und jungen Rittern hat der gegensätzliche Charakter der beiden Modelle Schärfe und Festigkeit gewonnen. Erinnern wir uns nur an eines der wichtigsten Themen bei den spielerischen Wortgefechten im Damengemach: Wem gebührt die Liebe mehr, dem Geistlichen oder dem Ritter? Aber innerhalb dieser Gruppe kam es durch den dauernden Kontakt zwischen Geistlichen und Rittern nach und nach auch zu Begegnungen der beiden exemplarischen Figuren. Am gleichen Schauplatz, an den Fürstenhöfen selbst, bekam die Heiligkeit im Laufe des 11. Jahrhunderts einen Anstrich von Heldentum, während der Ritter etwas später, im Laufe des 12. Jahrhunderts, immer mehr dazu neigte, sich als *literatus* zu bezeichnen. Ein schöpferisches Zentrum also, aber natürlich auch ein Zentrum der Verbreitung, und zwar über alle Wege, deren Brennpunkt der Fürstenhof war und mit deren Hilfe die im eigentlichen Sinne höfischen Modelle von Station zu Station bis an die äußersten Grenzen der aristokratischen Gesellschaft gelangten, um dann weiter nach unten in die breite Schicht all derer einzudringen, die nicht aus dem Adel stammten, aber vom Glanz des Hofes fasziniert waren. Der Fürst (das heißt der König), ganz in seiner Nähe der Klerus und die Ritterschaft, und eine Stufe tiefer die bewundernde Masse, fasziniert von den Modellen der menschlichen Vollkommenheit – dies ist das einfachste Schema der Feudalgesellschaft. Es ist aber auch der Rahmen der Verallgemeinerungsprozesse, des komplexen, alle Schichten der Gesellschaft umfassenden Spiels von Entlehnungen und wechselseitigem Austausch dessen, was man in Ermangelung eines besseren Wortes Kultur nennen kann.

Der Rosenroman
Sozialgeschichtliche Hintergründe eines höfischen Traums

Bei der Erforschung des Mittelalters haben die Historiker seit kurzem begonnen, den Boden auf Spuren zu untersuchen. An manchen Stellen, etwa in Torfmooren, Tonbänken oder im Sand, gelingt es tatsächlich, jahrtausendealte, versteinerte, zu Schichten akkumulierte Überreste von Pollen und Sporen der umgebenden Flora zu bergen. Diese Ablagerungen stellen eine Art mikroskopisches Archiv der Pflanzenwelt dar. Indem man sie bestimmt, indem man jede einzelne Lamelle datiert und den jeweiligen Anteil der botanischen Formationen mißt, erhält man schließlich das klare Bild einer Geschichte, über die es bislang nur undeutliche, zusammenhanglose Informationen gab: der Geschichte einer Landschaft und ihrer fortschreitenden Nutzbarmachung.

Im Zeitraum zwischen dem 9. Jahrhundert und den Anfängen des 13. Jahrhunderts – während eine leichte, fast unmerkliche, angesichts der noch sehr rudimentären landwirtschaftlichen Techniken aber dennoch äußerst folgenreiche Klimaveränderung dafür sorgte, daß die Sommer etwas weniger feucht und die Winter etwas milder wurden – mußten Wälder, Buschwerk und Brachland im Norden Frankreichs unaufhörlich den beständig sich ausdehnenden Feldern und Weinpflanzungen weichen.

Diese zunächst zögernde Bewegung kam nach dem Jahr 1000 mächtig in Schwung. Hundert Jahre später wälzte sie alles um. Tausende und Abertausende von bäuerlichen Haushalten, die sich an die Grenzen der Ödländer und Sümpfe vorgewagt hatten, machten sich an die Arbeit. Sie haben gerodet, Buschwerk abgebrannt, den Boden entwässert, Furchen gezogen, Reben gepflanzt und die unproduktiven Zonen immer weiter zurückgedrängt. Wenn ich dieses langwierige Unternehmen, diese endlosen Mühen, hier an den Anfang stelle, so nur deshalb, weil sie es waren, die zwischen 1220 und 1230 den blühenden Garten des *Rosenromans* hervorbringen sollten, weil die Knospe ohne sie nie aufgebrochen wäre.

Die gesellschaftlichen Beziehungen der damaligen Zeit beruhten auf der grundherrlichen Produktionsweise, das heißt auf schroffen Ungleichheiten, auf einem zunehmend perfektionierten System von Steuern und Abgaben, das einigen Glücklichen den gesamten Ertrag der bäuerlichen Eroberungen zufließen ließ. Das, was wir das Feudalwesen nennen, beraubte die Arbeiter fast aller Mittel, um schönen Rittern mit makellos weißen Händen die Möglichkeit zu geben, ihre Freundin unter schattigem Maiengrün im Gras zu betten und sich mit kunstvollem Geschick dem Spiel der Liebe hinzugeben.

Nirgendwo in Europa war das ländliche Wachstum so lebhaft vorangeschritten wie in der Ile-de-France, und die stärkste politische Macht, die über die reichsten Mittel verfügte, die am besten fähig war, die Fruchtbarkeit geistiger Schöpfungen in allen Bereichen zu fördern, hatte sich schließlich inmitten dieser blühenden Landschaft niedergelassen. Hier entstand der erste Teil des *Rosenromans*, hier wurde er geschrieben: im triumphierenden Paris der Kapetinger, kurz nach der Schlacht von Bouvines, kurz nach der Bezwingung des Languedoc, das der französischen Herrschaft unterworfen wurde, zur Zeit der Thronbesteigung eines noch blutjungen Königs, der bald Ludwig der Heilige genannt und zum Schiedsrichter der ganzen Christenheit erkoren werden sollte; zu einer Zeit, da die *art de France*, die Gotik, im Bau von Notre-Dame ihre Vollendung erreichte, da Pérotin die Kunst der Polyphonien zur Entfaltung brachte und die Universitätslehrer anfingen, ihren staunenden Studenten das wunderbare, umwälzende Gebäude der griechischen Philosophie zu enthüllen; in einem Augenblick, in dem die Vorzeichen eines rapiden Rückgangs der landwirtschaftlichen Expansion bereits hätten erkannt werden können. Aber niemand achtete darauf, aller Augen waren auf den Wohlstand und das Lebensglück gerichtet, auf all die schönen Dinge, die den Leuten der vornehmen Welt dank der bäuerlichen Mühsal und der Freigebigkeit des siegreichen Königs zuteil wurden.

Wir müssen das Werk von Guillaume de Lorris also auf dem Gipfel eines kulturellen Gebäudes ansiedeln, das im Laufe mehrerer Jahrhunderte entstanden ist und dessen erste Grundsteine mit dem Beginn des landwirtschaftlichen Wachstums gelegt worden sind. Um den vollständigen Sinn des *Rosenromans* zu begreifen, um seine Bestimmung zu verstehen, können wir nicht umhin, zu den Grundlagen jener Kultur vorzudringen, die von den Zeitgenossen sehr richtig als die Kultur der Höfe definiert wurde. *Courtoisie:* Gehen wir von diesem romanischen Wort aus und von den beiden lateinischen Begriffen, aus denen es sich herleitet. Der eine, *curtis*, bezeichnet den herrschaftlichen Wohnsitz inmitten einer großen Länderei; der andere, *curia*, bezeichnet eine Art ›Parlament‹, eine Gruppe von Männern, die sich um ihr Oberhaupt versammeln, die mit ihm diskutieren und ihm durch ihren Rat bei der Regelung aller gemeinsamen Angelegenheiten zur Seite stehen. Das Zusammentreffen dieser beiden Vokabeln spiegelt ziemlich genau wieder, was das sowohl in der ländlichen Grundherrschaft als auch in der Gesellschaft der Krieger verwurzelte Feudalwesen eigentlich war: Es war nichts anderes als eine Zersplitterung der Macht.

Ausgelöst wurde die Bewegung, aus der es hervorgegangen ist, gegen Ende des 9. Jahrhunderts, als die Karolingerkönige nicht mehr in der Lage waren, den Adel ihrer Provinzen im Zaum zu halten. Die Großen, bis dahin Beauftragte des Herrschers, aber auch einige Abenteurer besetzten damals die wichtigsten Stützpunkte der öffentlichen Verteidigung mit autonomen Dynastien. Im Umkreis dieser Festungen, in den zwanzig oder dreißig umliegenden Dörfern, erklärten die *Sires* sich von Gott mit der Verteidigung und Führung des Volkes beauftragt. Die Inhaber der schönsten Ländereien, diejenigen, die inmitten einer Schar von Dienern und Hintersassen lebten, die Zeit und Möglichkeit hatten, sich gebührlich mit Waffen zu rüsten, sich in deren Gebrauch zu üben, reihum Garnison zu halten und an Raubzügen in ferne Gegenden teilzunehmen, bildeten einen kleinen Trupp permanenter Krieger, die sich um die Burg und ihren Herrn scharten. Diese Reiter, die ›Ritter‹, wie man zu sagen pflegte, rissen das Monopol der Kriegsführung an sich.

Die ›Armen‹, diejenigen, die gezwungen waren, mit den Händen zu arbeiten, sich auf ihrem Acker oder auf den Böden anderer zu plagen, die Waffenlosen, die Angreifbaren, mußten bei den Waffenträgern Schutz und Sicherheit erkaufen. So zog sich um das Jahr 1000 ein deutlicher Schnitt durch die Gesellschaft, der die Krieger von den Bauern schied. Diese letzten, die gemeinen Menschen, die *vilains*, die Leute der *villa* – ein Wort, unter dem man zu einer Zeit, da die städtischen Siedlungen sich fast vollständig in ländlichen Strukturen aufgelöst hatten, sowohl die Stadt als auch das Dorf verstand – wurden gerichtet, bestraft, beherrscht und ausgebeutet. Der Kriegsherr nahm ihnen sämtliche Ersparnisse, die sie nicht vor ihm verbergen konnten, die wenigen Silbermünzen, die sie mit Mühe und Not verdient haben mochten.

Er gab sie aus – gemeinsam mit den Rittern, seinen Mannen. Denn die Schar der Kämpfer war nicht nur von Steuern befreit, sondern überdies an den Einnahmen beteiligt. Gewiß, auch sie war dem Herrn untertan, aber durch ehrenwerte Pflichten, die ihr aus der Vasallenschaft erwuchsen, und die Riten der Huldigung – insbesondere der Kuß auf den Mund, der den gemeinen Menschen nicht gestattet war – sollte ein klares Zeichen für die wesentliche Gleichheit zwischen dem Herrn und seinen Kriegsgefährten sein. Für sie gab es keine Dienste, außer denen des Waffengebrauchs und der Beratung: würdevolle Leistungen, die Belohnung verdienten.

Ein Feudalherr, der geliebt sein wollte, mußte sich freigebig zeigen; unentwegt mußte er die Reichtümer mit offenen Händen an seine Vasallen verteilen. Für sie galten keine Zwänge, außer denen einer Moral, deren Eckpfeiler – die Tugenden der Treue und der Tapferkeit – das gesamte aristokratische Wertsystem und den darauf beruhenden Korpsgeist stützten. Die Krieger trotzten dem Tod, um – so behaupteten sie – Priester und Bauern zu schützen. Dieses Opfer brachte ihnen die

Die 12 Arbeiten der Monate
Französische Buchmalerei, 1460

Gebete der einen und die Abgaben der anderen ein: Seelenheil und Nahrung. Es gab ihnen das Recht, nichts zu tun, was über ihren Beruf als Krieger hinausging, und sich des Lebens zu erfreuen, sobald die Gefahr vorüber war. Hier stoßen wir auf das Fundament des *Ersten Rosenromans*, auf die unüberwindliche Schranke, die sich zwischen dem gemeinen Volk und der höfischen Welt erhebt: die Mauer, die sich hermetisch um den GARTEN DES VERGNÜGENS zieht, dessen schmales Eingangstor die Dame MÜSSIGKEIT bewacht.

Am Anfang der ganzen Entwicklung stehen also Gewalt und Rohheit, staubaufwirbelnde Reiterhorden, Feuersbrünste, vor Holztürmen entfacht, um die Belagerten bedingungslos in die Knie zu zwingen, Schwertstiche, zersplitterte Helme, Unruhen. Ein kriegerisches, ungestümes, männliches Universum, das andere Männer, die Geistlichen, unter Kontrolle zu bringen versuchen: Durch Terror und den Segen Gottes hoffen sie, die Ritter ein wenig zu bändigen und sie daran zu hindern, größeren Schaden anzurichten. Das Gedicht von Guillaume de Lorris hingegen ist von erlesener Zartheit, und MÜSSIGKEIT, eine Frau, die keine Zurückweisung fürchtet, die zu gefallen sucht, bringt die Männer in ihre Gewalt.

Diese Verfeinerung, dieses Eindringen weiblicher Werte stammt aus dem 12. Jahrhundert, der Blütezeit der landwirtschaftlichen Erfolge. Seit 1100 war die Grundherrschaft einträglich genug, um den Kriegern ausreichende Mittel zur Verfügung zu stellen, um sie auf den Geschmack zu bringen, sich feinere Sitten anzugewöhnen, etwas Abstand von Raubzügen und Plünderungen zu nehmen und sich gleichzeitig von ihren Kniefällen vor den Kirchenmännern zu erheben. Schon damals gab es in Frankreich kaum noch eine Burg, wo die Kinder des Herrn nicht von Hauslehrern erzogen wurden. Diese Lehrer waren Priester. Auf den adligen Herrensitzen bestand ihr Dienst zunächst darin, die Messe zu singen, die Toten zu begraben, die Kräfte des Bösen durch magische Formeln zu vertreiben. Ihre Funktionen selbst setzten voraus, daß sie etwas Latein konnten und die Schule besucht hatten. Sie hatten nicht alles vergessen. Die meisten waren zumindest in der Lage, Unterricht im Lesen und Schreiben zu erteilen; einige nutzten ihr Wissen, indem sie den unkultivierten Belustigungen bei Hofe etwas Schliff gaben, indem sie sich an Verse von Ovid, Statius oder Lukanus erinnerten, um die völlig ungehobelten Lieder, die zur Unterhaltung vorgetragen wurden, auszufeilen. Immer mehr Ritter konnten sich damit brüsten, selber ›belesen‹ zu sein; ihre Frauen, ihre Töchter waren es vielleicht mehr und früher als sie. Umgangssprachliche Wörter, die nach und nach stilisiert, den Melodien angepaßt worden waren, die sich in zunehmendem Maße von den volkstümlichen Redeweisen unterschieden und als die erlesene Sprache der feinen Welt galten, wurden buchstäblich zu Literatur.

Wir lernen diese Dichtkunst in den Meisterwerken kennen, in Liedern, die allergrößte Bewunderung auf sich gezogen hatten, die für würdig gehalten worden waren, daß man sie auf Pergament niederschrieb, wie es bis dahin nur mit der Heiligen Schrift, ihrem Kommentar und den lateinischen Klassikern geschehen war. Dank dieser Literatur erstarkte die ritterliche Ideologie. Intellektuelle – das heißt Geistliche – wirkten daran mit. Aber sie lebten im Haus eines Fürsten, dem sie in erster Linie genehm sein, dessen Geschmack sie schmeicheln wollten, und das Fest, das sie so glanzvoll gestalteten, war ein profanes Fest. Das Weltbild, das in ihren Gedichten zum Ausdruck kam und das alle Adligen teilten, entzog sich also dem Zugriff der Kirchenmoral. Sobald die höfische Kultur einige Kraft geschöpft hatte, behauptete sie entschieden ihre Autonomie gegenüber der Kultur der Priester, die zwar überlegen und älter war, deren Einflüsse sie jedoch erbittert von sich wies – eine aggressive Kultur also, die Bußpredigten und Entsagungen verhöhnte, die dazu einlud, alle Freuden der Welt zu genießen. Aus diesem Grund stößt der *Erste Rosenroman* zwei Figuren aus dem GARTEN DES VERGNÜGENS aus: ARMUT, die Haupttugend der anderen Moral, und HEUCHELEI, das heißt die Frömmigkeit. Beide in weiblicher Gestalt, aber als verwelkte, entblößte, von der klösterlichen Strenge zerstörte Frauen, die man aus dem Spiel eliminieren muß.

Seit 1100 begünstigte der Wohlstand auch eine Renaissance der Staaten und damit die Wiederherstellung einer Art Frieden innerhalb der Christenheit. Die Kreuzzugsunternehmen dämmten das Ungestüm der Ritter ein, drängten es nach außen. Im Landesinnern nahm der Krieg in zunehmendem Maße unmerklich die Gestalt eines geregelten, kodifizierten Spiels an, und die Schlachten verwandelten sich in sportliche Veranstaltungen, Amateurwettkämpfe, die an festgelegten Tagen vom Frühjahr bis zum Herbst der Reihe nach an verschiedenen Orten ausgetragen wurden. Diese Turniere, diese simulierten Schlachten, von denen der Haß im Prinzip ausgeschlossen war, die aber mit der gleichen Heftigkeit geführt wurden wie die echten – Wettkämpfe, bei denen die Gegner scharenweise und mit Kriegsgeschrei aufeinander losstürmten, wütend, gierig, alles in ihre Gewalt zu bringen, Waffen, Pferde, Schmuck und den Feind selbst, um ihn gegen Lösegeld wieder freizulassen –, boten der Ritterschaft nicht nur Zerstreuung, sondern auch Gelegenheit, sich laufend im Umgang mit Waffen zu üben und das Gefühl ihrer sozialen Überlegenheit zu stärken. Den Fürsten war das alles wohl bewußt, wenn sie ihre Krieger jedes Frühjahr von einem Turnier zum anderen führten: Das heimatliche Territorium atmete auf, und die Männer kehrten kriegstüchtig, ja sogar mit Beute und Ruhm beladen zurück.

›Frankreich‹ – das heißt die Ile-de-France und ihre Umgebung – war das auserwählte Land dieser ritterlichen Übungen, das Land, in dem die Werte der heldenhaften Tapferkeit über alles gepriesen wurden, in dem

Die Dame krönt den Sieger des Turniers

die ›Höflichkeit‹ seit Ende des 12. Jahrhunderts gebot, daß es den Damen
überlassen blieb, die Sieger zu bestimmen und zu krönen.

Im Vordergrund der Turniere, die mehr und mehr als große Schauspiele dargeboten wurden, stand die ›Jugend‹ in all ihrem Glanz. Dieses
Wort bezeichnete damals die Gruppe jener Ritter, die ihre Lehrzeit

beendet, die mit etwa zwanzig Jahren feierlich die Waffen und Insignien ihres Berufs empfangen, aber noch keine Möglichkeit gefunden hatten, sich niederzulassen, ein eigenes Lehen zu übernehmen, und die in der Zwischenzeit von einem Turnier zum anderen zogen. Allgemein für die ›Blüte‹ der Ritterschaft gehalten, bildete diese Altersgruppe – äußerst zahlreich, da die ›Jugend‹ sich stets mehrere Jahre in die Länge zog und oft kein Ende fand – das beste Publikum der Literaten, die sich nach Kräften bemühten, ihr zu gefallen. Dank der Faszination, die der Lebensstil dieser ›Jugend‹ ausübte, dank der nostalgischen Erinnerung derer, die ihre Freuden nicht mehr teilen konnten, und dank ihres leidenschaftlichen Eifers, geschürt durch das ungestillte Verlangen nach einem Besitz, um den sie sich betrogen fühlte, war sie es, die bei der Entwicklung der aristokratischen Werte den Ton angab. Im Jahr 1225 war sie es immer noch. So wurde auch der erste Teil des *Rosenromans* für die ›Jungen‹ geschrieben. Der Autor und der Held, mit dem der Erzähler sich identifiziert, heben ihre ›Jugend‹ unumwunden hervor. Sie führt den Reigen sämtlicher Figuren an, die uns in dem von Mauern umschlossenen GARTEN DES VERGNÜGENS vorgestellt werden. Unsere ganze Aufmerksamkeit muß daher der ›Jugend‹ und den Besonderheiten ihres Verhaltens gelten.

In erster Linie aber der gemeinsamen Grundlage beider Aspekte: einer bestimmten Form von Erziehung. Sie ist in jedem Fall das Wichtigste. Stellt der *Rosenroman* sich nicht selbst als einführendes Werk in die ›Kunst‹ des Wohlverhaltens dar, in die allmähliche Vervollkommnung eines Stils? Der natürliche Ort dieser Ausbildung war der ›Hof‹, der herrschaftliche Wohnsitz, die Gruppe der Knaben, die sich um den Nachkommen eines Burgherrn des Jahres 1000 scharte. Es war in der Tat eine der ersten Pflichten, die dem Herrn aus dem Vasallitätsvertrag erwuchsen, daß er die Söhne seiner Lehnsmänner in sein Haus aufnahm und dort verköstigte. Eine Pflicht und ein Recht: eine Form, seine Freigebigkeit zu beweisen, aber auch ein zuverlässiges Mittel, seinen Nachfolgern die Herrschaft über die heranwachsende Generation zu sichern.

Die jungen Leute wurden schon sehr früh zu ihm ins Haus geschickt, sobald sie die Kindheit hinter sich hatten. In Gesellschaft seiner Söhne erlernten sie das Lanzenstechen zu Pferde. Durch ihn empfingen sie die ›Schwertleite‹; er stattete sie – zur gleichen Zeit wie seine Söhne – mit Waffen aus und behielt sie dann noch lange Jahre bei sich, bis das Lehen ihres Vaters an sie überging. Der Hof war in erster Linie eine Art Ausbildungsstätte, die Schule der Ritterschaft. Das Besondere an dieser Schule war, daß sie sehr lange dauerte, daß die meisten sie nie verließen. So gesellte sich den heranwachsenden Lehrlingen eine stattliche Anzahl reifer Gefährten hinzu, ehemalige Schüler, die in Ermangelung einer besseren Beschäftigung Ausbilder wurden. In dieser Form begab sich der

gesamte Hof zur gegebenen Zeit auf das Schlachtfeld oder zum Turnier –
die Jüngeren als ›Knappen‹, die Ersatzpferde mitführten, den Älteren die
Waffen trugen und durch die Beobachtung ihrer kämpferischen Leistungen von ihnen lernten.

Ganz gleich, ob der Hof sich ins Schlachtgetümmel stürzte oder ob er
sich friedlichen Zerstreuungen hingab – es war stets der Herr, der ihn mit
seinem Geld unterhielt. Von seiner ›Freigebigkeit‹ hing alles ab. So
erklärt sich die Stellung dieses Wertes im Mittelpunkt der ritterlichen
Ethik, im Zentrum der imaginären Vollkommenheiten, deren Bild Guillaume de Lorris zu beschreiben versucht; so erklärt sich sein ununterbrochenes Loblied auf die grundherrliche Munifizenz und die strikte Verurteilung jener Haltungen, als deren Negation die Freigebigkeit gilt: die
Verbannung von GEIZ und HABSUCHT in die Finsternis außerhalb des
GARTENS. Freigebigkeit war die Grundlage der höfischen Sitten und
damit der ganzen aristokratischen Gesellschaft, und die willfährigen, am
Hofe dienenden Kleriker taten so, als verwechselten sie die Freigebigkeit
des Lehnsherrn mit der Barmherzigkeit des Christentums, mit der Verachtung allen Reichtums, die von den Weisen der heidnischen Antike
gepriesen worden war.

Man sieht, wie die ökonomischen Strukturen und die Ideologie an
diesem Punkt ineinandergreifen: Die gemeinen Bauern produzieren den
Reichtum; der Grundherr reißt ihn rechtmäßig an sich, darf ihn aber
nicht für sich behalten; er muß ihn weiterverteilen, an die ganze Ritterschaft, und vor allem an die ›Jugend‹. Der Hof ist das Organ dieser
Redistribution – der Hof des Königs von Frankreich sollte es sogar bis
1789 bleiben –, ihr Motor ist die Freigebigkeit. Durch sie werden die
›Jungen‹ in Abhängigkeit gehalten – und daher ist der Hof sichtlich
erfüllt vom Neid der ›Jungen‹ gegenüber denen, die Herren ihres Geldes
sind, von der ungeduldigen Erwartung, ein Erbe anzutreten, endlich über
ein Vermögen zu verfügen, über Einnahmen, die nicht aus den Händen
eines Grundherrn kommen, dessen Launen man ertragen muß, sondern
von Hintersassen, die man schinden kann.

Überall am Hof spürt man den heimlichen Krieg gegen die *seniores*. In
diesem Wort schwingt vieles mit: Es bezeichnet zugleich die Wohlhabenden und – dies ist sein ursprünglicher Sinn – die Älteren, wodurch es die
Vermischung von ökonomischer Position und Altersklasse in der höfischen Gesellschaft treffend beschreibt. Die ›Jugend‹ kann ihre Ungeduld
kaum noch beherrschen, aber durch die Freigebigkeit wird sie gebändigt.
Denn der Herr verteilt die Preise. Er organisiert einen Wettkampf, ein
ununterbrochenes Turnier, das ebenso lange dauert wie die Ausbildung
zum Ritter, das sich weit über die Schwertleite hinaus in der endlosen
Hoffnung auf die Gründung eines eigenen Hausstandes fortsetzt. Die
Gewinner, diejenigen, denen die Herren helfen, den Stand der ›Jugend‹
als erste zu überwinden, sich früher als die anderen in einer grundherrli-

chen Position einzurichten, sind die Ehrenhaftesten, die mutigsten Reiter, die Eifrigsten, die sich am leidenschaftlichsten in eine wiederum endlose Kette von Prüfungen und Abenteuern stürzen. Die Freigebigkeit hält also in Atem. Dafür erkennt man ihr auch keine Grenzen zu: Die ›Jungen‹ werden immer anspruchsvoller, sie verlangen das Recht, alles, ja sogar mehr zu verschlingen, als die Grundherrschaft produziert, und das Vermögen des Herrn nutzlos in Schmuck und Spielen zu vergeuden.

Unter diesen Spielen haben die der Liebe während des ganzen 12. Jahrhunderts ihren Bereich unentwegt ausgedehnt. Den auf Enthaltsamkeit drängenden Ermahnungen der Priester zum Trotz wandte die Ritterschaft sich immer stärker der Erotik zu. Aus zwei Gründen. Der erste besteht darin, daß die Krieger allmählich gesitteter wurden, daß sie ihre Rüstung häufiger ablegten, und daß die weiblichen Figuren im gleichen Zuge Schritt für Schritt in den Vordergrund der höfischen Szene rückten. Entscheidender aber ist der zweite Grund, der mit einer bestimmten Disposition der Verwandtschaftsbeziehungen zusammenhängt. Um vielfache Landübertragungen und damit den Zerfall des Erbes sowie den drohenden sozialen Abstieg der vielzähligen Nachkommen zu vermeiden, sträubten sich die adligen Familien wohlweislich, ihre Söhne zu verheiraten. Besser, ein einziger pflanzte das Geschlecht fort, der Älteste. Die anderen blieben ›Jünglinge‹, Junggesellen – es sei denn, ihr Herr verschaffte ihnen durch die Übertragung eines Lehens oder die Verheiratung mit der Erbin eines verstorbenen Vasallen die Möglichkeit, einen eigenen Hausstand zu gründen, ohne daß der von den Vorfahren überkommene Besitz angetastet wurde.

Für die ›Jungen‹ war eine solche Gunst die begehrenswerteste Belohnung. Um sie drehte sich der ganze Wettstreit, dem der Hof als Bühne diente. Aber sie war nur wenigen vergönnt. Der größte, lebendigste und aktivste Teil der Ritterschaft lebte daher im Stand der Ehelosigkeit. In Wirklichkeit jedoch keineswegs ohne Frauen: Um der Freigebigkeit willen mußten die Herren auch darüber wachen, daß die Burgen mit gefälligen Mädchen bevölkert waren. Die Frustrationen der ›Jugend‹ betrafen nicht die Sexualität – höchstens insofern, als das ritterliche Dasein sie so lange Zeit auf eine jugendliche Form der Sexualität, auf eine unstete, ruhelose Lebensweise festlegte. Wenn der Hof tatsächlich ein Ort des Begehrens war, so galt dieses Begehren der Ehe. Heiraten bedeutete die endlich errungene Unabhängigkeit: Durch die Ehe ließ man sich nieder.

Im Gegensatz zu *juvenis* bezeichnete *senior* auch den verheirateten Mann. Eben darin wurzelten jene Gefühle der Habgier und der Eifersucht, die man allen ›Jungen‹ anmerken konnte – manchmal gegenüber ihrem Vater, oft gegenüber ihrem ältesten Bruder und stets gegenüber dem Herrn, ihrem Wohltäter, dem Oberhaupt des Hauses, in dem sie versammelt waren. Im großen Gemeinschaftssaal, wo sich am Ende des

12. Jahrhunderts noch alles abspielte, was zum höfischen Leben gehörte und seine Pracht nicht unter freiem Himmel, bei Stechspielen, im wildreichen Zauberwald oder im Garten entfaltete, gesellte der Herr sich vor ihren Augen allabendlich zu seiner Frau ins Bett. Die Dame – *domina:* die weibliche Form des ›Herrn‹. So wuchs das Verlangen, sie zu besitzen, oder zumindest, alle Rivalen überflügelnd, in ihren Augen zu glänzen und ihre Gunst zu erobern. Der höfische Wettstreit verdoppelte sich.

Einer neuen Zerstreuung wurde Platz gemacht, ein eigenes Feld wurde ihr eingeräumt, symmetrisch zu dem der Turniere. Sie verlangte andere Waffen, andere Angriffsstrategien, andere Paraden, andere Winkelzüge. Aber die Regel war dieselbe: Der Preis ließ sich nur durch einen guten, einen langen und treuen Dienst gewinnen, durch die Überwindung aller Hindernisse eines Abenteuers. Hier war die Dame Richter und Belohnung zugleich. Wie ihr Gemahl war sie es sich schuldig, großzügig zu sein. Sie mußte geben, sich selbst geben – stufenweise. Ihre Freigebigkeit schien ebenso notwendig wie die ihres Herrn und Meisters. Damit nicht das ganze Gebäude der höfischen Gesellschaft zusammenbrach, war es beiden untersagt, dem Geiz anheimzufallen: Sie, indem sie sich den Spielen verweigerte, und er, indem er sie davon abgehalten hätte. Gleichwohl und entgegen dem Anschein hatte der Herr auch diese Spiele fest in der Hand. Er leitete den neuen Wettbewerb. Er benutzte ihn genau wie die Turniere, um die ›Jugend‹ zu bändigen. Konnte man die Ritter nicht durch die Trugbilder, die sich mit dem Ehebruch verbanden, in der Illusion wiegen, sie hätten den Sieg über die Alten, die Reichen, die Mächtigen davongetragen? Ihrer Aggressivität wurde eine Art Ventil geboten, ein spielerischer Ersatz, denn die höfische Liebe – ein freiwilliges, treues Engagement, genau wie die Freundschaft, die der Vasall und sein Herr sich gegenseitig schuldeten – verwahrte sich gegen all die Hinterlisten und Komplotte, die in den üblichen Unterredungen zwischen den Ältesten der Lignagen als Vorspiel zu den geplanten ehelichen Verbindungen ausgeheckt wurden.

Die Gesetze der neuen Zerstreuung, die einen wichtigen Platz im Erziehungssystem einnahmen, führten schließlich dazu, daß Mäßigung, Selbstbeherrschung und Zurückhaltung – eine halbwegs klösterliche Tugend – hinfort zu den wesentlichen Werten der ritterlichen Moral zählten. So ließen sich die Turbulenzen leichter unterdrücken. Man darf sich nicht täuschen. Einerseits war die höfische Liebe durch die simulierte Ergebenheit des Ritters gegenüber der auserwählten Dame, durch die langwierigen Etappen der Annäherung, durch die trügerischen und nur allmählich sich steigernden Befriedigungen das wirksamste ideologische Mittel gegen die inneren Widersprüche der aristokratischen Gesellschaft. Andererseits hörte sie niemals auf, ein Männerspiel zu sein. Der Herr lenkte den Ablauf, die Höhen und Tiefen dieses Spiels aus der Ferne, aus

Höfische Liebe, 12. Jh.

der Verborgenheit heraus, genau wie er die scheinbare Spontaneität der Turniere aus der Ferne lenkte. Er tat es, um Frieden zu haben und die ernsten Angelegenheiten nach eigenem Gutdünken ungestört regeln zu können. Die Frauen waren immer nur Statistinnen, Köder. Auf jeden Fall bloße Objekte. Alle Gedichte der höfischen Liebe wurden von Männern gesungen, und das Begehren, das sie priesen, war stets ein männliches Begehren. Der erste Teil des *Rosenromans* beschreibt den Traum eines Mannes: Die JUGEND in ihrer Verkleidung ist hier männlichen Geschlechts, und die ROSE ein Phantasma, ein bloßer Widerschein von AMOR, dem Begehren des Mannes.

Das ganze Vergnügen ist also für die Ritter da. Zwei Wörter genügen, um es zu definieren, zwei gleichklingende, zusammengehörige, unzertrennliche Wörter, die gemeinsam das hoffnungsvolle Streben nach Genuß und die Lust des Jungseins ausdrücken: *joi* und *joven*. Beide Wörter kommen aus südfranzösischen Sprachen. Eben dort, im Süden, waren die Sitten des Liebesspiels entstanden: an jenen Höfen, wo der Herzog von Aquitanien um das Jahr 1100 eine weniger ungestüme Jugend versammelte, und nicht inmitten der Felder, sondern in Städten wie Poitiers, wo die von Rom eingeführten urbanen Formen besser überlebt hatten, wo in manchen Dingen auch die Hochkultur des muselmanischen Andalusien Widerhall fand. Ein halbes Jahrhundert lang blieb die höfische Erotik eine Eigentümlichkeit der südfranzösischen Kultur. Dann, als sich die Schwerpunkte der Entwicklung dank des landwirtschaftlichen Fortschritts in das Gebiet nördlich der Loire verschoben hatten, verbreitete sie sich dort. Mit Sicherheit trugen auch Prinzessinnen zu ihrem Erfolg bei: Erst Eleonore von Aquitanien, nachdem sie sich in zweiter Ehe mit Heinrich Plantagenet, Graf von Anjou, Herzog der Normandie und König von England, vermählt hatte; dann ihre Töchter, die mit den großen Feudalherren des nordfranzösischen Sprachbereichs der *langue d'oui* verheiratet waren. Diese letzten suchten ihre Fürstentümer zu stärken, sie träumten davon, die monarchische Kontrolle abzuschütteln, sie rivalisierten mit der Macht der Kapetinger. Die an den Höfen des Poitou entstandenen Liebesspiele schienen ihnen geeignet, ihre Unabhängigkeit gegenüber der königlichen Kultur zu manifestieren, die in alter Treue zu den karolingischen Traditionen ganz und gar militärisch und liturgisch geblieben war, durch einen dichten Schutzwall aus Klerikern und Mönchen gegen die Versuchung neuer Strömungen gefeit. Angesichts des Königs, des Herrn der Herren, präsentierten sich der Graf von Champagne und der Graf von Flandern gern als Fürsten der Jugend, als Vorreiter des Höfischen und des dadurch in Aussicht gestellten Genusses sämtlicher Freuden der sichtbaren Welt. Der kräftigste Ableger der neuen Sitten schlug an den prunkvollsten Feudalhöfen Wurzeln, unterhalten von Heinrich Plantagenet und seinen Söhnen. Seit 1160 erstrahlten alle Reize der ritterlichen Dichtung in ihrem Licht. Erst eine Generation später, als Philipp August den Grafen von Flandern und den König von England besiegt, als er die Normandie, Anjou und Poitou der Krondomäne annektiert hatte und Paris alle anderen Städte des Abendlandes überflügelte, wurde die ›edle Liebe‹ auch in der Ile-de-France voll aufgenommen.

Zu dem Zeitpunkt, da Guillaume de Lorris beschließt, die Regeln des Liebesspiels zu lehren, trifft er bereits auf eine mächtige, selbstbewußte Strömung, deren Richtung er folgen muß. Dreißig Jahre vor ihm hatte Andreas Capellanus ein Traktat über die Liebe geschrieben – vielleicht schon in Paris, der gelehrten Stadt, mit Sicherheit aber auf lateinisch, in der Sprache der Schulen, und in einem recht pedantischen Ton, dem der scholastischen Dialektik. Angesichts eines weniger begrenzten und auf Erheiterung bedachten Publikums wählt Guillaume de Lorris, um seine Liebeskunst darzulegen, die romanische Sprache der Höfe, *le roman*. Dieses Wort bezeichnete auch damals schon eine Literaturgattung: die Erzählung einer Folge von Abenteuern.

Genau das ist der *Rosenroman*. Natürlich sind es belehrende Abenteuer, ähnlich wie die der *Tafelrunde*, Richtpfeiler auf dem Weg eines Fortschritts, der zu den besten Manieren führt, zum Erlernen jener Regeln, durch deren Beherrschung man in der Welt besteht. Wie Chrétien de Troyes, sein Vorbild, stellt Guillaume uns als Beispiel höfischer Vollkommenheit einen durchs Land ziehenden Helden vor, der eine Entdeckung nach der anderen macht und die Hindernisse eines nach dem anderen bezwingt. Auch wenn das Licht sich verändert hat, auch wenn das Dickicht des Zauberwaldes Brocéliande der Ordnung einer gezähmten, befriedeten, dem Vergnügen dienenden und eigens dafür hergerichteten Flora gewichen ist, wenn die Personen, denen der Held unterwegs begegnet, keine Zauberer, Zwerge oder Ritter ohne Gesicht mehr sind, sondern die personifizierten Werte des Systems, will der *Rosenroman* doch das gleiche wie seine Vorläufer, an denen er sich orientiert: Er will der weltlichen Gesellschaft einen Spiegel vorhalten und ihr das Bild zeigen, das sie von sich selbst erwartet. Das Bild einer Segregation, die das Gute vom Bösen trennt, die verstößt, was alle verachten oder fürchten. Eine undurchsichtige Mauer wird errichtet.

Außerhalb der Mauer gibt es keine Existenz. Man sieht dort nichts Lebendes, sondern nur Bildnisse, Embleme, Attrappen ohne Körper, ähnlich den Puppen, die man in den Freudenfeuern des Johannestags verbrennt. Wie zum Zeichen eines Exorzismus an die Wand genagelt, stellt die Heerschar der Unwerte die Vernichtung dessen dar, was die Glücklichen der Welt nicht mehr sehen und nicht mehr riechen mögen, was sie mit geschlossenen Augen und zugehaltenen Nasen leugnen, alles was ihnen mißfällt und was ihre Freude trüben könnte.

Der GARTEN ist frei davon, gesäubert. In ihm befinden sich nur sorglose Wesen, deren anmutige Gesellschaft die imaginären Beziehungen darstellt, eine gesellschaftliche Fassade, deren Schauspiel an den Höfen dargeboten wird und die dem Blick die Härten, die Spannungen des Lebens verbirgt. Ein Fest, von dem niemand wissen will, was es kostet und wer es bezahlt. JUGEND und LIEBE – *joi* und *joven* – sind hier die Könige, während FREIGEBIGKEIT die Festordnung bestimmt. Sie schließt die GEMEINHEIT ebenso aus wie das ALTER, die Graubärte. Zum Tanz bildet sie Paare. Nur die ROSE – oder vielmehr deren Knospe, die kaum aus der Kindheit herausgewachsen ist – wartet darauf, gepflückt zu werden, und ihre immer wieder angedeutete Abwehr hat keine andere Funktion, als dem Spiel mehr Würze zu geben, die Spannung einen Augenblick hinauszuzögern und die aus pädagogischen Gründen erforderlichen Prüfungen in die Wege zu leiten. Das ganze Dekor ist dazu bestimmt, Kummer und Sorgen zu vertreiben. Die Sorgen der Armen. Die Angst vor dem Tod, vor der Leere, die sich damit auftut. Keine Spur von Religion. Man möchte meinen, die Priester existierten nicht. »Es gibt kein größeres Paradies, als eine Freundin nach seinem Wunsch zu haben«: Deutlicher kann man es kaum sagen.

Aber was ist der GARTEN DES VERGNÜGENS eigentlich, wenn nicht das weltliche Paradies? Die Leute, die dort spazierengehen, sind von engelsgleicher Schönheit, sie singen wie die Seraphim im höchsten Himmelreich. Doch ihr Lied steigt nicht zu Gott empor. Es preist eine andere Liebe, die körperliche Liebe. Sein Ziel liegt im Genuß. Ebenso viereckig wie die Kreuzgänge der Zisterzienserabteien, ist der GARTEN DES VERGNÜGENS deren Negation – keineswegs den Aufschwüngen der Seele geweiht, sondern allein dazu da, die FRÖHLICHKEIT zu rühmen, das heißt die Lebensfreude, sich an den Annehmlichkeiten der sichtbaren Welt zu laben. Muß man noch weitergehen und sich fragen, ob Guillaume de Lorris nicht selber den Kampf gegen die Predigten des Christentums verfolgt, ob die kreuzförmig angelegte Burg, in der SCHÖNER EMPFANG gefangengehalten wird und die gestürmt werden soll, ob diese vorbildliche Festung, die den allerneuesten Burgen gleicht, nicht ein Symbol der Kirche und der von ihr angestrebten Zwänge ist? Im *Rosenroman*, und das ist schlimmer, wird die Kirche einfach vergessen. Die friedliche Sinnlichkeit hat vollkommen freie Bahn. Das ganze Gedicht strömt davon über. Jede Beschreibung des weiblichen Schmucks, der Edelsteine, der körperlichen Reize sprüht vor Sinnlichkeit, eine mehr als die andere. Der *Erste Rosenroman* ist den Modellen der höfischen Kultur auf bewundernswerte Weise treu geblieben. Er vollendet sie.

Gleichwohl war die ›edle Liebe‹, als es ihr endlich gelang, die Pariser Kultur zu erobern, in Wirklichkeit gefangengenommen, angepaßt und gezwungen worden, ihre Grundsätze in manchen Punkten zu modifizieren. Denn die aristokratische Gesellschaft, die sich in Paris versammelte, entsprach nicht unbedingt der aristokratischen Gesellschaft von Aquitanien, der Champagne oder der Normandie. Sie war nicht so streng geschlossen. In Paris spürte man den Einfluß starker Impulse, die von den Kreuzungen der großen Handelswege kamen, wo einige Kaufleute schon reich geworden waren und darauf brannten, in die Gesellschaft der Adligen aufgenommen zu werden; von den ausgedehnten intellektuellen Werkstätten, den kühnsten der Welt, die sich auf den Hügeln von Sainte-Geneviève rasch vermehrten; von den Organen der königlichen Regierung, wo die Experten des Rechts- und Finanzwesens in den ersten Rang drängten. So beugte sich die ritterliche Kultur am Ende ihrer äußerst langsamen Entwicklung, am Ende ihres weiten Weges von den Feudalstaaten der Umgebung bis ins Herz des kapetingischen Königsguts drei Veränderungen, denen das Gedicht von Guillaume de Lorris Ausdruck verleiht und die als wesentliche Kennzeichen für den letzten Grad der höfischen Vollkommenheit zu begreifen sind. Alle drei gehen in Richtung einer Lockerung, einer Glättung dessen, was innerhalb der aristokratischen Kultur noch Spannungen erzeugt. Unter den Augen des Königs ebnen sich die Unebenheiten, und drei Antagonismen verlieren ihre Schärfe – Antagonismen, derer die höfische Gesellschaft sich zur Abschottung bedient hatte, indem sie die Blüte der Ritterschaft, die ›Jugend‹, gegen die Männer der Schule, gegen die Ehemänner und gegen die Neulinge antreten ließ.

Im ersten Teil des *Rosenromans* wird die Kirche verleugnet, nicht aber der Klerus, das heißt das Wissen, das die Universität verbreitet. Guillaume de Lorris, über dessen Person wir nichts erfahren, war dem Unterricht ganz offensichtlich lange Zeit gefolgt. Die lateinischen Dichter waren vor ihm kommentiert worden. Er wollte ein neuer Ovid sein. Er wollte ihn nicht nur nachahmen wie die Scholaren, die an den Höfen Karriere gemacht hatten. Er wollte mit ihm rivalisieren, und zwar in Anwendung sämtlicher Kunstgriffe der Grammatik und der Rhetorik. Unter der scheinbaren Naivität, unter der liebenswerten Leichtigkeit verbirgt sich ein äußerst gelehrtes Werk, für jedes Publikum geschrieben, so abgefaßt, daß es in ähnlicher Weise auf unterschiedlichen Ebenen verstanden werden konnte, wie die Schriften der *auctores*, ob geistlich oder profan, von den Lehrern verstanden wurden, denen es darum ging, unter der Oberfläche des Diskurses nacheinander die vielfältigen Bedeutungen der Vokabeln aufzudecken.

In diesem Sinne sind auch die Worte des *Rosenromans* offen und verdeckt zugleich. Das Werk bietet sich zur Auslegung an, zu jener Art verliebter Beschäftigung, die dem Leser erlaubt, die tiefere Bedeutung eines Textes zu ergründen, indem er geduldig eine Hülle nach der anderen entfernt. In den Schulen, den besten Schulen an den Ufern der Seine oder der Loire, hatte Guillaume sich andererseits mit der Beobachtung der Herzensregungen vertraut gemacht, mit jener Bestandsaufnahme der Leidenschaften, um deren Erarbeitung sich die Scholastik seit Anfang des 12. Jahrhunderts bemühte.

Mittlerweile war die psychologische Analyse in solche Feinheiten vorgedrungen, daß sich das romanische Vokabular als zu grob für ihre Darstellung erwies. Aus diesem Grunde, aber auch, weil die Kunstgriffe des Theaters damals an erste Stelle rückten, wenn es um die Weitergabe eines Wissens ging, benutzt Guillaume die Allegorie, eine Ausdrucksform, derer sich – in Ermangelung eines Besseren – auch die Lehrer ohne Zögern bedienten. Er läßt die Personen abstrakte Begriffe darstellen, läßt sie die subtile Entfaltung der Liebe spielen, das Erwachen der jugendlichen Sinnlichkeit, jenen Weg, der vom naiven Besitzwunsch über die fortschreitende Entdeckung der Schönheiten des Körpers und der Seele bis zur Selbstaufgabe führt – eine stufenförmige Erhebung, die sich nicht grundlegend von der Suche nach Wahrheit unterscheidet, deren privilegierter Ort die Schulen waren.

Diese Schulen, die Pariser Schulen, waren überdies Stätten der lichtvollen Klarheit. Sie hatten die Künstler gelehrt, die romanische Kirche von der Dunkelheit zu befreien, sie mit Licht zu erfüllen, Monster und Chimären zu vertreiben und das obskure Gewucher einer traumhaften Pflanzenwelt auf den Säulenkapitellen durch echte Blätter- oder Blumenranken zu ersetzen. Jetzt luden sie die Dichter ein, ihre Augen ebenfalls der Wirklichkeit zu öffnen. Die Magie ist nicht gänzlich aus dem *Rosenroman* verbannt. Die wunderbare Quelle, die Guillaume de Lorris beschreibt, besitzt die gleiche Zauberkraft wie jene, der sich die fahrenden Ritter in den bretonischen Romanen zitternd näherten: Sie fesselt durch betörende Verlockungen. Und wer weiß, ob sich der Autor, hätte er sein Gedicht fortgesetzt, nicht einen Augenblick ins Reich der unheilvollen Lieben vorgewagt hätte? Auch er erzählt einen Traum. Doch das Licht, das diesen Traum erfüllt, läßt der Ungewißheit keinen Platz. Es ist klar und offen, wie das Licht, das einen Garten an einem Maimorgen erfüllt. Weil die Begegnung der beiden herrschenden Kulturen, der des Klerus und der ritterlichen Kultur, nirgendwo weiter vorangetrieben worden war als in der Umgebung des Königs von Frankreich, Priester und Krieger zugleich, zögert Guillaume de Lorris nicht, seine autonome, mehr denn je von der klerikalen Vorherrschaft befreite Kunst mit allen Früchten der Renaissance zu nähren, die sich während des 12. Jahrhunderts in den Kathedralschulen der Ile-de-France herausgebildet hatte.

Durch diese Öffnung und durch die Auswirkungen des wirtschaftlichen Wachstums wurden in der Gegend von Paris, in jener Region, die an der Spitze der Entwicklung stand, auch die schlimmsten Spannungen der höfischen Gesellschaft resorbiert, die Spannungen zwischen den ›Jungen‹ und den Älteren, denen, die sowohl über die Macht als auch über Gemahlinnen verfügten. Im GARTEN DES VERGNÜGENS sind alle reich.

Man merkt nichts von den Frustrationen, die den Troubadouren vor gar nicht langer Zeit Anlaß gegeben hatten, mit lauter Stimme zu verkünden, daß die Liebe unvereinbar mit dem Reichtum sei, daß die Heldentaten und Siege der erotischen Wettkämpfe den Mittellosesten, das heißt den ›Jungen‹, vorbehalten seien. Auch von der Ehe ist nirgendwo die Rede. Weder um sie zu verurteilen, noch um sie zu bejahen, noch um Ehebruch zu lehren. Guillaume de Lorris verliert kein Wort darüber. Ist er dafür? Ist er dagegen, wie die ersten Formen der ›edlen Liebe‹ es ganz ausdrücklich waren?

Genau genommen gehört die Ehe in den Bereich des Realen, dem der *Erste Rosenroman* den Rücken kehrt. Wie alles, was irgendwie mit der Kirchenmoral zu tun hat, wie alles, was man beim Überschreiten der Schwelle vergessen will – selbst auf die Gefahr hin, es beim Erwachen aus dem Traum wiederzufinden –, kommt die Ehe einfach nicht vor. Allerdings ist die Rose noch lange nicht aufgeblüht. Das Liebesobjekt, das Bild, das sich im Spiegel der Quelle zeigt und das männliche Begehren weckt, ist nicht der Körper einer Dame, der Gemahlin eines anderen: Es ist der Körper einer Jungfrau. Sie hat das Alter, in dem man die Mädchen verlobt. Und die frei gewählte Liebe, deren Steigerung das Gedicht Schritt für Schritt beschreibt, hat starke Ähnlichkeit mit jener Form der Liebe, von der die damalige Epoche zu träumen begann, mit einer gegenseitigen Zuneigung, die man allmählich, so wollte es der gute Ton, für die notwendige Voraussetzung jeder ehelichen Bindung hielt und von der selbst bei den Zerstreuungen am Hofe niemand mehr zu sagen wagte, sie würde die Hochzeit nicht lange überleben.

Die Steigerung der grundherrlichen Gewinne, die Gunstbezeigungen des Königs, der Lohn, den man bekam, wenn man dem Staate diente, führten in der Tat zu einem größeren Wohlstand der adligen Familien, die infolgedessen seit Anfang des 13. Jahrhunderts weniger Zurückhaltung in Hinsicht auf die Vermehrung ihrer Nachkommenschaft zeigten. Sie weigerten sich nicht mehr so hartnäckig, die jüngeren Söhne, die keine kirchliche Karriere machten, zu verheiraten. Die Strukturen der aristokratischen Gesellschaft machten eine tiefgreifende Veränderung durch. Unmerklich wurde die Ritterschaft von der kulturellen Tyrannei der ›Jünglinge‹ befreit. Den gesellschaftlichen Außenseitern wurde weniger exemplarischer Wert beigemessen. Die Machthabenden waren weniger beunruhigt über das Ungestüm der Jugend. Von dem alten Konflikt zwischen den ›Jungen‹ und den anderen blieb nichts übrig als ein Verhaltensmodell in Liebesdingen. Es gab keinen Grund mehr, dieses Modell weiterhin aus der Ehe herauszuhalten. Durch den Wandel, durch alles, was die vornehme Gesellschaft veränderte, wurde sie dazu gebracht, die schöne Liebe nicht mehr von der Ehe zu trennen.

Eine weitere Grenze verschwand, diejenige, die sich strikt um die kleine Gruppe der Krieger zog. Man erhob es – jedenfalls in Paris – nicht

Die Quelle des Narziß
Illustration zum Rosenroman, französische Buchmalerei

mehr zum Prinzip, daß sie mit jener anderen Grenze, jener Schranke zusammenfiel, die den gemeinen Menschen den Zutritt versperrte und noch ebenso hoch, vielleicht sogar unüberwindlicher war als zuvor. Die Bühne des *Rosenromans* ist ein Garten, nicht etwa eine Burg und auch nicht der Wald, in dem die Kämpfe der Artussage ausgetragen wurden. Keine Pferde mehr, keine Panzerhemden. Keine Spur von Zornesausbrüchen, Flüchen oder Prahlerei: Jeder Anschein von Gewalt würde das höfische Fest stören. Achtung gewinnt man nicht mehr durch Heldentaten und Tapferkeit, sondern durch die Sorgfalt, mit der man seine Sprache feilt, seinen Körper, sein Haar, die Eleganz und die Zurückhaltung seiner Gesten pflegt. Zehn Jahre, fünfzehn Jahre nach Bouvines erscheint die Ritterschaft im *Rosenroman* unbewaffnet, als hätte sie ihren militärischen Ursprung ebenso vergessen wie die Tatsache, daß der Kriegerberuf veredelt.

Der Grund liegt auf der Hand: Die Ritterschaft hat das Monopol dieses Berufs verloren; Leute von niedriger Herkunft üben ihn jetzt ebenfalls aus, in immer größerer Anzahl und als hervorragende Kämpfer – verdingte Soldaten, Söldner, die von den Fürsten gern genommen werden, weil sie mit mehr Eifer bei der Sache sind. Folglich ist es wichtig, daß die Standespersonen sich durch andere Kriterien auszeichnen. Eben das geschieht durch die Geschicklichkeit in der Ausübung der Liebesspiele. Den gemeinen Leuten wird nicht mehr das Tragen der Waffen verweigert, sondern die Anmut, die Haltung, das gute Benehmen, all die Eigenschaften, durch die man das Herz der Schönen erobert. AMOR darf keine GEMEINHEIT in seine Vasallenschaft aufnehmen, was bedeutet, daß die den Freuden der Welt zugewandte Gesellschaft auf der Hut ist, geschlossener denn je, eifrig bemüht, jedes fremde Eindringen zu vereiteln, den Emporkömmling am fehlenden Schliff seiner Manieren zu entlarven, mit dem Finger auf seine einfältige Grobheit zu zeigen, die unter frischem Lack stets durchscheint. Während derartige Emporkömmlinge tatsächlich anfangen, ein arrogantes Auftreten an den Tag zu legen, während reichgewordene Bürger und Zufallssoldaten schon herrschaftliche Güter kaufen, im eigenen Namen Recht sprechen, die Huldigung von Lehensmännern entgegennehmen und, wenn man nicht für Ordnung sorgte, kaum zögern würden, selber Hof zu halten; während sie sich jedenfalls Zutritt zu den Höfen des Königs und der Fürsten verschaffen, immer in dem Traum sich wiegend, als Adlige durchzugehen, und ihre Gemeinheit so gut wie möglich verbergend, während die beschleunigte Bewegung der Reichtümer – nirgendwo anders so lebhaft wie in der Stadt, wo der König am häufigsten residiert – dem Geburtsadel deutlicher bewußt werden läßt, welche Gefahren die materiellen Grundlagen seiner Vorrangigkeit bedrohen, bietet Guillaume de Lorris nichts anderes, als eine poetische Formulierung der Regeln des wohlanständigen Benehmens.

Die wirkliche soziale Schranke besteht von nun an in der Einhaltung der guten Sitten. Ist diese Mauer dicht? Wer bevölkert den abgegrenzten Raum? Die ganze Ritterschaft natürlich. Aber sicher auch Kleriker, die nicht alle von adliger Abkunft sind. Vielleicht sogar Bürger. Chrétien de Troyes hatte sie, die Bürger, noch lauthals verspottet. Andreas Capellanus indes ließ schon ›Plebejer‹ auftreten, die edlen Damen galante Schmeicheleien sagten – zwar ohne Erfolg, ohne zu betören, aber auch ohne sich vollkommen lächerlich zu machen. Was nun Guillaume de Lorris betrifft, so hütet er sich wohlweislich, den Stand des Mannes zu präzisieren, der in seinem Namen spricht. Er weiß genau, daß ein Dichter, der selber Erfolg haben, der den Großen gefallen und von seinem Publikum geliebt sein will, ein schroffes Gefälle zwischen eben diesem Publikum und dem Rest der Bevölkerung unterstellen muß; daß er es aber, nachdem er seine Leser hoch oben in den Wolken gebettet hat, tunlichst vermeiden sollte, die Unterschiede im eigenen Kreis allzu lebhaft hervortreten zu lassen. In dem Rahmen, den der Hof unwiderstehlich annimmt, wäre es unschicklich, ohne Zurückhaltung auf die Söhne des gemeinen Volks zu schimpfen. Immerhin gibt es welche, die eine hervorragende Stellung innehaben und bei denen alle anderen so tun, als hätten sie ihre Herkunft vergessen.

Es ist kein Zufall, wenn im französischen Königreich das Imaginäre der Ritterschaft ausgerechnet durch die Erzählung eines Traums zu ihrem vollkommensten Ausdruck gelangt; es ist auch kein Zufall, wenn dieser Traum ein Pariser Traum ist: Der Traum einer Gesellschaft, die sich zur Sorglosigkeit zwingt, die sich durch die hohen Mauern, hinter denen sie sich verschanzt, gegen alle Gefahren geschützt glaubt, die weder von Zwängen noch vom Geld etwas hören will, die hofft, daß sie die aufflackernden Fehden, die das wirkliche Leben so beunruhigend machen, im leisen Raunen einer gepflegten Unterhaltung oder in sanfter Musik ersticken kann. Von der kaum vergangenen Epoche, in der die grundherrliche Produktionsweise einer bäuerlichen Welt rigoros den unanfechtbaren Platz einer selbstsicheren Aristokratie definierte, in der niemand es wagte, dem Grundherrn oder Ritter seine Macht und seinen Reichtum streitig zu machen, erbt das beginnende 13. Jahrhundert ein Erziehungsmodell und ein Wertsystem. Die vornehmen Leute haben das undeutliche Gefühl, daß dieses ideologische Gerüst der einzige Organismus ist, der jetzt, wo Kirchenpfründe, Waffen, Grundherrschaft und Lehen in alle möglichen Hände übergehen, noch in der Lage sein könnte, die Reproduktion der herrschenden Klasse unter Verhütung des schlimmsten Schadens zu gewährleisten, den Zugang von unten nach oben zu kontrollieren und die unvermeidliche Vermischung zu erleichtern – die Vermischung zwischen dem Geburtsadel, der sich an Eitelkeiten klammert, der kleinen Schar der Intellektuellen, die sich für immer unersetzlicher hält, und den wenigen Neulingen, Geschäftsmännern oder Ministerialen, denen es gelungen ist, sich am Hofe Ansehen zu verschaffen. Die langsame Evolution der Produktionsverhältnisse führt zu einer unmerklichen Verschiebung der Klassengrenze. Doch genau dort, wo diese Grenze sich ursprünglich erhob, bleibt eine Spur zurück, an deren Verschwinden niemand interessiert ist, weder die Machthabenden, noch die Erben, noch die geschicktesten Emporkömmlinge. Im Gegenteil, alle möchten, daß diese Markierung deutlicher hervortritt. Deshalb errichten sie am selben Ort neue Grenzen, die zwangsläufig illusorisch sind, aber echt wirken müssen. In diesem Zusammenhang gewinnt der klarsichtige Blick eines Guillaume de Lorris seine volle Bedeutung: Als Schauspiel dargeboten, nimmt der gesellschaftliche

Der Garten des Vergnügens
Illustration zum Rosenroman, französische Buchmalerei

Traum unter einem solchen Blick die überzeugende Kraft der Wirklichkeit an.

Wie alle Träume reißt der *Erste Rosenroman* mitten im Geschehen ab. Warum sollte man vermuten, Guillaume de Lorris wäre gehindert gewesen, sein Gedicht zum Abschluß zu bringen? Dieser bewundernswerte Künstler hatte ein gutes Gespür: Mit offenem Ende würde der Reiz seines Werkes um so größer sein. So war es. Von der höfischen Welt und von denen, die sich erträumten, in ihre Kreise aufgenommen zu werden, wurde das Buch begeistert begrüßt. Der Erfolg erwies sich als so dauerhaft, daß der ehrgeizige und begabte Jean de Meun beschloß, daran anzuknüpfen, die Erzählung frei wiederaufzugreifen, indem er ihre Doppeldeutigkeiten ausspielte, ihr neue Bedeutungen hinzufügte, indem er sie weiter entwickelte und entfaltete. Das Werk eines anderen fortzusetzen, war damals gang und gäbe: Die Kathedralen wurden nie fertig, und im Laufe ihrer Entstehung löste ein Baumeister den anderen ab. Jeder nahm sich die alten Entwürfe vor; jeder veränderte sie nach Gutdünken, so etwa Gaucher, indem er sich entschied, die von Jean Le Loup bereits fertiggestellten Statuen für die Fassaden der Kathedrale von Reims einem ganz anderen Abschnitt zuzuordnen. Ähnlich handelten die Schriftsteller. Chrétien de Troyes hatte anderen die Fortsetzung seines Romans *Der Karrenritter* überlassen. Im gleichen Sinne bemächtigte sich Jean de Meun des *Rosenromans*. Heute neigt man dazu, sein Unternehmen älter zu machen als es ist, es in die sechziger Jahre des 13. Jahrhunderts und folglich in größere Nähe zu Rutebeuf zu rücken, in die Nähe der *Gefahr der neuen Zeiten*, jener Abhandlung, die Guillaume de Saint-Amour 1256 als Universitätslehrer verfaßte; in die Zeit vor dem zweiten Kreuzzug und dem Tod des Heiligen Ludwig; vor dem großen Schwanken im letzten Viertel des 13. Jahrhunderts, das für Frankreich den Anbruch schwieriger Zeiten bedeutete. Der ganze *Rosenroman* gehörte der feudalen Blütezeit an. Sein zweiter Teil steht genau an ihrem Ende.

Sicher ist – und darauf kommt es an –, daß zwischen dem ersten und dem zweiten Teil vierzig Jahre liegen. Stellen wir uns vor: die *Drei Musikanten*, begonnen von Picasso, beendet von Soulages. Ein ganz anderer Ton, eine ganz andere Handschrift. Wahrhaftig, in vierzig Jahren bewegt sich die Welt. Im Mittelalter, was immer man darüber denken mag, ebenso schnell wie heute. Genau das macht den Kontrast zwischen den beiden Gedichten aus. Man möchte meinen, daß der Autor und sein Held selber gealtert wären – und wie viele Kommentatoren nehmen nicht an, Guillaume de Lorris sei ein Jüngling, Jean de Meun dagegen ein alter Mann gewesen? Allem Anschein nach war Jean de Meun nicht älter als sein Vorgänger. Wie auch immer, um sein Alter geht es nicht. Gealtert ist die aristokratische Kultur. In den besagten vierzig Jahren haben im ganzen Gebäude dieser Kultur von oben bis unten tiefgreifende Veränderungen stattgefunden.

Zunächst, und dies ist entscheidend, in seinen Grundlagen. Zur Zeit von Guillaume de Lorris war der landwirtschaftliche Aufschwung die alles mitreißende Kraft. Jetzt geht diese Kraft von den Städten aus. Die Einnahmen der ländlichen Grundherrschaft sind immer noch sehr hoch. Von Hungersnöten macht sich noch keine Spur bemerkbar. Die Wollstrümpfe in den Hütten füllen sich: Um die Mitte des Jahrhunderts erkauften die Bauern von Thiais und von Orly ihre Freilassung; ihre Ersparnisse reichten aus, um 2200 oder gar 4000 *livres parisis* zu bezahlen, den Preis von etwa zweitausend Kriegspferden. Dieser Wohlstand indes gehört zu den Folgen einer landwirtschaftlichen Expansion, die sich seit vierzig Jahren erschöpft hat. Jetzt nimmt die Produktion allmählich ab, die Erträge sinken, weniger Äcker werden bestellt. Die ganze Vitalität ist auf die Marktwirtschaft übergegangen. Die neuen Eroberer sind die Händler, nicht mehr die Urbarmacher. Die großen Fortschritte der letzten vierzig Jahre haben sich auf Berufe im Bank- und Frachtfuhrwesen ausgewirkt, auf den Flußhandel, die Tauschmittel: In Frankreich tauchten jene Goldmünzen wieder auf, die es in der lateinischen Christenheit seit sieben Jahrhunderten nicht mehr gegeben hatte; die ersten kamen aus Italien; aber 1263 ließ auch der Heilige Ludwig die Prägung wieder aufnehmen. Europa dehnt seinen Handel nach allen Seiten aus: 1241 krümmte es sich noch unter dem Druck Asiens, zitternd vor Angst, besonders in Polen, in Ungarn, beim Nahen der Goldenen Horden. 1271 bricht Marco Polo mit den Seidenhändlern nach China auf. Diese Öffnung kommt in Wirklichkeit vor allem den italienischen Städten zugute, und tatsächlich wird Italien bald zum Ort der großen kulturellen Ereignisse: Weniger als ein halbes Jahrhundert nach der Beendigung des *Rosenromans* schreibt Dante, und es entsteht die *Göttliche Komödie*; Giotto malt, und das Ergebnis sind die Fresken von Padua. Im Augenblick haben Frankreich und Paris, das große Königreich und die große Stadt, dank ihres Reichtums und ihrer Fruchtbarkeit noch unangefochten die Oberhand.

Aber die Verschiebung der Triebkräfte des Wachstums von den Feldern zu den Straßen, den Messen und den Handelsplätzen genügt, um vieles zu verändern. Der neue Reichtum ist unbeständig, ein dauerndes Wagnis, ganz und gar FORTUNA unterworfen und folglich dem Zufall ausgeliefert, dem unentwegt sich drehenden Glücksrad, das die einen in die Höhe hebt, während es die anderen nach unten sinken läßt. Er bildet sich auf dem Rücken der Armen, die noch gnadenloser ausgebeutet werden. In der Stadt sieht man das Elend deutlicher; es kennt sich selbst, es regt zum Aufruhr an. 1280 brechen die ersten Streiks der Geschichte aus ... Die Mauern des geschlossenen Gartens sind nicht mehr hoch genug. Man hört das Murren des Volkes.

Vor diesem Hintergrund wandeln sich die Strukturen der Macht. Mit Geld regiert man anders. Der König verschwindet hinter seinen Bevollmächtigten, seinen Richtern, seinen Steuereintreibern. Es gibt keine feudale Unabhängigkeit mehr. Es gibt keinen Hof mehr. Allenfalls Gerichtshöfe. Institutionen, die so starr sind, daß der Heilige Ludwig es für besser hält, sich unter die Eichen von Vincennes zu setzen, um Recht zu sprechen. Das sogenannte *Hôtel*, das Haus des Königs, erscheint als eine Körperschaft bezahlter Spezialisten, die nach oben aufrücken, wenn sie sich besonders gut darauf verstehen, Urteile zu fällen, zu rechnen, Aufstände zu unterdrücken, wenn sie sich geduldig bemühen, die Macht und das Ansehen des Herrschers – gleichzeitig mit ihrer eigenen Macht und ihrem eigenen Ansehen – zu stärken. Die meisten dieser Techniker stammen, genau wie zweifellos auch Jean de Meun, aus dem niederen Adel, manche nicht einmal das. Aber alle haben Schulen besucht, die Schulen von Paris, die von Bologna, wo man die Rechtswissenschaften lernte, wo Jean de Meun vielleicht studierte. Es sind Männer mit Diplomen, ›Magister‹; gute Schüler, die dieser Kultur, auf die sie stolz sind, alles zu verdanken haben. Manche sind Kleriker, andere Ritter. Aber was von den alten Kontrasten zwischen Klerus und Ritterschaft bleibt in einem vollkommen städtischen Beruf, in einem vollkommen städtischen Milieu schon übrig?

Die Dienste des Königs von Frankreich haben nichts Unstetes, nichts Ländliches mehr an sich. Sie haben ihren festen Standort in der Stadt, wo alles zusammenströmt, wo die besten Professoren sind, die besten Handwerker der Welt: In Paris, das binnen vierzig Jahren zu einer wirklichen Hauptstadt geworden ist – ein Jahrhundert vor dem Mailand Giangaleazzos, dem Prag Karls IV., dem Avignon des Papstes Clemens. In Paris, der großen Werkstätte des 13. Jahrhunderts. Hier kommt es zur Verschmelzung zwischen dem ›Hof‹, dem, was aus dem Hof geworden ist, und der ›Stadt‹, die sich zur Stadt entwickelt. Aus dieser Begegnung entsteht ein neues Publikum, das sich schon bei Rutebeuf zeigt, das Publikum des *Zweiten Rosenromans*. Es besteht immer noch aus einer Vielzahl von Adligen, Kriegern, ›Jungen‹ und weniger jungen, die aber jetzt begleitet, vielleicht schon überholt sind von denen, die aus dem Haus des Königs kommen, aus der Universität, dem Klerus sämtlicher Pariser Kirchen und schließlich jenem kleinen Teil des Bürgertums, der inzwischen alle Grobheit abgelegt hat und die Spiele der Intelligenz genießt.

Dieses erweiterte Publikum bleibt fasziniert von dem aristokratischen Modell der Feudalzeit, das sich in den Turnieren und an den Fürstenhöfen herausgebildet hatte. Hören wir ein für allemal auf, ihm eine ›bürgerliche Gesinnung‹ nachzusagen: Es versucht mit allen Mitteln abzustreifen, was ihm vom Bürgertum noch an den Fingern kleben mag. In seinen Augen hat weder der GARTEN DES VERGNÜGENS an Anziehungskraft verloren, noch das gekonnte – das heißt den Regeln entsprechende – Spiel der Liebe. Es kennt den ersten Teil des *Rosenromans* auswendig. Es hält eifersüchtig an seinem eigenen gesellschaftlichen Vorrang fest, weist die Eindringlinge ebenso heftig zurück, stellt den gemeinen Menschen dieselbe unüberwindliche Schranke in den Weg. Aber es wagt einen Blick über die Mauer. Es ist neugierig. Auf alles, auf das Universum, auf sich selbst. Es will sich nicht täuschen lassen, diese Besorgnis ist gewachsen. Daher der zunehmende Gebrauch ironischer Formulierungen, voller Augenzwinkern und Lächeln, aber nur für den eigenen Kreis bestimmt. Wie Guillaume de Lorris schreibt Jean de Meun für eine Elite, die sich als solche fühlt, die nichts anderes sein will. Doch die neue Elite ist durch und durch städtischen Aktivitäten ausgesetzt, dem ganzen lebhaften Treiben, das sie aus ihrem Traum reißt, sie zwingt, das Leben zu betrachten.

Noch stärker hat das Seelenleben sich verändert. Vierzig Jahre zuvor waren die ersten Schüler des heiligen Franz von Assisi gerade nach Paris gekommen. Verdächtige Gestalten. Man hielt sie für Ketzer, diese in Lumpen gekleideten Männer, die bettelnd, mit ausgestreckter Hand, die Armut Christi besangen. Fast hätte man sie auf den Scheiterhaufen gebracht. Zur Zeit von Jean de Meun indes herrschen die Franziskaner gemeinsam mit einem anderen Bettelorden, den Predigerbrüdern, über die Universität; sie beherrschen das Gewissen der Fürsten, und vor allem das des Königs Ludwig, der nicht mehr lacht, der schwarze Kleider trägt, die Leprakranken küßt und dessen Freunde beklagen, daß er angefangen habe, wie ein Mönch zu leben. In zunehmendem Maße beherrschen die Franziskaner und die Dominikaner den Glauben des ganzen Volkes, des städtischen Volkes zumindest – sie tun es durch die Predigt, durch das Theater, durch das große, immer enger werdende Netz der Dritten Orden, in dem sich eine wachsende Anzahl von Laien verfängt, und durch die Inquisition, mit der sie beauftragt sind. Aber sie selbst werden vom Papst beherrscht, von den Kardinälen, die sich ihrer bedienen, um die Welt zu unterjochen. Was bleibt noch übrig vom glühenden Evangelismus der ersten Zeiten? Anwerbung, Handlangerdienste für die Unternehmen der Repression, ›Frömmigkeit‹ und die Rebellion der ›Spiritualen‹, die im Süden des Königreichs schon das Testament des heiligen Franz schwingen, um sich gegen die Anordnungen des Heiligen Stuhls zur Wehr zu setzen.

Trotzdem, ein totaler Erfolg: Klöster in allen Städten, Bonaventura und Thomas von Aquin an der Spitze der intellektuellen Forschung. Mehr noch, viel mehr: Das Christentum hat sich belebt, durch eine schlichte Lehre, durch häufige Beichten, durch die Führung des Gewissens ist es zum erstenmal zu einer Volksreligion geworden, und schließlich entsteht zwischen den Dienern Gottes und den Gläubigen ein echter Dialog, der über die Riten hinaus zur Öffnung des Herzens ermutigt. Auf das kulturelle Milieu, in dem der *Rosenroman* zu Hause war, wirkte sich der Erfolg der Bettelorden in dreifacher Weise aus. Zum einen weckte er die Eifersucht, den Groll, die Feindseligkeit all derer, die durch Franziskaner und Dominikaner aus der ruhigen Sicherheit gerissen wurden, in der sie sich gewiegt hatten – vor allem an den Universitäten, wo die weltlichen Lehrer sich in ihrem Ansehen bedroht fühlten und wo viele ihrer Schüler sich in der Hoffnung, eines Tages die besten Posten in der Kirche und bei den Fürsten einzunehmen, nun der gefährlichsten Konkurrenz gegenübersahen. Zum anderen brachen die Predigt der Ordensbrüder und das neue Gesicht, das sie von Christus zeigten, den hartnäckigen Widerstand der profanen Kultur, die unlängst noch ganz entschieden ihren Willen kundgetan hatte, sich der Kontrolle der Priester zu entziehen. Und schließlich entsprach es einem verbreiteten Wunsch, wenn man mit dem heiligen Franz verkündete, die Welt sei gar nicht so schlecht, auch das Wasser, die Luft, das Feuer und die Erde seien von Gott gesegnet, der Schöpfer habe Adam einen Platz im Paradies gegeben, damit er es genieße und daran arbeite, es noch schöner zu gestalten, und die Natur sei Gottes Tochter, die es folglich verdiene, betrachtet, beobachtet und verstanden zu werden.

Durch diese Ansichten machte man sich zum Vorreiter eines Wunsches, der damals viele Menschen beschäftigte: des Wunsches, die Wirklichkeit voll auszuschöpfen. Doch die Menschen verlangten mehr. Sie verstanden nicht, warum man ihnen an einem bestimmten Punkt verbot, weiterzugehen. Das erstarkende Christentum war optimistisch geworden, aber es hatte deshalb nicht aufgehört, Verzicht und Bußfertigkeit zu predigen. So verschärfte der Erfolg der Bettelorden den Streit. Genau darin liegt der neue Widerspruch, der Rutebeuf und alle, die ihm applaudierten, gegen den FALSCHEN SCHEIN aufbrachte, gegen die Heuchler und Begarden. Die Welt ist schön, das Leben ist herrlich und der Himmel lichtvoller denn je. Kann man das Glück dieser Erde genießen, ohne seine Seele zu verlieren? Viele im Paris des Jahres 1260 ertrugen es nicht, wenn man zögerte, diese Frage positiv zu beantworten.

Schließlich hatte sich in den letzten vierzig Jahren auch die Art des wissenschaftlichen Vorgehens verändert. Die Gelehrten hatten das im Werk des Aristoteles entdeckt, was dem christlichen Denken am fremdesten war; das, was die arabischen Kommentatoren des Philosophen, allen voran Averroes – den sie ebenfalls entdeckt hatten – ans Licht beförderten. Aber vor allem hatten sich die Wege der Erkenntnis in der Zwischenzeit verschoben. Für Guillaume de Lorris und für alle seine Zuhörer, selbst die gelehrtesten, für die Magister, die ihn ebenso gern hörten wie die jungen Adligen, waren diese Wege stets die des Heiligen Bernhard, die Wege Sugers geblieben: Ein Fortschreiten durch Sprünge von Wort zu Wort, von Bild zu Bild, durch Metaphern, Analogien, durch doppelte und dreifache Spiegelungen, schillernd wie buntes Kirchenfensterglas.

Für die Leser von Jean de Meun hat das Wissen Klarheit und Strenge angenommen, die etwas trockene Eleganz der strahlenden gotischen Architektur. Wie diese beruht es auf der Logik. In der Schule und in allen Denkweisen, die sich um sie her verbreiten, triumphiert die *disputatio* – ein Wortgefecht, bei dem der Gegner durch scharfe Widerreden aus dem Sattel gehoben werden muß, eine Form, die dem Turnier entspricht, ein Spiel, bei dem jeder sein Bestes gibt, um die Ehre, den Preis, die Macht zu gewinnen. In der Kultur der vornehmen Welt lassen diese polemischen Haltungen den Kampfgeist wieder erwachen, sie führen dazu, daß der zweite Teil des *Rosenromans* zu Haltungen zurückkehrt, wie man sie vom Schlachtfeld kennt, zum Epischen, das dem ersten Teil vollständig fehlt. Ein Gefecht mit den Waffen des Geistes, das sich jeder Selbstgefälligkeit verweigern muß; das aber verlangt, sich immer mehr Wissen anzueignen, die Natur und die Bücher zu inventarisieren, zu etikettieren und zu klassifizieren, um schnell in den Besitz neuer Waffen zu gelangen. Das verlangt, alles zu lernen, und zwar systematisch.

Von Guillaume de Lorris hatte man erwartet, daß er sein Publikum über die Wege der Initiation, der Suche, der abenteuerlichen Reise und des lyrischen Ergusses in den Regeln des guten Benehmens unterwies.

Von Jean de Meun erwartet man die Mitteilung eines Wissens. Er wendet sich an Männer, die weder das Leben noch die Lust am irdischen Glück mit fünfundzwanzig Jahren für beendet halten, die sich sehr wohl bewußt sind, daß die Frauen ihrer Zeit sachkundig und gelehrt sind. So schön man auch sein mag, so geschickt im kriegerischen Spiel oder in der Verführungskunst der Liebe – man hat keine Chance mehr, auf den vornehmen Versammlungen zu glänzen, wenn man keine Ahnung von Cicero, Sueton und den alten Dichtern hat, wenn man dieses oder jenes Zitat nicht ganz nebenbei erkennt, wenn man nicht mindestens so tun kann, als sei man über die Bücher, die an der Fakultät der Künste im Gespräch sind, unterrichtet.

Jean de Meun, der sich hervorragend auf gemeinverständliche Darstellungen versteht, teilt das gelehrte Wissen freigebig und in gut verdaulichen Portionen aus. Er öffnet die Tür zu den Bibliotheken, er hilft, sich in den Regalen zurechtzufinden. Was liefert er nicht alles: Vergil, Titus Livius und Juvenal, Alain de Lille, Johannes von Salisbury, Andreas Capellanus, Abälard, Chalcidius' Kommentar zu Platons *Timaios* und zahlreiche andere Autoren wie etwa Bernard Silvestre, deren Spur man im *Rosenroman* noch gar nicht entdeckt hat – ganz abgesehen von der Astronomie, der Optik und all den neuen Wegen, die sich der Wissenschaft gerade erst erschlossen haben. Die Bezugnahmen selbst überraschen nicht, aber Jean de Meun verfügt über ein erstaunliches Talent, die Dinge zugänglich zu machen, sie kurzweilig mit Sprichwörtern und auf diese Weise mit dem volkstümlichen Wissen zu verbinden. Er stellt die abstraktesten, die strengsten, die schwierigsten Sachverhalte in den Worten der Alltagssprache dar, in den Begriffen der Jagd und des Spiels, der Straßen und der Wälder. Und stets führt er zum gesunden Menschenverstand, zur Stärke, zum Edelmut zurück. Wie Molière.

Durch seine meisterhafte Kunst bringt Jean de Meun es sogar fertig, die Mißklänge zwischen dem Werk seines Vorgängers und seiner eigenen, sehr langen Fortsetzung erheblich zu mildern. Am Ende ergänzen sich die beiden Teile. Doch diese tiefe Übereinstimmung rührt vor allem daher, daß die obersten Kreise der Gesellschaft sich trotz der allgemeinen Umwälzung weiterhin an das alte Wertsystem klammerten. Dieses Wertsystem folgte den Bewegungen des Körpers wie ein geschmeidiges Kleid. Es ließ keinen Zwischenraum entstehen – eine Beständigkeit, die Jean de Meun durch seine Aktivitäten hervorragend bezeugt. Er lebte vom Schreiben, und er lebte sehr gut davon. Er diente den größten Fürsten, Johann von Brienne, möglicherweise auch Robert von Artois und Karl von Anjou, den Brüdern Ludwigs des Heiligen, die er im *Rosenroman* rühmend erwähnt, und mit Sicherheit dem König Philipp dem Schönen. Er arbeitete also für diejenigen Kreise, die sich als das Feinste vom Feinen verstanden. Kreise, die weitere Bücher von ihm verlangten, namentlich die Übersetzung gelehrter lateinischer Autoren.

Was hat er übersetzt? Mit welchen Übersetzungen wurde er beauftragt? Boëthius – und dieses Interesse für die Philosophie weist vielleicht auf eine neue Öffnung hin, aber es ist die einzige. Alles andere bleibt im Rahmen der ritterlichen Kultur verhaftet. Am Ende des 13. Jahrhunderts ist die vornehme Gesellschaft immer noch in erster Linie an Kriegstechniken interessiert: Jean de Meun übersetzt Vegetius. Sie liebt die Ausflüge zu den Quellen der *matière de Bretagne:* Er übersetzt die *Wunder von Irland.* Sie begeistert sich für die Spiritualität, die althergebrachte, zisterziensische Spiritualität, die den Wegen der Mystik folgt: Er übersetzt Aelred de Rielvaux. Ihre Leidenschaft schließlich gilt der Liebesdialektik: Er übersetzt die Korrespondenz zwischen Heloise und Abälard – und manche fragen sich nicht ohne gute Gründe, ob er sie nicht selbst erfunden hat.

Was die Ideologie im zweiten Teil des *Rosenromans* betrifft, so beruht sie immer noch auf der Antithese zwischen dem Höfischen und dem Gemeinen. Nur hat der Gegensatz sich verhärtet. Er hat jene neue Schärfe angenommen, die der Aufschwung der städtischen Ökonomie und das unwiderstehliche Eindringen des Geldes allen gesellschaftlichen Antagonismen verleihen. Weil inzwischen jeder weiß, daß alles käuflich ist, weil maßloses Geldverdienen Probleme schafft, preist Jean de Meun genau wie sein Vorgänger den Geist der Uneigennützigkeit, der Freigebigkeit, aber in einem heftigen Ton. So vehement, so hitzig, wie es seiner Zeit entspricht, schmäht er, gestützt auf Alain de Lille, die schlechten Reichen, und zwar sehr ernsthaft. Gleichzeitig und nicht weniger heftig geißelt er die Armut – hundertmal nachdrücklicher als Guillaume de Lorris. Zweifellos will er darüber hinaus auch die Bettelorden treffen, denen es dank der Unterstützung des Papstes gelungen ist, die weltlichen Universitätslehrer mundtot zu machen, und die von den meisten seiner Leser eifersüchtig beneidet werden. Zweifellos versucht er, den Wohlhabenden das schlechte Gewissen zu nehmen, das die Predigt der Franziskaner ihnen macht, und wenn er verkündet, daß jeder von einer Arbeit, nicht aber vom Betteln leben soll, hat er ebenfalls die Ordensbrüder im Auge. Doch er meint nicht nur sie. Er verdammt alle Elenden, die im Zuge der landwirtschaftlichen Rezession in die Vorstädte strömen, deren Masse gefährlich anschwillt und die man zu fürchten beginnt.

Tatsächlich ist die Armut sowohl für die gute als auch für die weniger gute Gesellschaft zum Stein des Anstoßes geworden. Man muß die Armen einsperren, sie zur Arbeit zwingen, sie wie Kranke behandeln, sie wie Schuldige bestrafen, sie vernichten, wie man die Ketzer vernichtet. Wenn Jean de Meun so gut wie niemand je zuvor von der Gleichheit und der Freiheit spricht, wenn er all diejenigen mit tödlicher Verachtung straft, die, nur weil sie wohlgeboren sind, edel zu sein behaupten, obwohl

Notre-Dame
Fensterrose am südlichen Querschiff mit dem Triumph Christi und den Aposteln; um 1270

ihre Seele beschmutzt ist mit Gemeinheit, dürfen wir nicht glauben, daß er dazu aufrufen will, die Gesellschaft zu verändern: In seinen Augen ist sie von Natur aus zweigeteilt, durch eine Mauer, einen Festungswall, den er angesichts der wachsenden Gefahren verstärken will.

Er selbst steht auf der guten, der geschützten Seite. Er fordert Gleichheit und Freiheit, aber nur innerhalb der Einfriedung – einer Einfriedung, die sich nicht nur der adligen Geburt, sondern auch dem Verdienst öffnen muß. Jedem, der einen gewissen Grad der Vollkommenheit, eine gewisse ›Vortrefflichkeit‹ erreicht, ist das Recht versprochen, die Freuden des abgegrenzten Raumes zu genießen. Guillaume de Lorris und vor ihm schon die Troubadoure hatten nichts anderes gesagt. Neu ist nur, daß das Kriterium der Vollkommenheit nicht mehr die ›edle Liebe‹, sondern das Wissen ist. Die ›Jugend‹ der Ritterschaft hat endgültig aufgehört, mit ihren Neigungen Maßstäbe für die feine Welt zu setzen. Jetzt sind es die Intellektuellen, die den Ton angeben. Der *Erste Rosenroman* hatte versucht, die Unterschiede zwischen Ritterlichkeit und Gelehrtheit zu verwischen. Der *Zweite* fordert den Vorrang der Gelehrtheit.

An dieser Stelle zeichnet sich die stärkste Veränderung, der deutlichste Einschnitt im ideologischen Überbau ab. Ein Wandel, der aber noch andere Ursachen hat: Dahinter stehen all die Siege, die das neue, fröhliche, kritische und mannhafte Christentum unter der Herrschaft Ludwigs des Heiligen über den Ritualismus und die Ketzerei davongetragen hatte. Wie Rabelais haßt Jean de Meun die Frömmelei. Doch er tritt entschieden für das Evangelium ein. Aus diesem Grunde schlägt er vor, den ersten GARTEN DES VERGNÜGENS durch einen anderen zu ersetzen. Rund soll er sein, nicht mehr viereckig – was symbolisch den Übergang vom Irdischen zum Himmlischen, zu den Vollkommenheiten der Ewigkeit bedeutet. In seinem Mittelpunkt soll eine Quelle sein, die nicht todbringend ist, sondern Leben spendet: Der neue GARTEN steht für das unschuldige *Lamm Gottes*. Er erscheint nicht mehr als die Negation des Klosters, als ein entweihtes Paradies. Er ist das wahre Paradies, der wieder versöhnte Garten Eden – ebenso versöhnt wie das Sichtbare und das Unsichtbare, das Fleisch und die Freude es nicht nur im *Zweiten Rosenroman*, sondern auch in den Skulpturen von Notre-Dame sind.

In der Tat, nach einem Jahrhundert doktrinärer Kämpfe gegen die Katharer, gegen all die Predigten, die zur Verachtung der Materie aufriefen, nach der geistigen Auseinandersetzung in der Schule von Chartres, nach dem zisterziensischen Versuch, die Mystik nicht auf die Verdammung des Fleischlichen zu gründen, nach dem *Loblied der Geschöpfe,* und während der allseitige Fortschritt den Wert der Arbeit in ein ruhmreiches Licht rückt, während die Mitwirkung des Menschen am kontinuierlichen Werk der Schöpfung immer deutlicher hervortritt, ruft das Denken Jean de Meuns und all derer, die von ihm gelernt haben, zur Rehabilitation der Natur auf.

Die Natur, ›Verweserin und Statthalterin‹ Gottes. Das heißt: Gottes Stellvertreterin, genau wie der Konnetabel des Königs von Frankreich damit beauftragt, im Namen des Herrn die Feldzüge zu organisieren, seinen Kampf zu führen und seinen Willen durchzusetzen. Als Quelle aller Schönheit, aller Güte, läßt die Natur ihre Heerscharen siegreich gegen die Verderbnis antreten. Die Sichtweise Jean de Meuns bleibt manichäisch. Aber der Dualismus hat sich verschoben. Der Kampf findet nicht mehr zwischen dem Fleischlichen und dem Geistigen statt, sondern zwischen dem Natürlichen und seinen Widersachern: der Scheinheiligkeit, der Gewalt, der Habsucht, der Sünde. Sündigen heißt, die Gesetze Gottes überschreiten und folglich der Natur als Vollstreckerin dieser Gesetze den Gehorsam verweigern.

Das göttliche Königreich läßt sich in der Tat nicht gegen sich selbst entzweien; ebenso wenig kann der Statthalter gegen die Absichten seines Herrn verstoßen. Wer immer den Befehlen der Natur folgt, begibt sich also auf den Weg des Heils. Blumengekrönt strebt er freudig dem GARTEN entgegen, jenem Ort, wo der Himmel sich mit der Erde vereint, wo das Lebensglück sich verklärt. Der ROSE entgegen. Der ROSE, die nicht nur die junge Liebende ist und auch nicht, wie im absichtlich übertriebenen Realismus am Ende des Gedichts, die Blüte ihres Geschlechts. Dank der unerschöpflichen Vieldeutigkeit des Symbols – und genau wie die Rosen, die Jean de Chelles im Querschiff von Notre-Dame anbrachte – stellt die ROSE des *Rosenromans* die ununterbrochene Schöpfung dar, ihr aufbrechendes Geheimnis, das Ausströmen des lichtvollen Gottes in einem geordneten Universum, das Fortschreiten der göttlichen Liebe, die Rückkehr der Liebe zwischen den Menschen, den Triumph des Lebens über das Reich der Finsternis und über den Tod.

Frei in seinem Denken, betrachtet Jean de Meun das Geheimnis der Welt. Er verfügt über jene wahre Freiheit, die den wahren Adel ausmacht, deren Ausübung er aber auf einen geschlossenen, geordneten Raum beschränken will, auf die Ordnung der Schöpfung, die in der menschlichen Gesellschaft dafür sorgt, daß die gemeinen Menschen von den anderen geschieden werden. Er kämpft mit offenen Augen. Manchmal voller Vehemenz, meist mit den Waffen der Ironie. Der *Zweite Rosenroman* ist durch und durch mit Ironie getränkt. Vergißt man sie, bringt man sich nicht nur um den tieferen Sinn der Worte, sondern auch um das beste Vergnügen, und vor allem versäumt man es, dieses kämpferische Werk in seiner ganzen Schärfe zu begreifen. Seine Absicht liegt nicht nur in der Zerstreuung. Es soll begradigen, was die – schon Aristoteles hat es gesagt – unwiderstehliche Verderbnis deformiert.

Einst, im Goldenen Zeitalter, war die Welt vollkommen. Sie kannte weder Geiz noch Armut, keines der Laster, deren Bildnisse uns im *Ersten Rosenroman* an der Außenseite der den GARTEN umschließenden Mauer vorgeführt worden sind. Inzwischen hat die Welt ihre Bekanntschaft gemacht: Sie ist von Lastern zerfressen und zerstört. Notgedrungen hat man Schranken errichten, dem Zerfall etwas entgegensetzen müssen – das Geld, den Staat, die Grundherrschaft, die Ungleichheit, die feudale Produktionsweise. Ein Halseisen, das die Freiheit erstickt. Ein unvermeidliches Halseisen – bis zu dem Tag, da endlich die ganze Menschheit, erlöst durch die Fortschritte des Wissens und die bessere Kenntnis ihrer selbst, in den GARTEN zurückkehren wird. Bis zum Jüngsten Gericht, denn das Ende der Zeiten und der Triumph der Wissenschaft fallen zusammen.

Doch bis dahin müssen die Menschen sich wenigstens bemühen, den Gesetzen der Natur zu folgen. Sie müssen gegen das angehen, was sie von diesem Weg abbringt und was Jean de Meun – wie vor ihm Rutebeuf – scharf kritisiert. Sie müssen gegen die Lüge kämpfen. Gegen die ERZWUNGENE ABSTINENZ, die unnatürliche Keuschheit, und vor allem gegen ihren Gefährten, den FALSCHEN SCHEIN, das heißt Tartüff – das heißt für die damalige Zeit: die Bettelorden und das Komplott, das sie gegen das wahre Christentum geschmiedet haben. Aber der Kampf muß auch der scheinheiligen Ehe gelten – wie man sieht, greift Jean de Meun das ganze Arsenal der Kritiken wieder auf, die seit dem heiligen Hieronymus gegen den Ehestand gerichtet worden sind; aber er tut es nur, um geradezurichten, was verbogen ist, um den ungleichen Verbindungen, der Tyrannei der Ehemänner und der Schamlosigkeit ihrer Gemahlinnen ein Ende zu setzen.

Das schlimmste aller Übel aber ist die falsche Liebe. In diesem Punkt wendet der *Zweite Rosenroman* sich gegen den *Ersten*, wie sich der neue Begriff des Höfischen, der sich nicht mehr mit Spielen und Illusionen begnügt, gegen den alten wendet. Die Liebe, die Herzensliebe, die körperliche Liebe, macht sich nichts aus Ziererei, aus endlosen Aufwartungen, aus der vorgetäuschten Unterwerfung des Schmeichlers, der um die Gunst seiner Freundin wirbt; sie legt weder Wert auf die Verzögerungen der Lust noch auf die Verwirrungen der Leidenschaft. Die schöne Liebe nennt sich Freundschaft, Nächstenliebe. Sie muß die offene Zuneigung einer Seele sein, die sich freiwillig hingegeben hat – im Glauben, der Gerechtigkeit, der Geradlinigkeit der ersten, der Goldenen Zeiten. Ein natürlicher physischer Elan, ebenso von erotischen Spitzfindigkeiten wie von puritanischen Zwängen befreit. Die Liebe muß gegenseitig sein.

Jean de Meun – ein Frauenfeind? Er, der VENUS über AMOR stellt, der das Begehren des Mannes dem weiblichen Begehren, um das die ›edle Liebe‹ sich nie gekümmert hatte, unterordnet? Auf daß die Liebe schön und natürlich in Freiheit und Gleichheit vollzogen werde. Auf daß sie ein gemeinsames Vergnügen sei: das ist der ›Preis‹, die Belohnung. Schlicht und einfach das Glück auf Erden. Ein Stückchen Boden, das der Verderbnis abgerungen ist, das die NATUR – die ›Kunst Gottes‹, wie Dante sagen wird – zurückerobert hat. Ein endlich geglückter Versuch, sowohl der

Ablehnung der Welt, dem von den Priestern seit zehn Jahrhunderten gepredigten *contempus mundi*, als auch der Unwirklichkeit, in der die berauschten Lanzelot-Anhänger aufzugehen träumten, einen Riegel vorzuschieben.

Das alles in bewundernswerter Weise ausgedrückt. Mit einer Kunstfertigkeit, deren schönste Feinheiten uns leider entgehen, da wir die Schlüssel der Rhetorik verloren haben. Jean de Meun hat keine gute Presse. Sämtliche Kritiker greifen ihn an, sie verzeihen ihm nicht, daß er die ROSE etwas zerknittert hat, daß er die Dinge beim Namen nennt, daß er den ersten GARTEN DES VERGNÜGENS wesentlich von seiner Zirerei gesäubert hat. Dennoch, der wahrhaft große Meister ist er, und zwar bei weitem. Er ist es durch die Inspiration, den Schwung, die sprachliche Erfindungskraft, durch seine geschmeidige Art zu reden, den Übergang vom Zärtlichen zum Heftigen zu finden. Durch die vollkommene Beherrschung eines unerhörten Wissens, durch die Leichtigkeit, mit der er jede Pedanterie vermeidet, mit der er den Sternenhimmel als ein Zelt voller Zaubervögel beschreibt. Durch seinen trefflichen Humor. Und durch seine Kühnheit, dem vernichtenden Urteil der Kirche ebenso mutig zu trotzen wie Siger von Brabant. Diese Größe – seine Zeitgenossen haben sie sehr wohl erkannt: Für sie war der *Rosenroman* nach der Vollendung durch Jean de Meun die Krönung aller profanen Literatur.

Das Werk wurde unverzüglich zu einem Standardwerk. Im ausgehenden Mittelalter gab es keinen angesehenen Schriftsteller, der sich nicht in irgendeiner Weise darauf bezogen hätte. Es rief die ersten Formen der Literaturkritik hervor, und zwar zwischen 1399 und 1402 – im Paris Karls VI. und der Brüder von Limburg, mehr denn je die Stadt des Lichts, im erlesensten höfischen Milieu der Welt, wo die Gotik ihre schönste Blüte trieb. Um den *Rosenroman* entflammte ein Streit. Jeder ergriff Partei, dafür oder dagegen. Gegen Jean – denn um sein Werk drehte sich die Kontroverse – engagierten sich einerseits die gezierten Damen, etwa Christine de Pisan, die sich bei Isabeau von Bayern bitterlich über die ›Pollution der Sünde‹ beklagte, und andererseits die Integralisten, namentlich Jean Gerson, der vorschlug, das Gedicht zu verbrennen, weil es die Jugend verdarb, weil es sie zur besseren Ausübung der Liebeskunst verführte. Auf der anderen Seite standen die ersten Humanisten, hochgebildete Männer, Sekretäre des Königs, die in Frankreich die ersten Keime einer Renaissance gedeihen ließen – einer Renaissance, die sich wohl ohne die Mißgeschicke des Hundertjährigen Krieges weder mit einer kritiklosen Übernahme der italienischen Vorbilder noch mit einer schroffen Ablösung vom ›gotischen Stil‹ begnügt hätte.

Die Fehde um den *Rosenroman* begann in dem Augenblick, als die vornehme Pariser Gesellschaft, vertrieben von Aufständen, Verrat und

Christine de Pisan zeigt Isabeau von Bayern ein Manuskript ihrer Poesien
MS Harley, 4431

dem Eindringen der Engländer, gemeinsam mit den Fürsten in die Schlösser der Loire umsiedelte. Der Hof verließ die Stadt – für lange Zeit. Doch während eine verheerende Krise der anderen folgte, ließ der Erfolg des *Rosenromans* nicht nach. Beinahe dreihundert Manuskripte bezeugen es ebenso wie all die Nachdrucke, die bis 1522 herauskamen. Nur acht Jahre vor der Gründung des *Collège de France*, zehn Jahre bevor *Pantagruel* auf den Märkten von Lyon erschien, verdienten die Drucker ein Vermögen an der Herausgabe des gemeinsamen Werks von Guillaume de Lorris und Jean de Meun.

Genau wie die Kathedralen faßte dieses Buch die Blüten einer Kultur zusammen, der Kultur des feudalen Frankreich. Aber diese Kultur war verurteilt. Die französische Renaissance lehnte sie ab. Die Kunst von Fontainebleau trug den Sieg über den *Rosenroman* davon.

Von dieser Niederlage hat er sich nie erholt. Die Anmut eines Guillaume de Lorris hätte die Romantiker betören können; die Unverblümtheit eines Jean de Meun stieß sie ab. Im übrigen hat die französische Sprache sich derart verändert, daß man das Werk nur noch übersetzt, das heißt verfälscht, zur Kenntnis nehmen kann. Also hat niemand Jean de Meun gelesen. Aber wer hat schon Dante gelesen? Liest man sie beide, verneigt man sich vor der Formvollendung der *Göttlichen Komödie*, vor der Gewandtheit des Florentiners, sich in den Höhen einer unzugänglichen Theologie zu bewegen. Aber man wundert sich nicht weniger, bei Jean de Meun so viel verschwenderische Kraft, so viel Einfachheit zu finden: so viel, im wahrsten Sinne des Wortes, brüderliche Nähe.

Die ›Jugend‹ in der aristokratischen Gesellschaft

In den Erzählungen und Berichten, die während des 12. Jahrhunderts im Nordwesten des französischen Königreichs verfaßt worden sind[1], werden bestimmte Männer von hoher Geburt als ›jung‹ bezeichnet, und zwar entweder individuell durch das Adjektiv *juvenis* oder kollektiv durch das Substantiv *juventus*. Offenbar sind diese Begriffe präzise Bestimmungswörter, die benutzt werden, um die Zugehörigkeit zu einer besonderen gesellschaftlichen Gruppe zu kennzeichnen. An manchen Stellen beziehen sie sich auf Kirchenmänner, insbesondere wenn es um eine spezifische Fraktion der Klostergemeinschaft geht[2]. In den meisten Fällen aber werden sie für Krieger verwendet und charakterisieren einen ganz bestimmten Abschnitt in deren Existenz. Wichtig ist vor allem, die Grenzen dieses Lebensabschnitts zu erkennen.

Die Texte lassen keinen Zweifel, daß derjenige, der ein ›Junger‹ genannt wird, kein Kind mehr ist, daß die Zeit seiner Erziehung hinter ihm liegt, daß er die vorbereitenden Übungen, die ihn zur Kriegführung ertüchtigen, abgeschlossen hat. Als Bezeichnung für diejenigen Söhne adliger Familien, die noch mit dem Erlernen der Gepflogenheiten und Kampftechniken ihres Standes beschäftigt sind, verwenden die Autoren in der Tat ausschließlich andere Wörter wie etwa *puer, adulescentulus* oder *adolescens imberbis*. Diese Vokabeln stehen für Jugendliche, die das fünfzehnte, siebzehnte oder gar neunzehnte Lebensjahr überschritten haben, die also deutlich aus dem, was wir die Kindheit nennen, herausgewachsen sind, ihre Lehrzeit aber noch nicht beendet haben. Der ›Junge‹ ist folglich ein reifer Mann, ein Erwachsener. Seine Aufnahme in die Gruppe der Krieger ist vollzogen; er ist mit Waffen gerüstet; er hat die Schwertleite empfangen. Er ist ein Ritter[3]. Andererseits fällt auf, daß die Ritter normalerweise so lange zu den ›Jungen‹ gerechnet werden, bis sie verheiratet sind, ja sogar darüber hinaus: In der *Historia ecclesiastica* bezeichnet Ordericus Vitalis verheiratete, aber noch kinderlose Ritter als ›jung‹, während er einen ihrer Gefährten, der dem Alter nach jünger, aber schon Vater ist, nicht etwa *juvenis* nennt, sondern *vir*[4]. Der Krieger gilt also in der ritterlichen Welt erst dann nicht mehr als ›jung‹, wenn er etabliert, verwurzelt ist, wenn er einen Hausstand gegründet und für Nachkommenschaft gesorgt hat. Demzufolge läßt die ›Jugend‹ sich als die Phase des Lebens definieren, die zwischen der Schwertleite und der ersten Vaterschaft liegt[5].

Unsere Quellen zeigen, daß dieser Lebensabschnitt sehr lange dauern kann. Wie lange genau, ist bei den meisten Individuen schwer festzustel-

len, da die Texte kaum biographische Hinweise enthalten, die Rück-
schlüsse auf ein bestimmtes Datum erlauben. Dennoch will ich zwei
Beispiele nennen. Um 1155 verließ Wilhelm Marschall im Alter von elf
oder zwölf Jahren das Vaterhaus und begab sich als *puer* in die Obhut
seines Onkels Wilhelm von Tancarville. 1164 erhielt er die Waffen der
Ritterschaft, 1166 bis 1167 zog er von Turnier zu Turnier, und anschließend führte er ein Leben voller ›Abenteuer‹ und ›Heldentaten‹.[6] 1189, im
Alter von etwa fünfundvierzig Jahren, nahm er eine Frau. Seine ›Jugend‹
hatte ein Viertel Jahrhundert gedauert. Zweifellos handelt es sich hier um
eine Ausnahme. Aber auch Arnold von Ardres, Sohn des Grafen Balduin
von Guines, gehörte dreizehn Jahre lang den ›Jungen‹ an: Er heiratete
1194, dreizehn Jahre nach seiner Schwertleite im Jahr 1181. Was man
damals unter ›Jugend‹ verstand, nämlich nicht nur die Zugehörigkeit zu
einer bestimmten Altersgruppe, sondern auch eine bestimmte Situation
im Rahmen der Kriegergesellschaft und der Familienstrukturen, konnte
sich über einen großen Teil des ritterlichen Daseins erstrecken, so daß
eine beträchtliche Anzahl von Individuen unter diese Bezeichnung fiel.
Deshalb stellte die ›Jugend‹ jener Zeit innerhalb der Aristokratie der hier
behandelten Regionen eine Gruppe von erheblichem Gewicht dar.

Ihre Bedeutung indes rührt nicht nur von der zahlenmäßigen Stärke
her, sondern auch von dem besonderen Verhalten derer, die ihr angehörten. In den Berichten, auf die ich mich stütze, erscheint die ›Jugend‹ als
die Zeit der großen Ungeduld, des Ungestüms und des unsteten Lebens.
Sowohl davor als auch danach ist das Individuum an einen festen Ort
gebunden – solange es ›Kind‹ ist ans Haus seines Vaters oder an das des
Herrn, bei dem es erzogen wird, und später, wenn es selber die Rolle des
Gatten und Vaters erfüllt, an sein eigenes Haus. In der Zwischenzeit zieht
es durch die Lande. Diese Verweigerung eines ›Aufenthalts‹, dieses
Umherstreifen erweist sich als ein grundlegender Zug im Zentrum aller
uns erhaltenen Beschreibungen, die sich mit dem Dasein der ›Jugend‹
befassen. Der ›Junge‹ ist immer im Aufbruch, immer unterwegs; er
durchstreift Provinzen und Regionen; er »zieht durch alle Lande«[7]. Für
ihn besteht das »schönste Leben« darin, »sich in viele Lande zu begeben,
um Preis und Abenteuer zu erheischen«, um »Preis und Ehre zu erobern«[8]. Eine Suche also nach dem Ruhm und nach dem »Preis« –
mittels des Krieges und vor allem mittels des Turniers[9].

Das Umherziehen der Ritter galt anfangs als notwendige Zusatzausbil-
dung, als ein »Studium«, *studia militiae*, wie der junge Arnulf von
Pamele es beispielsweise »in den kaiserlichen und königlichen Kriegen«
verfolgte, ehe er unterwegs plötzlich in ein Kloster eintrat, um schließlich
als Heiliger und Bischof von Soissons zu sterben[10]. Gewöhnlich sind die
Fahrten der ›Jugend‹ also keineswegs einsam. Der Vater eines ›Jungen‹,
der sich auf Wanderschaft begibt, stellt seinem Sohn mindestens in der
ersten Zeit einen Führer zur Seite, der ebenfalls ein Ritter, ein ›Junger‹ ist,

Ausbildung der jungen Ritter
Wurde das Schild nicht getroffen, gab es einen Schlag von der Stechpuppe

der aber mehr Erfahrung hat und dessen Funktion darin besteht, den Neuling zu beraten, mäßigend auf ihn einzuwirken, seine Erziehung zu vervollständigen und ihm den Weg zu den einträglichsten Turnieren zu weisen.

In der *Chanson d'Aspremont* erfüllt Ogier diese Rolle an der Seite Rolands, und in Wirklichkeit erfüllt Wilhelm Marschall sie an der Seite des ›jungen‹ Heinrich, Sohn Heinrichs II. von England. Als Arnold von Ardres die Schwertleite erhielt, setzten sein Vater und dessen Lehnsherr, der Graf von Flandern, einen betagten Mann als seinen Ratgeber »*in torniamentis et in rebus suis disponandis*« ein; dieser wiederum, selber nicht mehr in der Lage, unentwegt umherzuziehen, beauftragte einen seiner Neffen, den bisherigen Gefährten des ›jungen‹ Heinrich von England[11], Arnold als Waffenlehrer zu begleiten. Im allgemeinen jedoch gehören die ›Jungen‹ einer Gruppe von ›Freunden‹ an, die sich »untereinander wie Brüder lieben«[12].

Diese ›Gesellschaft‹, dieser ›Trupp‹ – in den volkssprachlichen Texten *compagnie* oder *maisnie* genannt – wird manchmal unmittelbar nach der Zeremonie der Schwertleite von den jungen Kriegern konstituiert, die das »Sakrament der Ritterschaft« gemeinsam, am gleichen Tag, empfangen haben und weiterhin zusammenbleiben[13]. Meist schart die Gruppe sich um einen Anführer, der die ›Jungen‹ an sich bindet, der ihnen Waffen und Denare gibt, der an ihrer Spitze ins Abenteuer zieht, um den Preis zu erobern[14]. Gelegentlich kommt es vor, daß dieser Anführer ein Mann ist, der bereits einen Hausstand gegründet hat, aber gemeinhin gehört auch er der ›Jugend‹ an. In diesem Fall besteht der Trupp oft aus den ›jungen‹ Nachkommen der Vasallenfamilien eines Lehnsherrn, dessen gerade zum Ritter gewordener Sohn die Führung übernimmt. Ordericus Vitalis zeichnet ein solches Bild von Robert Kurzhose und seiner Gefolgschaft, bestehend aus den gleichaltrigen Söhnen der Vasallen seines Vaters, die in dessen Haus »verköstigt« und »bewaffnet« worden sind[15]. Ein Schwarm erwachsen gewordener ›Kinder‹ strömt aus dem großen Herrenhaus, allen voran der Erbe, der sich, soeben in die Ritterschaft aufgenommen, nun in das unstete Leben der ›Jugend‹ stürzt. Die väterlichen Bande der Vasallität werden von den ›Jungen‹ rekonstituiert: Innerhalb der Gruppe gehen sie auf eine neue Generation über.

Gewöhnlich ist die Struktur dieser Gruppe allerdings etwas komplexer. In der *familia*, die Hugo von Chester unterhielt, mischten sich *pueri*, die ihre Lehrzeit absolvierten, Kleriker und Kurtisanen unter die Ritter, und alle miteinander wurden *juvenes* genannt[16]. Wer waren die ›Jungen‹, die mit Arnold von Ardres ins Abenteuer zogen? Zwei Busenfreunde, seine unzertrennlichen Gefährten, dann einige Ritter, die nicht im Hause seines Vaters aufgewachsen waren, sondern – wie etwa Heinrich »der Champagner« – aus der Ferne kamen, und schließlich alle ›Turniergänger‹ des väterlichen Fürstentums[17].

Es geht fröhlich zu in diesen Gruppen junger Ritter. Der Anführer ist verschwenderisch, er liebt den Luxus, das Spiel, die Mimen, die Pferde und die Hunde[18], und es herrschen überaus freie Sitten[19]. Das Größte aber ist das Kämpfen, »auf Turnieren wie im Krieg«. Einmal wich eine Ritterschar aus dem Herzen des französischen Königreichs von ihrem Wege ab, um Clairvaux zu besuchen. Es war drei Tage vor der Fastenzeit, und der heilige Bernhard ermahnte sie, sich der Waffen zu enthalten. Aber »da es junge und kräftige Ritter waren, weigerten sie sich« und brachen, nachdem sie getrunken hatten, wieder auf, um ihre kriegerischen Spiele fortzusetzen[20]. Die Trupps der ›Jungen‹ bildeten die Vorhut der feudalen Aggressivität. Immer auf der Suche nach Abenteuern, die »Ehre« und »Preis« versprechen, von denen man möglichst »reich zurückkehren« kann[21], immer mobil und zum Aufbruch bereit, unterhalten sie die kriegerische Agitation. Sie schüren die Unruheherde in unsicheren Gebieten und stellen die besten Kontingente bei allen Expeditionen in die Ferne[22].

Ein ›Junger‹ steht an der Spitze des Feldzuges, den die Sippe der Erlembaud anläßlich der Unruhen in Flandern unternimmt; es sind ›Jünglinge‹, arme *bacheliers*, die Wilhelm von Orange anspricht, um »sein Gefolge zu ergänzen«, als er die Expedition gegen Nîmes organi-

Schlachtszene

siert. Und wie viele ›Junge‹ waren nicht unter den bewaffneten Pilgern, unter den Kreuzfahrern²³? Ihrer hitzigen Unbeherrschtheit überlassen, stellt die ›Jugend‹ in der ritterlichen Gesellschaft das Organ der Aggressionen und der Unruhen dar. Dank dieser ihrer Situation ist sie aber auch den größten Gefahren ausgesetzt. Gelegentlich erscheint sie völlig dezimiert. Was dies betrifft, verfügen wir über eine Fülle von Informationen. In den Texten, auf die ich mich stütze, werden die ›Jungen‹ tatsächlich meist im Zusammenhang mit ihrem gewaltsamen Tod erwähnt. Die Todesursache kann ein Unfall sein, der sich bei der Jagd oder bei Waffenübungen ereignet, aber die meisten sterben infolge kriegerischer Auseinandersetzungen²⁴. Manchmal werden die Nachkommen der Familien in ganzen Gruppen dahingerafft, und immer reißt der Tod große Lücken. Über Heinrich, den Herrn von Bourbourg, wissen wir, daß zwei seiner Söhne während ihrer ›Jugend‹ starben, während ein dritter blind von einem Turnier heimkehrte²⁵. Als Lambert, Autor der *Annales Cameracenses,* in einem höchst merkwürdigen Abschnitt dieses Berichts seine eigene Stammtafel darstellt, gedenkt er der zehn Brüder seines Großvaters Radulf, die alle am gleichen Tag im Kampf getötet wurden – ein Ereignis, an das die »Kantilenen der Spielleute« noch zu Lebzeiten des Verfassers erinnern; von den fünfzehn männlichen Blutsverwandten, die außerdem genannt werden, sind drei im Kampf gefallen, ein vierter starb durch einen Sturz vom Pferd²⁶.

Die kriegerische Berufung der Aristokratie, die Reize biologischer Art und alles, was mit dem Alter als solchem zu tun hat, mag Aufschluß über das Verhalten dieser Männer geben. Doch um die tieferen Triebfedern besser zu begreifen, muß man meiner Ansicht nach auch den Rahmen der Familienbeziehungen berücksichtigen, dessen Strukturen viel dazu beigetragen haben, die Habgier, die Abenteuerlust und das Ungestüm der ›Jungen‹ zu schüren. Statistische Erhebungen, denen eine beträchtliche Anzahl von Genealogien zugrunde liegt, lassen darauf schließen, daß der durchschnittliche Generationsunterschied in der aristokratischen Gesellschaft dieser Region und dieser Zeit ungefähr dreißig Jahre betrug. Nun verhielt es sich am Ende des 12. Jahrhunderts gewöhnlich so, daß der älteste Sohn das Erwachsenenalter, den Augenblick, in dem er seine Waffen empfing, zwischen dem sechzehnten und dem zweiundzwanzigsten Lebensjahr erreichte, zu einem Zeitpunkt also, da sein Vater im Alter von etwa fünfzig Jahren den Besitz noch fest in der Hand hatte und sich durchaus fähig fühlte, ihn allein zu verwalten. Allem Anschein nach stellten die am meisten begüterten und um den Ruhm ihres Hauses besorgten Väter dem ältesten Sohn schon aus Gründen der Schicklichkeit die notwendigen Mittel zur Verfügung, um nach der Zeremonie der Schwertleite einen Trupp ›junger‹ Ritter um sich zu scharen und als ihr Anführer ein oder zwei Jahre durchs Land zu streifen[27].

Wenn der ›Junge‹ jedoch am Ende dieses Streifzugs ins väterliche Haus zurückkehrt, langweilt er sich. Er glaubt zu ersticken. Während der Tournee hat er die Vorzüge der ökonomischen Unabhängigkeit, der sorglosen Verschwendung genossen, und jetzt fällt es ihm schwer, darauf zu verzichten. Er schielt nach eigenen Einkünften. Falls seine Mutter tot ist, wiegeln schlechte Ratgeber ihn auf, Anspruch auf das von ihr hinterlassene Erbe zu erheben, wie es beispielsweise Arnold von Ardres tut[28]. Es folgen lange Diskussionen, eine erste Auseinandersetzung mit dem Vater, der manchmal nachgeben muß. Aber selbst dann macht der ›Aufenthalt‹ zu schaffen. Die Spannungen im Ringen um die väterliche Macht spitzen sich zu. Die Geschichte der großen Adelsgeschlechter ist voller derartiger Zwistigkeiten; oft führen sie zum erneuten Aufbruch des Sohnes, der eine aggressive Position bezieht: Umgeben von seinen ›jungen› Gefährten tritt der ›junge‹ Erstgeborene in einen offenen Kampf gegen den alten Herrn[29].

Wie dem auch sei, »langer Aufenthalt gereicht dem jungen Mann zur Schande«. Selbst wenn der Familienfriede nicht ernstlich getrübt ist, macht sich der junge Erbe, der in seinen häuslichen Tätigkeiten keine Befriedigung finden kann, wieder auf den Weg[30]. Sein Vater läßt ihn erleichtert ziehen[31]. Zurückrufen wird er ihn erst, wenn er am Ende seiner Kräfte ist[32]. Im allgemeinen hält man es für ganz normal, daß ein Sohn, solange er unverheirateter Ritter ohne Hausstand ist, sich davonmacht und das Weite sucht.

Die Spielregeln der Verwaltung des aristokratischen Stammguts waren also geeignet, den ältesten Sohn ins Abenteuer zu treiben. Aber der

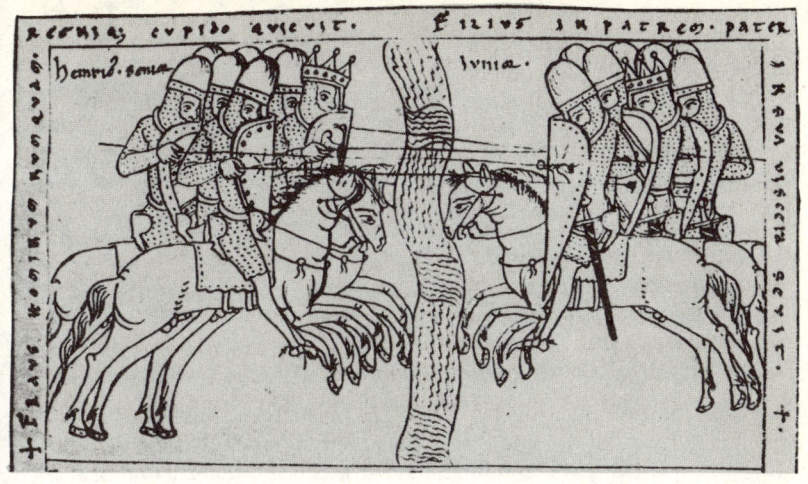

Der junge Heinrich V. im Kampf gegen seinen Vater 1177
Aus der Chronik Otto von Freising, Cod. Bose q 6

älteste war nicht der einzige, er hatte Brüder, gewöhnlich sogar viele. Bei der Lektüre des Werkes von Ordericus Vitalis entsteht der Eindruck, daß in den Adelshäusern normalerweise fünf, sechs oder sieben Knaben das Erwachsenenalter erreichten. Auch sie fühlten sich zum Aufbruch gedrängt, und zwar viel stärker als der Erstgeborene. Das Privileg des Ältesten, als Erbe in die grundherrlichen Rechte seines Vaters einzutreten und dessen Haus zu übernehmen, hatte sich in den Geschlechtern der größten Lehnsherren, der Könige, der Grafen und der Burgherren, schon seit Anfang des 11. Jahrhunderts fest etabliert. In den weniger bedeutsamen Familien war dieser Prozeß zweifellos langsamer vonstatten gegangen. Am Ende des 12. Jahrhunderts jedoch hatte sich das Vorrecht der Primogenitur in der gesamten Ritterschaft der hier behandelten Gegend durchgesetzt, zumal die Allodien seltener wurden und das Feudalrecht die Aufsplitterung der Lehen verhinderte. Ein Beweis dafür ist die Sorgfalt, mit der die Schriftsteller der damaligen Zeit bei genealogischen Aufzählungen den ältesten der Knaben und sogar das älteste der Mädchen bezeichnen[33]. Welches Schicksal wurde den Nachgeborenen zuteil? Zwei oder drei von ihnen konnten auf einträgliche Posten in der Kirche hoffen. Die übrigen bekamen manchmal einen kleinen Teil des Erbes, der gemeinhin in einigen neueren Erwerbungen oder im Vermögen der mütterlichen Linie bestand[34]. Bei solchen Erbteilen handelte es sich aber nur um einen widerruflichen Besitz. Diese am Rande abfallenden Brokken führten zu dauerndem Streit unter den Geschwistern, sie nährten die Habgier und schürten die Versuchung, sich des Anteils der anderen

Brüder oder der Neffen mit Gewalt zu bemächtigen[35]. Jeder Hoffnung auf eine sichere Erbschaft beraubt, sahen die nachgeborenen Söhne nur einen Ausweg: das Abenteuer.

Die Wurzel der Impulse, die den Ritter des 12. Jahrhunderts nach der Schwertleite ins unstete Leben der Abenteuersuche trieben, liegt offenbar in den Gewohnheitsrechten, die den Erbgang und die Verteilung der familialen Einnahmequellen regelten.

A ses compaignons ensement
Ennuia molt très durement
Car esrer plus lor pleüst
Qu'a sejornez, s'estre pleüst
Quer bien saciez, ce est la somme
Que lonc sejor honist giemble homme.

Um die Situation der ›Jugend‹ besser zu beleuchten, muß aber auch das Spiel der Ehepraktiken und ihrer Folgen näher untersucht werden, da die ›Jugend‹, wie wir gesehen haben, bis zur Hochzeit dauerte und praktisch mit ihr zu Ende ging. Daß damals jede Ehe vom Vater und den Familienältesten entschieden, vorbereitet und besiegelt wurde, braucht nicht weiter betont zu werden[36].

Im Vordergrund aller diesbezüglichen Verhandlungen stand natürlich die Verheiratung des ältesten Sohnes. Da bei dessen Eheverbindung aber die Zukunft des ganzen Hauses auf dem Spiele stand, gingen die Verantwortlichen sehr behutsam zu Werke; sie warteten ab, bis sich eine wirklich gute Gelegenheit bot, und das zögerte die ›Jugend‹ des Betroffenen entsprechend hinaus. Gegenüber den anderen Söhnen war ihre Haltung noch viel vorsichtiger, allerdings aus anderen Gründen. Keinesfalls, und das war wichtig, durfte zu vielen Nachgeborenen gestattet werden, eine Frau zu nehmen: Man befürchtete, die Nebenlinien könnten sich unkontrollierbar vermehren und den Hauptstamm ersticken.

Obendrein und vor allem bedeutete die Verheiratung eines Sohnes stets eine Schmälerung des Stammguts, denn der Bräutigam mußte sich niederlassen und seine Frau mit der erforderlichen ›Dos‹, dem Wittum, ausstatten[37]. Was den Erstgeborenen betrifft, so fügte man sich in diesem Punkt der Notwendigkeit. Sehr viel unwilliger waren die Familien, wenn es darum ging, denselben Vorgang zugunsten eines anderen Sohnes zu wiederholen. Die Nachgeborenen waren zu einer längeren ›Jugend‹ verurteilt.

Ein weiterer Hinderungsgrund: In der Umgebung der Familie gab es nur wenige Mädchen, die als Braut in Frage kamen. Dank früherer Eheverbindungen gehörte der gesamte Ritterstand einer Region derselben Vetternschaft an. Die damalige Vorstellung vom Inzest und die von der Kirche kontrollierten Verbote der Verwandtenheirat stellten ein formales Hindernis dar, das durch die Praktiken der Eheschließung verstärkt wurde: Aus den Stammtafeln geht hervor, daß die Hausherren zumeist mehrere Witwerschaften durchmachten. Damit ihre Ehe reichlichen Zugewinn brachte, hatte man ihnen entweder eine Witwe zur Frau gegeben, die älter war als sie, oder aber den schwächlichen Sproß eines im biologischen Verfall begriffenen Geschlechts; sicher kamen Sterbefälle im Kindbett hinzu. Wie auch immer zu Witwern geworden, suchten diese bereits etablierten, niedergelassenen Männer eine neue Gemahlin in der Nachbarschaft. Ihre Position, ihr Ansehen, ihre Lebensart begünstigten sie in dem allgemeinen Ehewettbewerb. Sie machten die besten Partien und nahmen den ledigen *bacheliers* jede Chance. Alles trug dazu bei, daß die ›Jugend‹ sich in die Länge zog und die ›Jungen‹ sich ins ferne Abenteuer stürzten.

Tatsächlich erweist diese Abenteuersuche sich auch und vor allem als eine Suche nach heiratsfähigen Frauen. Solange die Gruppe der ›Jungen‹ das Land durchstreifte, war sie beseelt von der Hoffnung, Heiratsmöglichkeiten aufzutun. Sie wußte, daß ihr Anführer es, sobald er selbst einen Hausstand gegründet hätte, für seine Pflicht halten würde, auch die Gefährten zu verheiraten[38]. Sämtliche *juvenes* hielten Ausschau nach der reichen Erbin. Erblickten sie eine, versuchten sie, die Beute zu sichern, auch wenn sie als Braut noch zu jung war. Manchmal nahmen sie das Kind einfach mit auf ihren Streifzug, um es gegebenenfalls – wenn sich unterwegs etwas Besseres fand oder wenn ein anderer ›Junger‹ allzu hartnäckig um die Hand der Erbin anhielt – dem Vater zurückzubringen.

Hier ein Beispiel, das ich wiederum der *Geschichte der Grafen von Guines* entnehme: Irgendein Abenteurer hatte die ihm versprochene Tochter des Burgherrn von Bourbourg nach England mitgenommen; doch Balduin von Ardres, der durch seine kriegerischen Unternehmungen die Freundschaft ihres Vaters erwarb, erreichte, daß die Rückkehr der Erbin erörtert und sie ihm schließlich zur Frau gegeben wurde[39]. Die Heiratsabsicht bestimmte offenbar das ganze Verhalten des ›Jungen‹; sie motivierte ihn, im Kampf zu glänzen, bei den sportlichen Veranstaltungen Eindruck zu machen. So versuchte Arnold von Guines zunächst, die Gräfin von Boulogne durch seine Heldentaten zu erobern; dann versprach er sich der Tochter des Grafen von Saint-Pol, sagte sich aber bald von jeder Verpflichtung los und stürzte sich auf die Erbin der Herren von Bourbourg, sobald diese ihm eine gute Beute dünkte[40].

Die Jagd auf reiche Mädchen, auf ein lohnendes Erbe, war also nicht immer vergeblich. Aber die Chancen und die Glücksfälle erklären sich nur durch die relative Fülle an verlockendem Wild, das heißt, durch das häufige Verkümmern der Adelsgeschlechter, das die gesamte Erbschaft in die Hände einer Erbin fallen ließ. Dieses Phänomen hängt seinerseits eng mit der Existenz der Gruppe der ›Jungen‹ zusammen, mit ihrer besonderen Situation, mit dem abenteuerlichen Leben der männlichen ›Jugend‹, mit den Gefahren, denen sie ausgesetzt war und die sie dezimierten.

Damit wären wir wieder beim Thema der Demographie der aristokratischen Familien. Die Untersuchung herrschaftlicher Genealogien ist in diesem Punkt sehr aufschlußreich und überzeugend. Hier zwei Beispiele, die keineswegs ungewöhnlich sind. Das erste bezieht sich auf die Nachkommenschaft des normannischen Herrn Hugo von Grentemesnil. Er war Vater von zehn Kindern, die das Erwachsenenalter erreichten, darunter fünf Knaben. Zwei starben ›jung‹ im wahrsten Sinne des Wortes. Zwei andere wurden auf der Suche nach Abenteuern in ferne Gegenden verschlagen; der eine ließ sich in Apulien nieder, der andere etwas näher, in England, wo er zwei Söhne zeugte, die aber während ihrer ›Jugendfahrt‹ beim Schiffbruch der *Blanche Nef* ums Leben kamen. Ein einziger Sohn blieb auf dem Stammgut, der älteste, Robert – vielleicht, weil er schneller verheiratet, den Gefahren der ›Jugend‹ früher entzogen worden war. Er bekam jedoch nur eine Tochter, und durch sie ging der Familienbesitz an ein anderes Geschlecht über[41].

Als zweites Beispiel nun der Fall des Burgherrn Heinrich von Bourbourg. Wir wissen, daß seine Frau ihm in vierundzwanzig Jahren zwölf Kinder schenkte, von denen keines vor der Reife starb (solche Fakten geben Anlaß, die tatsächliche Höhe der Kindersterblichkeit in diesem gesellschaftlichen Milieu nicht zu überschätzen). Sieben Söhne wurden mit Kirchenpfründen versorgt, der älteste übernahm beim Tod seines Vaters die Burg, heiratete zweimal, blieb aber kinderlos; drei andere – ich habe sie weiter oben schon erwähnt – kamen im Laufe ihrer ›Jugend‹ ums Leben oder um ihre Gesundheit; der letztgeborene trat die Nachfolge seines Bruders als Burgherr an, vermählte sich und zeugte einen Sohn, der aber noch während der Kindheit starb; so fiel das gesamte Erbe seiner Tochter zu – derselben Tochter, die Arnold von Ardres als Braut ergatterte[42].

Die ›Jugend‹ – die Gruppe derer, die in ihrem Ungestüm lange hingehalten wurden und durch alle möglichen sozialen Bedingungen vom Kreis der etablierten Männer, der Familienväter, der Hausherren ausgeschlossen waren, die ein unstetes Leben am Rande der Gesellschaft führten, die nicht nur den Anstoß für die Kreuzzugsunternehmungen, die Turnierbegeisterung, die Neigung zum Luxus und zur wilden Ehe gaben, sondern all diesen Dingen auch Bestand verliehen – übte, wie wir gesehen haben, einen entscheidenden Einfluß auf die Demographie des Adels und die Evolution der herrschaftlichen Besitztümer im Nordwesten des französischen Königreichs aus. Indem diese Struktur dafür sorgte, daß die Mehrheit der heranwachsenden Männer im Zustand der Gefahr und der Ehelosigkeit gehalten wurde, sank das Risiko eines Zerfalls der Erbgüter zwar beträchtlich, aber zugleich sanken die Überlebenschancen der Geschlechter; viele Familien starben aus, und so begünstigte dieselbe Struktur eine Erneuerung des hohen Adels durch die Glückstreffer, die zufälligen Eheerfolge von Abenteurern weniger vornehmer Abkunft. Wer etwas über das Verhalten und das Leben der Ritterschaft erfahren will, muß die gesellschaftliche Gruppe der ›Jungen‹ also sehr genau unter die Lupe nehmen.

Ich möchte noch darauf hinweisen, daß die Existenz einer solchen Gruppe im Herzen der aristokratischen Gesellschaft auch insofern folgenreich war, als sie bestimmte Geisteshaltungen, bestimmte Vorstellungen der kollektiven Psychologie, bestimmte Mythen nährte, deren Vor- und Abbilder sich in den literarischen Werken finden, die während des 12. Jahrhunderts für die Aristokratie geschrieben wurden, vor allem in den als vorbildlich dargestellten Heldengestalten, die den spontanen affektiven und intellektuellen Reaktionen Nachdruck verliehen und sie in stilisierter Form weitergaben.

Zunächst sei angemerkt, daß die ›Jugend‹ das eigentliche Publikum sämtlicher Literatur bildete, die als ritterlich bezeichnet wird und zweifellos in erster Linie für die ›Jungen‹ bestimmt war. Weiter oben sprach ich bereits von den Mimen, die Hugo von Chester in seinem Gefolge unterhielt, von den ›Kantilenen‹, die dem Autor der *Annales Cameracenses* das Andenken an seine zehn im Kampf getöteten Großonkel in Erinnerung riefen. Wenn schlechtes Wetter den ›jungen‹ Arnold von Ardres zwang, die Langeweile des häuslichen Aufenthalts zu ertragen, hörte er sich Geschichten an. Um ihm und seinem Trupp Zerstreuung zu verschaffen, erzählte sein Verwandter Walther von L'Ecluse die Legende von Gormont und Isembart, von Tristan und Isolde, aber er erzählte auch die Heldentaten der früheren Burgherren[43]. Kein Wunder, daß die typische Situation der ›Jugend‹, die Abenteuersuche, die Tapferkeit im Kampf, ausschlaggebend waren für die Rahmen und die Inhalte der epischen Erzählungen, der Romane und – dies möchte ich hinzufügen – der Predigten, die für das herrschaftliche Gefolge verfaßt wurden: Gerald von Avranches beispielsweise, Priester der *familia* Hugos von Chester, machte die Schutzpatrone der Soldaten, den heiligen Demetrius und den heiligen Georg, Mauritius und die Märtyrer der Thebaischen Legion, Eustachius und Sebastian zum Gegenstand seiner übrigens sehr wirksamen Predigt der *emendatio vitae*[44]. Es wäre daher nicht uninteressant, sich die Thematik der ritterlichen Literatur noch einmal vorzunehmen, sie unter dem Gesichtspunkt der ›Jungen‹, ihres Geschmacks, ihrer Vorurteile, ihrer Enttäuschungen und ihres alltäglichen Verhaltens zu untersuchen. Ich werde mich hier auf zwei Punkte beschränken.

Der erste ist die Übertragung des wichtigsten Modells, das den Träumen und Hoffnungen der *juvenes* angeboten wurde – des Leitbildes vom jungen Abenteurer, der durch seinen Heldenmut die Liebe einer reichen Erbin erobert, dem es auf diese Weise gelingt, sich fern von den Seinen in einer starken Grundherrschaft niederzulassen und ein mächtiges Geschlecht zu begründen –, auf die genealogische Literatur, die während des 12. Jahrhunderts im Nordwesten des französischen Königreichs entstand. K. F. Werner hat gezeigt, daß die kollektive Erinnerung im Umkreis der großen Herren dieser Region genealogische Schemata gespeichert hatte, die, wenn sie das 9. bis 10. Jahrhundert erreichten, auf ein Hindernis stießen: Jenseits dieser Zeit waren keine Ahnen mehr bekannt. Also dachte man sich welche aus, und die auf Genealogien spezialisierten Schriftsteller stellten sich als Stammvater der großen Fürstenfamilien einen Fremden vor, jung und tapfer, *miles peregrinus*, der ob seiner Waffentüchtigkeit Aufsehen erregte und seine *Seigneurie* manchmal durch die Heirat einer Erbtochter eroberte[45]. Wie wir wissen, trifft dies auf die Familien von Anjou, Blois und Bellême zu. Lambert von Ardres indes, der als Priester im Dienst des ›jungen‹ Arnold stand, der geprägt war von der ganzen Literatur, die dem Geschmack der ›Jugend‹ entsprach, entschloß sich, als er das Geschlecht der Grafen von Guines zurückverfolgte und auf das erste Viertel des 10. Jahrhunderts stieß, die Gestalt Siegfrieds des Dänen an diese Stelle zu setzen. Dieser Ahne zeichnete sich durch seine ›Jugend‹ aus; auf der Suche nach Abenteuern war er durch die Lande gezogen, bis er eines Tages in die Gefolgschaft des Grafen von Flandern geriet. Dort machte er der Schwester des Grafen den Hof. Er konnte sie nicht heiraten, schwängerte sie aber mit einem Sohn, einem Bastard, der das Geschlecht der Grafen von Guines begründete[46].

Meine zweite Bemerkung im Zusammenhang mit der literarischen Umsetzung von Geisteshaltungen, die der ›Jugend‹ eigen waren, bezieht sich auf die Entstehung der höfischen Erotik. Sie veranlaßt mich, den Nordwesten des französischen Königreichs zu verlassen und den Blick weiter nach Süden zu richten, bis hin zu den Troubadouren der Generation von 1150. Cercamon, Marcabru und Allegret haben den Begriff *Jovens* gerühmt; allem Anschein nach meinten sie mit diesem Wort weniger eine abstrakte Tugend, als vielmehr das Ideal, das die Gruppe der ›Jungen‹ beseelte. Die ›Jugend‹, als deren Wortführer die Troubadoure auftraten, erscheint in ihren Liedern als Opfer der sozialen Struktur: Die Jünglinge finden keine Frau, die sie empfängt; die Frauen sind alle verheiratet. Und wenn sie sich ehebrecherischen Liebesspielen hingeben, ist ihr Partner kein Jüngling, sondern ein ebenfalls verheirateter Mann. Erst in den Liebesliedern der zweiten Hälfte des 12. Jahrhunderts kommt eine neue Art von Liebesbeziehungen zum Vorschein, die der Situation der *juvenes* besser entspricht: Verheiratete Männer sollen die Damen nicht umwerben, und sie sollen ihre Gemahlinnen nicht hindern, sich den ›Jungen‹ und deren Minnedienst zu öffnen. Die Dichter der ›Jugend‹ haben das Trio ›Gemahl, Gemahlin, verheirateter Liebhaber‹ durch das Trio ›Gemahl, Dame, junger höfischer Bewerber‹ ersetzt. Sie wollten den geschlossenen Kreis der erotischen Beziehungen zugunsten der ›Jungen‹ durchbrechen[47]. Der Erfolg dieses idealen Themas ist bekannt. Tatsächlich wurde das Spiel praktiziert, bekam aber in der Realität ein etwas anderes Gesicht. Zum Abschluß komme ich noch

Eheschließung unter einem Baum
Französische Miniatur, um 1470

einmal auf Lambert von Ardres und auf seinen Herrn und Helden, den ›jungen‹ Arnold, zurück. Arnolds Tapferkeit hat die Aufmerksamkeit der Gräfin Ida von Boulogne erregt, die ihm als Erbin des herrschaftlichen Besitztums ein trefflicher Glücksfall mit wunderbaren Aussichten auf einen eigenen Hausstand zu sein scheint. Er tauscht heimliche Liebesbotschaften mit ihr aus; er liebt sie – oder er gibt vielmehr vor, sie zu lieben. Bei Lambert heißt es jedenfalls: »*Ad terram tamen et Boloniensis comitatus dignitatem, veri vel simulati amoris objectu, recuperata jusdem comitisse gratia, aspiravit.*«[48]

Die aristokratische ›Jugend‹ im Frankreich des 12. Jahrhunderts gleicht einer Meute, die zur Abfuhr ihrer überschüssigen expansiven Kräfte von den Adelshäusern losgelassen wurde, um Jagd auf Ruhm, Gewinn und weibliche Beute zu machen.

Die Laien und der Gottesfrieden

Im Jahr Tausend der Passion des Herrn«, schreibt Rodulf Glaber im IV. Buch seiner *Historiae*, begannen die Bischöfe und die Äbte »zuerst in den Ländern Aquitaniens, das ganze Volk auf Konzilien zu versammeln. Viele heilige Gebeine und zahllose Schreine voller Reliquien wurden herbeigetragen. Von hier ging die Kunde über die Provinz von Arles, alsdann die von Lyon, und weiter über Burgund bis an die äußersten Grenzen Frankreichs, daß in allen Diözesen an festgelegten Orten und im Beisein der Prälaten und der Fürsten des ganzen Landes Konzilien für die Reform des Friedens und die Einrichtung des heiligen Glaubens abgehalten würden.«

Dieser Text lieferte ein sehr genaues Bild von der Bewegung des Gottesfriedens. Alle uns erhaltenen Urkunden bestätigen, daß sie aus großen Versammlungen hervorgegangen ist, die oft auf freiem Feld, außerhalb der Städte, wo die Menschen massenhaft zusammenströmen konnten, einberufen wurden, und bei denen die Zurschaustellung von Reliquien zweifellos eine wichtige Rolle spielte. Offenbar ging die Initiative tatsächlich von den Bischöfen und den Superioren der Klöster aus, namentlich von dem Abt Odilo von Cluny, und allem Anschein nach gelang es den Prälaten, die Mitglieder der regionalen Hocharistokratie für ihre Absichten zu gewinnen; jedenfalls war ihr Bemühen, die weltlichen Herren in ihr Vorhaben einzubeziehen, insoweit erfolgreich, als diese einwilligten, gemeinsam mit ihnen den Vorsitz der Friedensversammlungen zu führen. Schließlich hat die Bewegung unbestreitbar im Süden Galliens, in Aquitanien und in der Gegend von Narbonne, ihren Anfang genommen; über die Täler der Rhône und der Sâone weitete sie sich nach Norden hin aus und war 1033 bei den nördlichen Grenzen des Königreichs Frankreich angelangt. In Wirklichkeit jedoch ging die Entwicklung langsamer vonstatten, als Glabers Text vermuten läßt. Nach dem gegenwärtigen Stand der Quellenforschung begann die Gottesfriedensbewegung 989-990 in Charroux und in Narbonne, eine erste Ausweitung, die ganz Aquitanien erfaßte, ist um das Jahr 1000 zu beobachten; 1023-1025 griff die Bewegung auf Burgund und von dort sogleich auf Nordfrankreich über.

Übereinstimmend mit der Beschreibung Rodulf Glabers setzte um das Jahr 1033 eine zweite aktive Phase ein, die sich in ihrer sehr lebhaften Entwicklung zwischen 1027 und 1041 aber wiederum auf Gallien und dort vor allem auf den Süden konzentrierte[1]. Ein halbes Jahrhundert lang blieb das Phänomen also im Grunde auf Gallien, insbesondere auf

Aquitanien und die Provence beschränkt. Es steht außer Zweifel, daß die Friedensbewegung von der Kirche angeregt und von Bischöfen geführt wurde. In welchem Maße hat sich nun die Situation der Laien durch die Bestimmungen des Gottesfriedens und durch die geistigen Vorstellungen, deren Entstehung er begünstigte, verändert?

Um diese Frage besser beantworten zu können, sollten wir nicht aus den Augen verlieren, daß die Gottesfriedensbewegung genau wie alle anderen Ereignisse der Religionsgeschichte zwei Seiten hat, oder, anders gesagt, daß sie sich auf zwei Ebenen ansiedelt, die man ohne weiteres – und ganz im Sinne des Denkschemas der Intellektuellen und der Kirchenleute jener Zeit – als Gegensatz begreifen kann: auf der Ebene des Geistlichen und auf der Ebene des Weltlichen. Einerseits sind die Friedensinstitutionen unter dem Einfluß bestimmter Vollkommenheits- und Heilsbestrebungen konzipiert und errichtet worden; sie stellen sich als ein Mittel dar, um das Königreich Gottes zu realisieren, und sind daher Träger moralischer Werte. Auf dieser Ebene zielen sie folglich darauf ab, die Stellung des Laienvolkes innerhalb der Kirche zu verändern[2]. Andererseits aber entspricht die Gottesfriedensbewegung dem damaligen Eindringen der Kirche ins Herz der weltlichen Interessen, Probleme und Veränderungen; die Evolution der Sozialstrukturen treibt die Friedensbewegung voran, und in Wirklichkeit hat dieser Impuls sie ins Leben gerufen. So kommt es, daß sie auch die neuen Formen der Macht- und Vermögensverhältnisse, der politischen und sozialen Beziehungen[3], die sich damals innerhalb der Laienwelt herausgebildet haben, zum Ausdruck bringt, daß sie diesen Formen Festigkeit verleiht und sie in gewissem Maße heiligt. Mit anderen Worten, als Instrument einer Erneuerung des Laienbegriffs hat der Gottesfrieden von Anfang an wesentlich zu jener großen Umwälzung der abendländischen Christenheit beigetragen, die am Ende des 11. Jahrhunderts in der ›gregorianischen Reform‹ und im Kreuzzug kulminierte; zugleich begünstigte sie die Entstehung der sogenannten Feudalgesellschaft und wirkte ganz erheblich an deren Ausprägung mit. Meiner Ansicht nach ist es wichtig, die Friedensbewegung gleichzeitig von diesen beiden Seiten zu betrachten. Eben das ist meine Absicht, wenn ich ihre Entwicklung, beziehungsweise die Vertiefung, die sich im Laufe des 11. Jahrhunderts vollzogen hat, nun in drei aufeinanderfolgenden Stufen nachzuzeichnen versuche.

So, wie Rodulf Glaber die Gottesfriedensbewegung in seinen *Historiae* beschreibt, erscheint sie als Bestandteil des allgemeinen Bestrebens der hohen geistlichen Würdenträger, die Kirche von den Zwängen des Weltlichen zu befreien, ihr aus diesem Grunde eine herrschende Position zu verschaffen und sie zu befähigen, eine ehemals königliche Funktion zu erfüllen: die Führung des Volkes Gottes zum Heil. Glaber hatte recht. In den ersten Jahren ihres Aufschwungs lief die Bewegung tatsächlich in diese Richtung, und die jüngste Entwicklung des politischen Kräfteverhältnisses legte sie darauf fest. Die Phase der ersten Friedenssynoden, die im letzten Jahrzehnt des 10. Jahrhunderts abgehalten wurden, stimmt, was den Süden Galliens betrifft, offenbar genau mit dem endgültigen Zerfall der öffentlichen Institutionen aus der Karolingerzeit überein.

In diesem Teil des Abendlandes hatte das Königtum in den neunziger Jahren des 10. Jahrhunderts jede Autorität, jeden Einfluß auf die lokalen Machthaber verloren. Diese letzteren übten die *regalia*, die Vorrechte der Befehlsgewalt, die ihnen vormals vom Herrscher übertragen worden waren und die sie nunmehr durch Erbrecht innehatten, im eigenen Namen und zum eigenen Nutzen aus. Die Befugnis, zu richten und zu strafen, gab ihnen Gelegenheit, lukrative Steuern zu erheben, die *consuetudines*. Jeder weltliche Herr, der dieses Recht geerbt hatte, versuchte es auszuweiten, namentlich auf die Besitztümer und die Männer der Kirche; diese Besitztümer und diese Männer waren zwar durch die Privilegien der Unverletzlichkeit geschützt, doch das Versagen der königlichen Autorität hatte die entsprechenden Diplome wirkungslos gemacht. Obendrein gehörte das Recht auf die Ernennung der höchsten religiösen Würdenträger ebenso wie die Verfügungsgewalt über Bischofssitze und Klosterfunktionen in Südgallien auch zu jenen *regalia*, die damals in das private Eigentum der Grafen übergingen. So wurden die Freiheiten der Kirche hier auf zweifache Weise von den weltlichen Mächten bedroht. Im Jahr 990 war sowohl die Kontrolle über das Vermögen Gottes und der Heiligen als auch die Kontrolle über die Ämter der Seelsorge in privater Hand, beides also der Ausbeutung durch eine Obrigkeit anheimgefallen, die keineswegs geheiligt war wie die der Könige, sondern allein auf dem Gewohnheitsrecht beruhte. Das Spirituelle wurde zum Sklaven des Profanen; es mußte unter allen Umständen befreit werden. Diesen Wunsch hegte zumindest derjenige Teil des hohen Klerus, der nicht allzu sehr von den Praktiken der Simonie verdorben war; insbesondere aber lag er denen am Herzen, die innerhalb des Mönchtums von der kluniazensischen Bewegung ergriffen waren – einer Bewegung, die sich damals außerordentlich lebhaft entfaltete, namentlich in den Provinzen, in denen die Friedensidee um sich griff.

Die Maßnahmen der ersten Friedenssynoden sind daher sehr einfach. Sie beabsichtigen lediglich, die ›heiligen Dinge‹, das heißt in erster Linie die Kirchen, dann die Männer Gottes und schließlich die Armen, gegen die Gewalt und gegen das Eindringen der neuen laikalen Machthaber, die eine aggressive Konkurrenz entfalten, zu schützen. Die Texte sind eindeutig. Ich will hier nur zwei Beispiele anführen, eines vom Anfang und eines vom Ende jener Zeit, die ich für die erste Phase der Friedensbewegung halte.

989, Charroux: Drei Sorten von Gewalttaten werden unter Strafe gestellt. Jeder, der in eine Kirche eindringt und daraus etwas raubt, soll dem Anathem verfallen ebenso derjenige, der einen unbewaffneten Geistlichen angreift; und schließlich jeder, der einem »Bauern oder einem anderen Armen«[4] etwas wegnimmt.

1031, Limoges: Bischof Jordan erhebt Klage gegen die »weltlichen Herren« seiner Diözese, »die den Frieden in den Gotteshäusern stören, die den ihnen anvertrauten Armen und den Dienern der Kirche schaden«[5].

Schon seit langem wird darauf hingewiesen, daß die Bestimmungen der Friedenssynoden in diesen Punkten wörtlich an eine frühere Gesetzgebung anknüpfen, insbesondere an die Vorschriften der karolingischen Kapitularien und Edikte[6]. Allerdings mit einem entscheidenden Unterschied: Der Frieden, den die Texte des 9. Jahrhunderts meinten, war weder der Gottesfrieden noch der bischöfliche Frieden, sondern der Königsfrieden. Allein der König hatte die Aufgabe, »die Armen, die Waisen, die Witwen und die Gotteshäuser« zu schützen. Wer diesen Schutz mißachtete, wurde mit einer königlichen Geldbuße von 60 *sous* bestraft. 857 beispielsweise hatte Karl der Kahle seinen *missi* eingeschärft, die Unverletzlichkeit der heiligen Kirche zu respektieren, die Nonnen, die Witwen, die Waisen und die Armen in keiner Weise zu unterdrücken und darüber zu wachen, daß sie ihrer Habe nicht beraubt würden. Was also bedeuten die ersten Bestimmungen des Gottesfriedens, wenn nicht, daß die langsame Verschiebung, die durch das zunehmende Versagen der königlichen Autorität in Gang gekommen war, um das Jahr 1000 ihr Ziel erreichte? In einer Region, die der Gegenwart des Königs vollständiger beraubt war als irgendeine andere Region, machten die Bischöfe sich daran, die spezifischen Funktionen des endgültig aus dem Blickfeld verschwundenen und machtlos gewordenen Herrschers zu übernehmen; sie wollten die ›heiligen Dinge‹, für die sie sich verantwortlich fühlten, von nun an selber gegen den Aufstieg jener laikalen Gewalthaber schützen, die sicherlich weniger brutal und weniger raubgierig vorgingen, als die Konzilsbeschlüsse proklamierten, die aber nicht gesalbt und deshalb in den Augen der Geistlichen unrechtmäßig waren. Also versprachen die Bischöfe, die Herrschaft des Gottesfriedens aus eigener Kraft und mit Hilfe geistlicher Strafen zu errichten. Sie wollten sich, wie es 1011-1014 auf der ersten Synode von Poitiers hieß, für »die Wiederherstellung des Friedens und der Gerechtigkeit«[7] – eine eminent königliche Mission – verwenden.

Die Friedensbewegung erscheint als Versuch, das Versagen einer königlichen Autorität, die Geistliches und Zeitliches in sich vereinte, zu kompensieren. Infolgedessen traten die Bischöfe mit ihrer geistlichen Macht gegen die weltliche Macht der Fürsten und der Grafen an. Das heißt, dieser Versuch führte – und das ist das Wichtigste für unseren Zusammenhang – sowohl im gesellschaftlichen Leben als auch in den rechtlichen Stellungen zu einer strengeren Trennung zwischen den Laien einerseits und den Klerikern und Mönchen andererseits. Insofern fügt sich die *restauratio pacis* zweifellos in den Rahmen einer viel weitergehenden Bestrebung ein. Sie ist Bestandteil jener Gesamtbewegung, die sich gegen die karolingischen Strukturen richtete, gegen die bis zur Unkenntlichkeit vorangetriebene Verquickung von Kirche und Christenheit in der Person des Königs – Bestandteil einer Bewegung, die den gregorianischen Haltungen als Wegbereiter diente. Roger Bonnaud-Delamare hat einen verdienstvollen Beitrag zu diesem Thema geleistet, indem er die Vorschriften der ersten Synode von Charroux in Zusammenhang brachte mit den Verdammungsurteilen, die Abbo von Fleury zur gleichen Zeit gegen diejenigen Geistlichen aussprach, die zu sehr am Geld hingen oder wie Laien kämpften[8]. Es sei ferner darauf hingewiesen, daß die erste Synode von Poitiers nicht nur Gesetze gegen gewaltsame Angriffe auf die ›heiligen Dinge‹ erließ, sondern auch gegen die Simonie und das Konkubinat der Priester[9]. Alles hängt zusammen. Die Kirche im engeren Sinne des Wortes bildet eine Körperschaft, die sich absondern will. Man erkennt ihr ein Recht auf besonderen Schutz zu, garantiert durch Sanktionen, die keine Geldbußen sind, sondern geistliche Strafen. Doch im gleichen Augenblick und in der gleichen Absicht bildet sich der Wille aus, daß die Geistlichen Verbote einhalten möchten, die bislang nur für die Mönche galten. Das heißt, innerhalb dieser Körperschaft verschmelzen die beiden wichtigsten *ordines*, die den soziologischen Schemata der Karolingerzeit entstammen, der *ordo* der Kleriker und der der Mönche, mehr und mehr zu einer Einheit, die sich ihrerseits schärfer vom Stand der Laien abgrenzt. Die Gesetzgebung des Gottesfriedens bewirkt also zunächst eine deutlichere Trennung zwischen zwei Gruppen, den Laien auf der einen und den Kirchenmännern auf der anderen Seite.

Innerhalb der Laiengesellschaft indes führt diese Gesetzgebung eine neue Unterscheidung ein. In ihrem Bemühen, die Dinge Gottes besser zu schützen und vor allem darüber zu wachen, daß die Besitzungen der Kirche nicht, wie die Kanones der Synode von Le Puy besagen, »durch irgendeinen schlechten Brauch entehrt«[10] wurden, fühlten die Bischöfe – Richter und Verteidiger der Kleriker und der Mönche – sich in der Tat veranlaßt, auch einen Teil des Laienvolks unter ihren Schutz zu nehmen, jenen Teil, für dessen Sicherheit vormals die Könige zuständig gewesen waren. So wurden die Laien aus der Sicht der geistlichen Macht in zwei Kategorien eingeteilt: diejenigen, die man verteidigen mußte, und diejenigen, deren aggressive Neigungen es zu unterdrücken galt. Schützenswert waren die Armen. Die erste Synode von Charroux verstand unter den ›Armen‹ vor allem die Bauern. *Agricultores*[11], *villani*[12] – für diese Menschen fühlte die Kirche sich verantwortlich, sie waren es, die 1038 in Bourges mobilisiert wurden, um den Frieden zu verteidigen; der Text der zwischen 1023 und 1025 geleisteten Friedensschwüre fügte ihnen die

Kaufleute, die Pilger und die Edelfrauen hinzu[13]. Sie alle hatten gemeinsam, daß sie keine Waffen trugen, und so, ohne Waffen, *multitudo inermis vulgi,* führte der Bischof von Bourges sie 1038 zu ihrem größten Nachteil in den Kampf gegen die Friedensbrecher. Manchmal stellen die Texte die *pauperes* schlicht und einfach die ›Adligen‹[14] gegenüber. Genau genommen aber handelt es sich um die *milites,* um jene ›Ritter‹, die der Bischof Jordan von Limoges exkommuniziert, indem er ihre Waffen und ihre Pferde verflucht, das heißt, die Instrumente ihres Ungestüms und die Insignien ihrer sozialen Stellung[15].

Die Gewalt, die Habgier, die Ausplünderung – alle Unternehmungen, die den Kirchen, den Dienern Gottes und den Armen zum Schaden gereichten, gingen in der Tat von der Gruppe der professionellen Kämpfer aus, von jenen Männern, die ihm Rahmen der neuen Gesellschaftsstrukturen das Privileg der Kriegführung innehatten. Das Tragen von Waffen war das entscheidende Merkmal für die Segregation innerhalb des Laienvolks. *Milites et rustici,* Ritter und Bauern bildeten den fundamentalen Gegensatz unter den Laien, dessen Grenzen die Friedensbeschlüsse abstecken sollten. Hier fällt eine höchst bedeutsame chronologische Koinzidenz ins Auge. Im gleichen Augenblick, in dem das Vokabular der Synodalbeschlüsse Ritter und Bauern zu unterscheiden beginnt, bemüht sich auch das Vokabular der in Südgallien ausgestellten Urkunden um eine Abgrenzung derselben sozialen Kategorien. In den achtziger

Jahren des 10. Jahrhunderts nimmt das Wort *miles* eine juristische und soziale Bedeutung an. Die faktische Aufteilung der Laiengesellschaft in zwei Klassen wird durch die Ausbildung der Bannherrschaft in den fünfzig Jahren um das Jahr 1000 gewissermaßen institutionalisiert; indem die *milites* unberührt bleiben von den grundherrlichen Gewohnheitsrechten und der repressiven Gerichtsbarkeit, denen die *rustici* unterworfen werden, besiegelt dieses System die Stellung der Ritter als eine Gruppe von Privilegierten und die der Bauern als die Masse der Ausgebeuteten. Die Vorschriften des Gottesfriedens haben den durch die neue Aufteilung bedingten Spaltungsprozeß innerhalb des Laienvolks also bestärkt und in gewisser Weise legitimiert.

Im Endergebnis liefen die Vorschläge der Friedensgesetzgebung und der ihr zugrundeliegenden, viel weiterreichenden Gesamtbewegung in den allerletzten Jahren des 10. Jahrhunderts auf eine neue Anordnung jener *ordines* hinaus, in die der Schöpfer die *societas christiana* eingeteilt hatte. Es waren wiederum drei Ordnungen, aber nur noch eine sollte kirchlich sein, während zwei an das Laienvolk entfielen. Gewiß, dieses Schema hatte es in manchen Bereichen des religiösen Denkens schon vor den ersten Friedenskonzilien gegeben. Aber man darf nicht vergessen, daß Adalberos Gedicht auf König Robert ihnen zeitlich genau entspricht, und als der Bischof Gerhard von Cambrai, der sich den Propagandisten des Gottesfriedens widersetzte, weil der König in seinem Land selber in der Lage war, den Frieden zu erhalten – als dieser Bischof seinen Gegnern antwortete, das Menschengeschlecht sei »von Anbeginn der Welt in drei Gruppen unterteilt, die Männer des Gebets, die Krieger und die Bauern«[16], vertrat er faktisch das gleiche Gesellschaftsmodell wie die Kanones der Friedenssynoden.

Den *milites* war das Recht, zu kämpfen, auf den ersten Friedenskonzilien nie abgesprochen worden. Kämpfen war in der Tat ihre Berufung: Die Waffen, die sie trugen, waren ihnen durch Gottes Willen anvertraut, und sie verliehen ihnen eine bestimmte Gewalt, namentlich die, zu richten und zu strafen. Die Gesetzgebung des Gottesfriedens sah von Anfang an vor, daß nur diejenigen ›Armen‹ gegen gewaltsame Übergriffe seitens der Weltlichen geschützt werden sollten, die nicht durch irgendein Vergehen verdient hatten, daß man sie ihres Eigentums beraubte[17]. »Niemand nehme die Habe eines Bauern«, proklamiert das Konzil von Narbonne im Jahre 1054, »es sei denn seinen Leib wegen einer Freveltat, die er begangen hätte, und niemand unterwerfe ihn einer Macht, es sei denn auf dem Wege des Rechts.«[18] Was verurteilt wird, ist die ungerechte Plünderung. Gerecht dagegen sind Gerichtsbußen und reguläre Steuereintreibungen. Die Bannherrschaft, die Unterwerfung der *rustici* unter einen Grundherrn, den *dominus loci*, oder unter den Leibherrn, sofern sie *homines proprii* sind, werden von der Friedensgesetzgebung legitimiert.

Aufstellung vor der Schlacht

Andererseits haben die Ritter, diese gefährlichen, aber auch bedrohten Männer, durchaus das Recht, ihren bewaffneten Feinden die Stirn zu bieten und sie anzugreifen, selbst dann, wenn es sich um Geistliche handelt: Der Gottesfrieden, dies sei hier noch einmal ausdrücklich hervorgehoben, schützt nur die waffenlosen Geistlichen. Der Kampf als solcher und namentlich das, was die Texte mit dem Begriff *werra*[19] bezeichnen, das heißt, die private Fehde, werden keineswegs verurteilt.

Die ersten Friedenssynoden haben lediglich versucht, dieser zulässigen Aktivität durch ein System von Sanktionen und kollektiven Verpflichtungen gewisse Grenzen zu setzen. Sie haben bestimmte Orte und bestimmte soziale Kategorien gegen Angriffe und Plünderungen geschützt; sie haben Sicherheitszonen errichtet, die dem ritterlichen Ungestüm verboten waren. Als Privileg einer sozialen Körperschaft sollte die Kriegshandlung deren Grenzen nicht mehr überschreiten. Der Gottesfrieden in seiner anfänglichen Form wollte die kriegerische Gewalt schlicht und einfach auf einen bestimmten Bereich des christlichen Volkes beschränken, auf den sozialen Bereich der berittenen Männer, die mit Schwert und Schild gerüstet waren.

Der Bamberger Reiter, um 1235

Da die Reformabsicht aber im Zuge ihrer Entwicklung an Reife gewann, hielten manche Prälaten schon bald dafür, daß die Errichtung des Königreichs Gottes weiterreichende Maßnahmen verlangte. In dem Augenblick, da die Kirche den Platz des Königs eingenommen hatte, um die Menschen auf den rechten Weg zu führen, war die Arbeit noch lange nicht erledigt: Es galt nun, die Welt von der Sünde zu befreien. In Südfrankreich ging die Zeit der Instabilität, in der sich die Grundlagen der Feudalgesellschaft herausgebildet hatten, um 1020 zu Ende. Die

Kirche brauchte sich nicht mehr, wie in den ersten Phasen der Friedensbewegung, auf diese Innovationen einzustellen, sie hatte es nicht mehr nötig, sich vor ihnen zu schützen und die Weiterentwicklung in eine für sie günstige Richtung voranzutreiben, um die Unverletzlichkeit des Geistlichen zu sichern. Sie konnte einen weiteren Vorstoß wagen. In dieser Situation tauchten die ersten Beschlüsse auf, die der Friedensidee eine neue Perspektive gaben.

Wie gesagt, war der Friedensanspruch von Anfang an eingebettet in das allgemeinere Bestreben, die Welt von der Sünde zu reinigen. Der Teil des Klerus, der die Vorhut der Reformbewegung bildete, ging am Ende des 10. Jahrhunderts dazu über, das Kämpfen, das Tragen von Waffen und deren Benutzung im gleichen Sinne als sündhafte Beschmutzung zu betrachten wie die Liebe zum Geld und den Geschlechtsverkehr. Mönch sein bedeutete seit jeher, dem Schwert ebenso zu entsagen wie dem Gold und den Frauen. In einer Körperschaft der Diener Gottes, die sich vom Laienvolk abgrenzte und eine Annäherung des Standes der Kleriker an den der Mönche begünstigte, in der die Priester aufgerufen waren, sich die Entsagungen und die Läuterungen des Mönchtums aufzuerlegen, verband die Friedensintention sich mit dem Ideal der Keuschheit und der Armut, als dessen Vorkämpfer die Gregorianer sich hervortun sollten. Zwar fehlte es damals weder an behelmten Prälaten noch an kriegsgeübten Kanonikern, für die *militare* nicht nur bedeutete, Gott zu dienen, und die durch die Bestimmungen der ersten Friedenssynoden keineswegs geschützt waren. Aber schon Abbo von Fleury hatten den Gedanken geäußert, daß ihr Handeln nicht den Aufgaben ihrer Ordnung entsprach. Getragen von den Institutionen des Gottesfriedens, machte diese Auffassung langsam Fortschritte: Die Armen waren definitionsgemäß ohne Waffen. Da es nun aber immer notwendiger erschien, daß die Priester, um rein und ihres Standes wirklich würdig zu sein, Armut verkörperten, daß sie genau wie die Mönche ein gemeinsames Leben führten, kam man bald zu dem Schluß, sie müßten wie die Mönche ihre Waffen niederlegen und sich unter die *inermes* einreihen. Die Weiterentwicklung der Friedensformeln während des 11. Jahrhunderts zeugt unmißverständlich vom Erfolg dieser Konzeption. Die Texte, die gegen Ende des Jahrhunderts entstanden sind, verbieten Angriffe auf Geistliche; sie präzisieren nicht mehr, daß der Schutz nur für Geistliche ohne Waffen gilt: Zu dieser Zeit trugen die Geistlichen normalerweise keine[20].

Das gleiche Ideal wurde jedoch sehr bald auch den Laien als heilbringende Buße vorgeschlagen. Nach 1020 nahmen die Friedenskonzilien in der Tat einen sehr viel ausgeprägteren Bußcharakter an. Indem sie große Menschenmassen um die versöhnende Kraft zahlloser Reliquienschreine versammelten, indem sie den herbeigeströmten Laien ein kollektives

Bekenntnis zur Entsagung abverlangten, wollten sie den Zorn Gottes beschwören, die Plagen abwenden, den Hunger und die Pest vertreiben. Vielleicht muß man ihre entschieden auf die Buße ausgerichtete Intention sogar im Rahmen einer Propaganda der universellen Reinigung sehen, ausgelöst durch das Nahen des tausendsten Jahres der Passion Christi und – zumindest auf bestimmten Ebenen des kollektiven Bewußtseins – durch die Erwartung des Endes der Zeiten. Rodulf Glaber jedenfalls stellt die Friedensbewegung ganz klar unter solchen Perspektiven dar; er verbindet sie mit den breit angelegten Bekehrungsversuchen, die zur Folge hatten, daß Pilgerfahrten in allen gesellschaftlichen Milieus größten Zuspruch fanden. Und als Ademar von Chabannes 1028 seine Chronik verfaßte, bestand in seinem Geist ganz offenbar ein enger Zusammenhang zwischen der Epidemie, die damals wütete, der prophylaktischen Interventon der Reliquien und der von den Kirchenmännern gepredigten *reformatio pacis*[21].

So ändert sich der Charakter des Gottesfriedens. Er ist kein bloßer sozialer Pakt mehr, der durch Androhung geistlicher Strafen besiegelt wird. Er nimmt entschieden die Züge eines Paktes mit Gott an. Es geht darum, den Herrn durch das Versprechen freiwilliger Abstinenz zu versöhnen, sich im Angesicht seines heiligen Zorns von der Sünde zu reinigen. Es geht also darum, dem Beispiel des klösterlichen Gelübdes zu folgen. Schon lange verlangten die Riten der öffentlichen Buße, daß der Sünder sich seiner Waffen entblößte, wenn er den Gütern der Welt entsagte und Keuschheit gelobte, wenn er den Weg der heilbringenden Pilgerfahrt einschlug. In den Jahren um 1033 rief die Kirche folglich auch jene Laien, die um ihres Standes willen bewaffnet waren, das heißt die Adligen, die *milites*, auf, sich dem gemeinsamen Werk der Entsagung anzuschließen. Sie sollten sich nicht mehr damit begnügen, die früheren Friedensbestimmungen einzuhalten, indem sie es bei kriegerischen Auseinandersetzungen oder bei der Ausübung ihrer grundherrlichen Macht vermieden, die Kirchen, die Diener Gottes und die Armen anzugreifen. Sie sollten auch im Bereich einer von Rechts wegen erlaubten Aktivität, die aber mittlerweile als gefährlich für die Seele galt, auf die Freuden des Kampfes und der Plünderung verzichten. Die Ritter wurden aufgefordert, sich in bestimmten Zeiten des Krieges zu enthalten, wie das gesamte Volk sich in bestimmten Zeiten (und manchmal waren es dieselben) allzu wohlschmeckender Speisen enthielt, und sie sollten diese Abstinenz genau wie das Volk im Geist der Armut üben. Die neuen Maßnahmen der Friedensgesetzgebung scheinen in der Tat – und die zeitgenössischen Chronisten haben dies sehr wohl gespürt – untrennbar mit einer Verhärtung der Bußvorschriften und insbesondere mit einer Intensivierung des Fastens verbunden zu sein[22].

Das Friedensengagement macht eine Wandlung durch. Der Pflicht, den Frieden zu respektieren, den ehemaligen Königsfrieden, die *pax* als

Ritter des Ordens vom Heiligen Geist bei der Einschiffung zu einem Kreuzzug
Französische Miniatur aus dem 14. Jh.

Hüterin der angreifbaren Zonen des Gemeinwesens, gesellt sich die *Treuga Dei* hinzu, die Waffenruhe Gottes, das heißt, ein allgemeiner, zeitlich festgelegter Stillstand jeder militärischen Aktivität. Der Krieg gilt nunmehr als Quelle der Sünde. Er ist ein Vergnügen, das man sich verwehren muß, das der Stand der Krieger sich infolge einer beinahe monastischen Bekehrung zu bestimmten Zeiten versagt. Die ersten Maßnahmen, die diese neue Tendenz in die Wege leiten, finden sich in den Texten jener Friedensschwüre, die zwischen 1023 und 1025 erst in Burgund, dann in Nordfrankreich geleistet worden sind. Die Version des Bischofs Warin von Beauvais[23] dehnte den Schutz, der den Armen durch die Gesetzgebung des Gottesfriedens gewährt wurde, auf solche Ritter

aus, die sich ihrer militärischen Rüstung während der Fastenzeit freiwillig entblößt hatten. Niemand durfte sie angreifen. Eine ganz natürliche Maßnahme im Grunde: Zur Buße bereit, hat der Ritter seine Waffen abgelegt, er hat sich den Armen hinzugesellt und sich im Geiste der Armut in die Gruppe der *inermes* eingereiht, folglich hat er auch das Recht auf die gleichen Sicherheiten. Dennoch war die Bestimmung insofern eine Neuerung, als sie eine bis dahin wohl ungekannte Neigung der Kriegsmänner enthüllte, die Abstinenz von den Waffen als heilbringend zu betrachten und sich ihr in der Fastenzeit tatsächlich zu beugen. Vier Jahre später beschloß das Konzil von Elne, daß die *Treuga Dei* jeden Sonntag einzuhalten sei[24]. Auch dies eine ganz natürliche Maßnahme:

Am heiligen Sonntag galten alle dienstbaren Arbeiten als unerlaubt, und schon die karolingischen Edikte hatten den Sonntag für fehdefrei erklärt[25]. Diese wegbereitenden Verfügungen und die tiefen Überzeugungen, die aus ihnen sprachen, diese Mißbilligung des Krieges, der dem öffentlichen Bewußtsein als eine zu verurteilende Lust präsentiert wurde, dienten als Grundlage für einen ganzen Gesetzeskomplex, der in den Artikeln des Konzils von Arles 1037-1041 erstmalig zusammengefaßt wurde: Jede Woche von Mittwoch abend bis Montag morgen sollte »unter allen Christen, ob Freunde oder Feinde, ob Nachbarn oder Fremde«, Frieden herrschen, und dies zum Andenken an Jesus Christus, an seine Himmelfahrt, seine Passion, seine Grablegung und seine Auferstehung.

So folgt die Idee der Waffenruhe der Idee des Friedens, um sie auf einzigartige Weise fortzusetzen und zu vertiefen. Der Ritterschaft, die ihren festen Stand in der neuen Gesellschaft bezogen hat, schlägt die *Treuga Dei* eine Art der Askese vor, die der Funktion dieses *ordo* entspricht. Die gleiche Moral, die von den *pauperes* verlangt, daß sie sich der Grundherrschaft bereitwillig unterwerfen, rühmt das Ideal des bußfertigen Ritters. Diesem gereicht es zur Ehre, nicht nur die waffenlosen Christen vor Angriffen und Plünderungen zu verschonen, sondern um der Liebe Christi willen in den geheiligten Zeiten gänzlich auf den Einsatz seines Schwertes zu verzichten. Insofern unterstützt die Gesetzgebung der *Treuga Dei* das Bemühen der Feudalkirche, die Ethik der Krieger zu christianisieren; sie dient folglich dem fortschreitenden, beim gegenwärtigen Stand der Quellenforschung aber noch schwer nachvollziehbaren Einfluß der Kirche auf das Ritual der Schwertleite.

Doch nachdem die Beschlüsse des Friedens und vor allem des Waffenstillstands der ritterlichen Aggressivität Einhalt geboten hatten, war es wichtig, die Angriffslust auf andere Ziele abzulenken. Im Keim war der Kreuzzugsvorschlag schon in den Bestimmungen der Friedenskonzilien enthalten, da sie das mit Kriegsverbot belegte Feld innerhalb des Volkes Gottes zunehmend ausgedehnt hatten: erst auf bestimmte Orte, bestimmte gesellschaftliche Gruppen, dann auf ganze Perioden, die der Buße oder dem Ruhm des Herrn geweiht sein sollten. Schließlich war der Punkt erreicht, wo die Fehdeführung unter Christen überhaupt mißbilligt wurde. Im ersten Absatz der den Waffenstillstand betreffenden Kanones des Konzils von Narbonne im Jahre 1054 heißt es: »Kein Christ töte einen anderen Christen, denn wer einen Christen tötet, vergießt ohne Zweifel das Blut Christi.«[26] Nun war der Ritter aber von Gott mit der Funktion des Kämpfens beauftragt, die er hinfort nur noch außerhalb der christlichen Gemeinschaft, außerhalb des Leibes Christi und gegen die Feinde des Glaubens ausüben durfte. Diesem Krieg im Dienste des

Oben: die Einnahme von Nicaea, unten: die Einnahme der Stadt Maressa
Aus dem Wiener Codex 2533

Glaubens, dem einzigen Krieg, der nunmehr als wirklich statthaft galt, sollte er gemäß der Moral der Friedensversammlungen seine Waffen vorbehalten, die bei der Zeremonie der Schwertleite neuerdings von den Priestern gesegnet wurden. Wie die für ihn bestimmte neue Literatur ihm unentwegt einschärfte, war er zum ›Streiter Christi‹ geworden. Aus diesem Grunde – und damit wären wir beim dritten Reifungsgrad der Friedensideen angelangt – war das allgemeine Konzil von Clermont 1095 in erster Linie ein Friedenskonzil: Einmal wiederholte es die alten Bußvorschriften[27]; dann verlieh es den bisher lokalen Bestimmungen der

Treuga Dei universellen Wert[28]; schließlich und vor allem wurden die bislang für die Armen, die waffenlosen Laien geltenden Privilegien durch päpstliche Intervention auf alle ausgedehnt, die sich zur Bußfahrt ins Heilige Land entschlossen[29]. Der Kreuzzug brachte den Anspruch des Gottesfriedens unstreitig zur Vollendung, denn er setzte den Aufbruch des Volks der *pauperes* nach Jerusalem in Gang, dem Königreich entgegen – einen auf Gott vertrauenden, friedlichen, unbewaffneten Marsch, der dennoch ebenso unwiderstehlich war wie einst, im Jahr 1038, der Marsch der unbewaffneten Volksmenge, *multitudo inermis vulgi,* zu dem der Bischof von Bourges aufgerufen hatte. Den bußfertigen Rittern kommt die Aufgabe zu, diesen neuen Exodus zu begleiten, ihn abzusichern und seinen Fortschritt notfalls durch den Kampf gegen die Ungläubigen zu erzwingen. Sämtliche Formeln des Kreuzzugs gehen auf die Kanones der vordem in Südgallien abgehaltenen Synoden zurück, ja sogar die Symbolik des Kreuzes als Bollwerk gegen die Gewalt, als Zeichen des Schutzes und des Asyls[30]. In der Reise nach Jerusalem ist das Ideal der *reformatio pacis* Wirklichkeit geworden.

Die Notwendigkeit der Friedensreform hatte sich sowohl aus dem Verfall des Königtums ergeben als auch aus der gesellschaftlichen Entwicklung, die das Kämpfen zum Privileg einer bestimmten Klasse erhob. Tatsächlich waren alle Maßnahmen der Reformkonzilien auf diese neue Klasse und ihr aggressives Potential ausgerichtet. Zunächst galt es, sich gegen die kriegerische Angriffslust zu wehren und sie zu disziplinieren, um sie schließlich zum Guten wenden zu können. So war nur ein Teil des Laienvolks, nämlich die Gruppe der *milites,* der Ritter, dem Einfluß der Friedensinstitutionen direkt unterworfen – einem tiefgreifenden Einfluß allerdings. Die auf den Konzilien erlassenen Friedensbestimmungen haben dieser sozialen Körperschaft Konturen und Konsistenz verliehen; sie waren es, die den *ordo* der Ritterschaft konstituiert und eine eigene Moral für ihn entworfen haben. An der Schwelle des 12. Jahrhunderts wurden der *nova militia,* die nunmehr gesegnete Waffen trug, zwei miteinander verbundene Aufgaben zugewiesen – die Aufgaben des »prud'homme«, die der Heilige Ludwig beispielhaft zu erfüllen suchte: In erster Linie sollten sie die Kirche und die Armen verteidigen, und in zweiter Linie die Feinde Christi bekämpfen. Ihr Auftrag bestand also in Wirklichkeit darin, die Herrschaft des Gottesfriedens zu errichten.

Krieg und Gesellschaft im Europa
der Feudalzeit

Ich habe den Eindruck, daß unsere heutige Vorstellung vom Krieg immer noch von derjenigen Vorstellung geprägt ist, die sich im Mittelalter herausgebildet hat. Aber mein Interesse für das Thema Krieg und Frieden hat noch einen anderen, einen tiefer gehenden Grund: Die Periode, die gewöhnlich mit dem recht unzutreffenden Ausdruck Feudalzeit beschrieben wird – sagen wir, die Zeit zwischen dem 11. und dem 13. Jahrhundert –, war eine Periode, in der das Phänomen des Krieges die gesamte Zivilisation Westeuropas dominierte. Die herrschende Klasse, die allen Reichtum und alle Macht besaß, aus der die Kirche und somit die Organe jeder dauerhaften kulturellen Schöpfung alle ihre führenden Männer rekrutierten, läßt sich als eine Kaste definieren, deren herausragende, sie von allen anderen unterscheidende Funktion eine kriegerische war. Ferner bestand das einzige einigermaßen solide Gerüst, das den Zerfall der Institutionen des öffentlichen Rechts überdauerte und hinfort den Rahmen aller politischen Beziehungen bildete, in den Vorschriften des Waffendienstes. Und schließlich war die Zivilisation als solche bis in ihre weltabgewandtesten Bestandteile, bis in die religiösen Praktiken hinein von den Haltungen der Krieger geprägt, durchdrungen, überschwemmt und deformiert. Eines der faszinierenden, aber auch der populärsten Bilder Gottes im Christentum des 11. Jahrhunderts zeigte ihn als Heerführer: Zahlreiche Stellen des Alten Testaments konnten als Rechtfertigung herangezogen werden. Das Eindringen der kriegerischen Mentalität in das damalige Vorstellungssystem von der Beziehung zwischen den Menschen und dem Überirdischen hat beispielsweise dazu geführt, daß die Illustrationen mancher Apokalypsen Christus mit dem Schwert zwischen den Zähnen darstellen. Wenn man sich für die Geschichte dieser Zeit interessiert, sollte man alles, was mit dem Krieg und dem Frieden zu tun hat, als Phänomen betrachten, das besondere Aufmerksamkeit verdient und geeignet sein könnte, wesentliche Züge der Geschichte zu erhellen, der Wirtschaftsgeschichte, der Sozialgeschichte, der politischen Geschichte – der Gesamtgeschichte.

Das bedeutet selbstverständlich keine Rückkehr zur Schlachten-Geschichte, zu einer Überbewertung des Ereignishaften. Es geht vielmehr darum, die Spuren der Vergangenheit in diesem Bereich gewissermaßen aus der Sicht des Ethnologen zu beobachten; es geht darum, den richtigen Platz zu bestimmen, den das Kriegswesen in der globalen Geschichte der Gesellschaften einnimmt. Ich möchte mich der Problematik auf drei verschiedenen Ebenen nähern. Einmal auf einer sehr materiellen, der wirtschaftlichen Ebene, und zwar mit der Frage: Welche Beziehung bestand damals zwischen dem Krieg und dem Geld? Dann, auf der Ebene der kollektiven Psychologie, der Verhaltensweisen, will ich versuchen, die Ethik der Kriegsmänner in den wichtigsten Zügen zu analysieren. Und schließlich möchte ich mich mit einer dritten Ebene befassen, die dazwischen liegt, mit der Ebene der Institutionen, der Rahmen, die das Feld der kriegerischen Aktivitäten eingrenzen sollten. Ich füge hinzu, daß ich mich bei meinen Ausführungen insbesondere auf Frankreich konzentrieren werde; nicht nur, weil die Geschichte Frankreichs mir die vertrauteste ist, sondern auch, weil viele grundlegende Institutionen der feudalen Zivilisation und Kultur damals im französischen Königreich entstanden sind. Ich werde mich ferner auf die zentrale, die ergiebigste Periode des Mittelalters konzentrieren, auf das 12. Jahrhundert, in dem gewaltige Umwälzungen stattgefunden haben. Als erstes wende ich mich nun der Zwischenebene zu, den sowohl institutionellen als auch ideologischen Rahmen, den Bestimmungen von Krieg und Frieden. Aber um diese Rahmen, wie sie sich im 12. Jahrhundert darstellen, richtig verstehen zu können, müssen wir weiter in die Vergangenheit zurück, in die Zeit um das Jahr 1000, in der die Wurzeln der ganzen Entwicklung zu finden sind.

Die Friedensbeschlüsse

Bis zum Ende des ersten Jahrtausends der christlichen Zeitrechnung galt der Krieg als eine gute Sache; er war die normale Beschäftigung aller Männer, die physisch in der Lage waren, ihn zu führen: Jedes Jahr, wenn der Frühling kam, lebte der Krieg wieder auf, und die Götter segneten ihn. Der Krieg erfüllte eine fundamentale ökonomische Funktion. Durch den Krieg schützte man die materiellen Grundlagen der Gruppe, doch genau wie durch das Beerensammeln oder durch die Jagd suchte man sie durch den Krieg auch zu erweitern, indem man auf fremdem Territorium gewaltsam alles an sich riß, was mitzunehmen war: den Schmuck, die Lebensmittel, das Vieh, die Knaben und die Mädchen. Bis zum Ende des ersten Jahrtausends der christlichen Zeitrechnung erschien der Frieden in Wirklichkeit als eine zufällige Unterbrechung, die man hinnehmen mußte, weil der Zwang der Umstände es so wollte, weil die Kräfte erschöpft waren, weil schlechtes Wetter herrschte oder weil woanders nichts Lohnendes mehr zu holen war. Der Frieden war ein Zwischen-

spiel, während dessen die Umverteilung der Reichtümer, die normalerweise mit dem Krieg einherging, eine andere Form annahm, die der Gabe
und der Gegengabe, die des Austausches durch Eheschließung oder
schlicht und einfach die des Handels. Doch als das Jahr 1000 nahte, kam
eine umwälzende Veränderung in Gang. Die Kirchenführer proklamierten sehr viel lauter als bisher, der Krieg sei schlecht, der Krieg sei eine
Sünde. Ein Umschwung im wahrsten Sinne des Wortes, und dieser
Umschwung, dessen müssen wir uns bewußt sein, betraf den Kern eines
globalen Weltbildes, des Bildes von der menschlichen Gesellschaft, den
Kern einer bestimmten Vorstellung vom Seelenheil; dieser Umschwung
stand im Zentrum eines groß angelegten, von den Kirchenführern, den
Bischöfen, den Äbten der großen Klöster unternommenen Versuchs, die
Welt zu reinigen. Die Zeit war gekommen. Als das tausendste Jahr der
Passion Christi nahte, mußte ein neues Bündnis mit den unsichtbaren
Mächten geschlossen werden, und alle Menschen, nicht nur die Mönche,
alle miteinander waren aufgerufen, Enthaltsamkeit zu üben, sich vor den
drei Hauptsünden – den Beschmutzungen durch den Umgang mit Geld,
den Geschlechtsverkehr und den Waffengebrauch – zu hüten. Genau hier
setzt das Verbot jeder Gewalt ein. Der Frieden wird nicht mehr für ein
Zwischenspiel gehalten, er gilt jetzt als die Grundlage der Ordnung
dieser Welt. Der Frieden ist Gott selbst.

Gleichwohl darf man nicht vergessen, daß es eine dualistische Weltsicht war, die das Denken der Zeitgenossen und sogar das Denken der
Kirchenfürsten prägte. Wie man weiß, ist Gottes Herrschaft nicht unangefochten. Von Angesicht zu Angesicht steht ihm der Feind, das Böse, der
Satan gegenüber: Gott führt höchstpersönlich einen ununterbrochenen
Kampf.

Hier tut sich ein Widerspruch auf. Weil die Welt verdorben ist, muß
man kämpfen, um den Frieden zu errichten; der gute Christ muß folglich
zu den Waffen greifen, er muß sich auf die richtige Seite schlagen, sich
dem Banner Gottes unterstellen, sich dessen Heerscharen anschließen.
Unter Einsatz seiner Waffen muß er an der Seite Gottes kämpfen, um die
Schwachen zu verteidigen, um die Schmähungen zu rächen, um das
Reich des Guten zu erweitern. Verteidigen, rächen, verbreiten – drei
lateinische Wörter, die im Zentrum aller geistlichen Reden der damaligen
Zeit stehen: *tuitio, ultio, dilatatio.*

Wenn der Krieg tatsächlich dieses Ziel und diese Absichten verfolgt,
verwandelt er sich in einen gerechten Krieg. Aber gerecht ist er nur unter
der Bedingung, daß er von dem geführt wird, den Gott zu seinem
Stellvertreter auf Erden ernannt hat, dem er seine Macht übertragen hat,
von dem König, dem Gesalbten, *rex pacificus.* Denn die Hauptfunktion
der gesalbten Könige besteht darin, die Schwachen zu verteidigen, diejenigen zu rächen, die nicht in der Lage sind, es aus eigener Kraft zu tun,
und das Königreich Gottes zu erweitern. Da die Kriegshandlung als

Gegenmaßnahme begriffen wird, als Antwort auf die Verletzung des Friedens, auf einen Bruch der universellen Ordnung, dessen jeder gute Christ sich erwehren muß, ist sie unter der Führung der rechtmäßigen Oberhäupter, unter der Führung der Könige, eine wahrhaft sakrale Handlung.

Nun kann es aber sein, daß die Könige und die Fürsten – die Herren der großen regionalen Fürstentümer, die am Ende des 10. Jahrhunderts in Frankreich und in weiten Teilen Europas eine königsähnliche Position bezogen haben – unfähig sind, die spezifische Aufgabe, mit der Gott sie betraut hat, zu erfüllen. Wenn dem so ist, bricht alles zusammen, die Gewalt strömt über. Genau das, ein solches Versagen, einen solchen Ausbruch der Unordnung glaubten die Kirchenführer kurz vor dem Jahr 1000 zu erkennen; die ersten Anzeichen nahmen sie in einer Gegend wahr, wo die Schwäche der Könige besonders deutlich zutage trat, weil diese Gegend weit entfernt war von den Orten, an denen die Herrscher residierten: Ich meine den Süden Galliens.

In Anbetracht der Umstände hielten die Kirchenmänner es für ihre Pflicht, den Mangel an fürstlicher und königlicher Stärke auszugleichen und die Funktion, die den Königen eigen war, selber auszuüben. Mit Unterstützung der Fürsten beriefen sie Versammlungen ein, auf denen die Bewegung des ›Gottesfriedens‹ ihren Anfang nahm. Hier, auf diesen Versammlungen, auf diesen Friedenskonzilien, erstarkte die neue Kriegsideologie, von der ich weiter oben gesprochen habe: Der Krieg wurde mißbilligt, der Frieden hingegen gesegnet und zu einer echten Glaubenssache erhoben. Rodulf Glaber, ein Chronist, der um 1040 in Burgund schrieb und unser wichtigster Zeuge für diese Epoche ist, bringt das neue, unteilbare Bündnis klar zum Ausdruck. Er spricht von der »Reform des Friedens« und der »Einrichtung des heiligen Glaubens«. In einem Atemzug. Und bis ins 13. Jahrhundert hinein wird man seine Worte wiederholen: *Negotium pacis et fidei* – eine Sache des Friedens und des Glaubens.

Auf den Friedensversammlungen hat aber auch eine ganz neue Vorstellung von der gesellschaftlichen Organisation Gestalt angenommen, eine Vorstellung, die das kollektive Bewußtsein der europäischen Völker jahrhundertelang prägen sollte. Es handelt sich um das Bild einer in drei absolut stabile Kategorien unterteilten Gesellschaft. Um drei Abteilungen, getrennt durch hohe Barrieren, die niemand überwinden kann, es sei denn durch die Riten einer regelrechten Bekehrung. Um das Bild einer in drei Ordnungen gegliederten Gesellschaft. Das Wort *ordo*, das die zeitgenössischen Intellektuellen gebrauchten, bedeutet zugleich Stabilität, Strenge; es besagt, daß Gott diese Aufteilung der Menschen seit Anbeginn der Welt, seit der Schöpfung gewollt hat. Eine Aufteilung, die wirklich funktional ist, weil jede der drei sozialen Ordnungen gemäß dem Ratschluß Gottes und zum allgemeinen Wohl der irdischen Gesellschaft mit einer bestimmten Funktion betraut ist. Die einen, die meisten, haben die Aufgabe, zu arbeiten; andere haben die Aufgabe, zu beten; noch andere schließlich bilden die Ordnung der Krieger, deren Auftrag im Kampf besteht und die das Monopol der kriegerischen Aktivitäten innehaben.

Nachdem eine solche Vorstellung von der gesellschaftlichen Organisation unter der Perspektive einer Neubestimmung des Friedens und des Krieges präzisere Formen angenommen hatte, war die Aufteilung klar; sie spiegelte tatsächlich die Realität der sozialen Beziehungen um das Jahr 1000 wider. Am Ende einer jahrhundertelangen Entwicklung, die sich sowohl auf die Kampftechniken als auch auf die Verteilung der Befehlsmacht und die Beziehungen unter den Menschen ausgewirkt hatte, war in der Tat das gesamte Bauernvolk im Rahmen der grundherrlichen Ausbeutung gezwungen, durch seine Arbeit eine Klasse von Müßiggängern zu ernähren; andererseits war die Kriegführung tatsächlich zum Privileg der wenigen Männer geworden, die wirksame Waffen besaßen, zum Privileg kleiner Gruppen geharnischter Reiter. Aber die neue, von der kirchlichen Oberschicht geschmiedete Konzeption der sozialen Ordnung machte die Aufteilung der Funktionen zu einer gleichsam sakralen Institution. Sie stellte alle waffenlosen und folglich wehrlosen Christen, das heißt, die Spezialisten des Gebets und die Masse der Armen, unter einen besonderen Schutz, der nicht mehr vom König gewährleistet wurde – der König war unfähig, seine Funktion zu erfüllen –, sondern von Gott. Die Spezialisten des Krieges hatten ihren Platz im anderen Lager, jenseits der unüberwindlich gewordenen Kluft.

Eine Zeitlang überließ die Kirche diese zuletzt genannte Gruppe ihrem Schicksal: der Gewalt und somit dem Bösen. Sie versuchte lediglich, den Rest des Volkes vor diesen Männern zu schützen, indem sie der ausufernden kriegerischen Turbulenz eine Reihe von Schranken, von Verboten entgegensetzte. Doch im Laufe des 11. Jahrhunderts, während die europäische Welt nach und nach aus der Kulturlosigkeit herauswuchs, ging die Kirche einen Schritt weiter. Sie wollte auch die Krieger bändigen, diejenigen, die in den lateinischen Texten der damaligen Zeit schlicht und einfach *milites* genannt wurden, in der volkstümlichen Sprache aber, die realistischer und deutlicher war, Reiter, Ritter, hießen. Die Kirche begann die Waffen zu segnen, die den Mitgliedern dieser gesellschaftlichen Gruppe beim Eintritt in das Erwachsenenalter überreicht wurden; zu diesem Zweck bediente sie sich der liturgischen Formeln, die einst für die königliche Salbung geschaffen worden waren. Dieselben Worte, dieselben Gesten, die am Tag der Salbung über dem Schwert des Königs verkündet und ausgeführt worden waren, wurden jetzt von den Kirchenmännern über dem Schwert des jungen Ritters verkündet und ausgeführt. So sollten diejenigen, die der Ordnung der berufsmäßigen Kämpfer angehörten, überzeugt werden, daß sie einen Krieg nur führen durften, wenn er gerecht war, daß sie nur kämpfen durften, um zu rächen, um zu verteidigen, um das Reich des Glaubens auszuweiten, das heißt, um gemeinsam die Friedensmission zu erfüllen, mit der Gott ursprünglich die Könige beauftragt hatte, der die Könige aber nicht mehr gewachsen waren.

Diese fortschreitende Heiligung der ritterlichen Funktion führte im Lauf des 11. Jahrhunderts zur Gründung von zwei Institutionen, die unbedingt zusammengehören, die eng miteinander, zugleich aber auch mit der Ritterschaft, jener anderen grundlegenden Institution der Feudalgesellschaft, verknüpft waren: Ich meine die Institution des Kreuzzugs, des einzigen gerechten Krieges, dessen Ziel darin bestand, die Aggressivität der Krieger vom christlichen Volk nach außen abzulenken, sie gegen die Ungläubigen einzusetzen, sie in den Dienst einer Ausweitung des Christentums zu stellen. Und zum anderen, eng mit der Institution des Kreuzzugs verbunden, die sogenannte *Treuga Dei,* die Waffenruhe, die den Kriegern für bestimmte, als besonders heilig erachtete Zeiten geboten wurde – für den Sonntag und die Fastenzeit, die Periode der allgemeinen Enthaltsamkeit. Doch nach und nach erstreckte sich dieser besondere Schutz auf vier Tage in der Woche, zum Andenken an die Passion Christi. Im Idealfall wäre die Waffenruhe auf das ganze Jahr ausgedehnt worden, so daß die gesamte Christenheit einmütig zum Kreuzzug hätte aufbrechen können, dem Ende der Welt, dem ewigen Licht entgegen.

Es ergab sich von selbst, daß die beiden Institutionen, die den Rahmen für alle kriegerischen Aktivitäten des Volkes Gottes abgeben sollten – der Kreuzzug auf der einen und die *Treuga Dei* auf der anderen Seite –, von den Kirchenmännern, den Hirten des Volkes, den Bischöfen, geleitet wurden. Der Anführer des ersten Kreuzzugs war ein Bischof, und es waren Bischöfe, die den Auftrag erhielten, über alle Friedensbrecher Kirchenstrafen zu verhängen. Die Ohnmacht der Könige hatte es der Kirche überlassen, die neuen Friedensbeschlüsse allein in die Hand zu nehmen. Und da die Kirche sich im Laufe des 11. Jahrhunderts – im Laufe der hier sehr vereinfacht dargestellten Entwicklung – immer mehr gestrafft hatte, da sie immer monarchischer geworden war, wurden die Friedensbeschlüsse mehr und mehr zu einer päpstlichen und römischen Angelegenheit. Seit Ende des 11. Jahrhunderts waren es die Päpste, die als Gesetzgeber des Krieges fungierten, es waren die römischen Konzilien – die drei aufeinanderfolgenden Laterankonzilien von 1123, 1139 und 1179 –, die Friedensgesetze für die gesamte Christenheit erließen, und es waren die päpstlichen Legaten, die sich allenthalben um eine Schlichtung der Fehden bemühten, die die Streitenden zu überzeugen versuchten, daß es besser sei, Frieden zu schließen und einträchtig ins Heilige Land zu ziehen. So wurde der Frieden, die Sache des Glaubens, im 11. Jahrhundert zur Sache der Bischöfe und des Papstes.

Sie blieb es in einem beträchtlichen Teil Europas während des ganzen 12. Jahrhunderts, namentlich im Süden Frankreichs. Einem Süden übrigens, der sehr weit nördlich begann, bei Orléans, bei Tours, und der eine Welt für sich war, ganz anders als der Norden, viel weniger von karolingischen Einflüssen geprägt. Diese Region, aus der die Friedensinstitutionen hervorgegangen waren, hatte auch von der Grenze und von den Beziehungen zwischen dem Sakralen und dem Profanen ihre eigene Auffassung. So erklärt sich wohl, daß ausgerechnet sie die Wiege der höfischen Liebe war und daß die Lehre der Katharer gerade dort so viel Entgegenkommen fand. Auf jeden Fall war es eine Gegend, die nach den Worten des Abts von Cluny, Petrus Venerabilis, während des 12. Jahrhunderts »ohne König, ohne Herzog, ohne Fürsten« blieb. Hier, in diesem südlichen Teil Frankreichs, oblag die Gerichtsbarkeit – *la justice de chrétienté*, wie man sie nannte –, das heißt, die gesamte Friedensgesetzgebung, allein den Bischöfen der einzelnen Diözesen. Allein die Bischöfe organisierten Maßnahmen gegen die Unruhestifter, und als die Unruhen ab 1150 ernstere Ausmaße annahmen, waren es wiederum allein die Bischöfe, die zur Sicherung des Friedens nicht nur die Ritter der einzelnen Diözesen, sondern alle waffenfähigen Männer über 15 Jahren zu beschworenen Volksmilizen versammelten. Auf diese Weise blieb der Frieden in Südfrankreich bis zum 13. Jahrhundert eine immer populärer werdende Angelegenheit der Bischöfe, der Diözesen.

In Nordfrankreich und in weiten Teilen Europas dagegen hatten die Verhältnisse sich geändert. Der Frieden war im Laufe des 12. Jahrhunderts mehr und mehr zur Sache der Könige geworden. Die im Süden des Königreichs entstandenen Friedensinstitutionen hatten sich in den zwanziger Jahren des 11. Jahrhunderts auf Nordfrankreich ausgedehnt, nachdem deutlich geworden war, daß der Herrscher die Wahrung der göttlichen Ordnung auch in diesem Teil des Landes nicht garantieren konnte. Doch hier waren die Friedensinstitutionen sogleich in die Strukturen jener regionalen Fürstentümer eingegangen, die – wie etwa die Grafschaft Flandern oder das Herzogtum Normandie – größere Stärke bewahrt hatten. Die Herren dieser Fürstentümer stimmten der *Treuga Dei* zu, aber ihre Friedensrichter, diejenigen, die den Auftrag hatten, Verstöße gegen die Waffenruhe zu ahnden, waren keine Bischöfe, sondern die Fürsten selbst.

Der Gottesfrieden war um das Jahr 1000 in die Lücken der politischen Ordnung eingedrungen, doch überall, wo diese Ordnung Geschlossenheit besaß, mußten die Friedensinstitutionen sich ihr beugen. Der König von Frankreich brauchte noch einige Zeit, ehe er sich als erster Hüter der öffentlichen Ordnung durchsetzen konnte. Warum? Weil er sein ›Fürstentum‹, das heißt, die Umgebung von Paris, sehr viel weniger fest in der Hand hatte. Unmittelbar vor den Toren der Königspaläste hatten sich Konkurrenten niedergelassen, Burgbesitzer, von denen jeder einzelne darauf bedacht war, im Umkreis seiner Festung eine unabhängige Macht zu etablieren. So bestand die erste Aufgabe der französischen Könige lange Zeit, während der ganzen ersten Hälfte des 12. Jahrhunderts, in dem schwierigen Unterfangen, die vielfältigen feudalen Konkurrenzen allmählich aus dem Weg zu räumen. Die Könige wußten, daß sie diese Aufgabe leichter bewältigen konnten, wenn sie als Diener des Gottesfriedens auftraten. Sie bekräftigten ihre Position als die von Gott bestallten Schutzherren der beiden waffenlosen Ordnungen: der Kirche und der Armen. Und tatsächlich wurden sie von beiden unterstützt, von der Kirche ebenso wie von den Armen; die ganze Ideologie des Gottesfriedens kam ihnen zugute.

Nach und nach, im Zuge einer unmerklichen Entwicklung, nahm das französische Königtum die Bestimmungen des Friedens und des Krieges wieder in die Hand, allerdings nur um den Preis einer Eingliederung in den institutionellen und zugleich ideologischen Rahmen, den die Kirchenherren konstruiert hatten. Alle Expeditionen, die das königliche Heer gegen die plündernden Burgherren unternahm, wurden damals im Namen des göttlichen Friedens von Bischofskonzilien, manchmal sogar vom Papst persönlich organisiert; sie waren es, die den Feldzügen ihren Segen gaben und nicht nur die gesamte Kirche, sondern auch das Volk zur Unterstützung aufriefen.

Die Unterstützung durch das Volk geschah durch die in Südfrankreich von den Bischöfen mobilisierten Volksmilizen, im Bereich der Krondomäne ›Kommunen‹ genannt: Der Herrscher persönlich führte sie an – im Namen Gottes und zur Aufrechterhaltung der irdischen Ordnung. Die Entstehung dieser Kommunen hängt eng mit dem Aufstieg eines Königtums zusammen, das die Belange des Friedens wieder zu seiner eigenen Sache macht. Die Kommunen der Krondomäne sind königlich, sie stehen hinter dem König, im Dienste des Königs, und sie sind Institutionen des Friedens. So führen die beiden waffenlosen Ordnungen der Gesellschaft, die Männer des Gebets und die Masse der Arbeiter, gemeinsam mit dem König einen angeblich gottgewollten und deshalb gerechten Krieg gegen die schlechten Ritter, gegen die Gewalttäter, die unbotmäßigen Gebrauch von ihren gesegneten Waffen machen. Sie führen diesen Krieg während der ganzen ersten Hälfte des 12. Jahrhunderts.

Aber es kommt ein Moment, in dem sich alles ändert. Um 1150 findet eine entscheidende Wende statt. Zu diesem Zeitpunkt wird die Krondomäne, die Ile-de-France, von einem besonders lebhaften wirtschaftlichen Aufschwung erfaßt, sehr viel lebhafter als irgendwo sonst. Der erste Nutznießer dieses Wachstums, dieser Entwicklung, die sich sowohl auf die ländlichen Gebiete als auch auf die Aktivitäten der Kaufleute, den Weinhandel und die Seine-Schiffahrt erstreckt, ist natürlich der König von Frankreich. Sie liefert ihm die materiellen Möglichkeiten, den Kampf für den Frieden, der seine spezifische Funktion ist, in sehr viel größerem Maßstab zu betreiben. Die gewaltige Bereicherung erlaubt ihm vor allem, sich persönlich am Kreuzzugsunternehmen zu beteiligen.

Im Jahr 1148 führt der König den zweiten Kreuzzug an. Ein wichtiges Ereignis, denn während der ganzen Reise, während der langen Pilgerfahrt, genießt der König sämtliche Privilegien, die den Kreuzfahrern von der römischen Kirche garantiert werden. Vor allem aber wird das gesamte Königreich während der dreijährigen Expedition dem Schutz des Papstes, das heißt, dem Gottesfrieden, unterstellt. So kann der König bald nach seiner Rückkehr, im Jahr 1155, eine allgemeine Friedensversammlung einberufen und höchstpersönlich einen Frieden für das gesamte Königreich erlassen. Einen Frieden, der zunächst auf zehn Jahre beschränkt ist, sich aber über einen längeren Zeitraum ausdehnt, und der auf einem kollektiven Eid beruht, genau wie der Frieden, den die Bischöfe Diözese um Diözese im Süden erlassen hatten. Aber diesmal ist es der König, der die Anordnungen trifft.

Genau darin besteht die tiefgreifende Veränderung: Die äußere Hülle bleibt unverändert die des Gottesfriedens, doch während des Ronkalischen Reichstags, während der Kaiser Friedrich Barbarossa im Königreich Italien die Vorrechte der Cäsaren an sich zu reißen versucht, gelingt es dem König von Frankreich in seinem Herrschaftsbereich, das ganze System der Friedensinstitutionen wieder in die Hand zu nehmen, um es endgültig dem *ordo* des Königreichs einzuverleiben, es in die staatlichen Institutionen zu integrieren. Hinfort ist der Staat Herr über alle militärischen Institutionen. Von den Festungen sagt der König: »Sie unterstehen meiner alleinigen Kontrolle.« Von den Mauern, die sich neuerdings um die im Wachstum begriffenen Städte ziehen, sagt der König: »Sie unterstehen meiner Gewalt, man muß sie meinen Truppen öffnen, sobald ich es befehle.« Und von all den Volksmilizen, ganz gleich, ob es sich um kleine Reiterhorden oder um Fußtrupps handelt, behauptet der König, er sei dazu bestimmt, ihr Führer zu sein.

Die Kirche hat nur noch eine untergeordnete Funktion, die den zeitgenössischen Vorstellungen gemäß natürlich immer noch wesentlich, aber gewissermaßen auf das ›Zeitlose‹ beschränkt ist. Angesichts der neuen Situation besteht die Funktion der Kirche schlicht und einfach darin, für den Erfolg der königlichen Waffen zu beten. Es ist nicht etwa so, daß der Krieg und der Frieden im Laufe des 12. Jahrhunderts in Nordfrankreich – dort, wo der König seine Vormachtstellung zurückerobert hatte und wo der große ökonomische Aufschwung das Leben beflügelte – für weniger heilig gehalten worden wären. Im Gegenteil, der Kampf sollte noch lange als magische Prüfung, als Ruf nach dem Gottesurteil gelten. Was sich ereignet hat, ist folgendes: Die militärische Ordnung hat sich nach einer vorübergehenden Integration in kirchliche Institutionen wieder in das strukturelle Gerüst des Staates eingefügt, in

Der Heilige Ludwig beim Aufbruch zum Zweiten Kreuzzug
Buchmalerei aus einem französischen Breviar, um 1450

das Gerüst eines Staates, der immer mehr Unabhängigkeit von den Einflüssen des Geistlichen gewinnt, der sich zunehmend verweltlicht. Dennoch wäre die lange Entwicklung des königlichen Friedens, die ein ganzes Jahrhundert ausfüllt und die ich hier in einer höchst vereinfachten Form dargestellt habe, nicht ohne den Antrieb einer in der Tiefe sich vollziehenden ökonomischen Bewegung möglich gewesen.

Die Grundlage des ganzen Fortschritts besteht in der neuen Prosperität Europas, im Ausbau des königlichen und fürstlichen Steuerwesens, den diese Prosperität erlaubte. Nur weil der König, weil die Fürsten über mehr Geld verfügten, weil die Mechanismen des Krieges unter den Einfluß des Geldes gerieten, konnte eine derartige Verweltlichung der militärischen Institutionen erfolgen. Die stürmischen Zeiten, die wichtigsten chronologischen Punkte dieser langen und langsamen Evolution, stimmen mit denen einer anderen Geschichte überein, einer Geschichte, die sich im Alltagsleben abspielt, im Alltäglichen, fern von allen Theorien, allen Prinzipien, auf der Ebene der Produktion und des Tausches – einer tiefgreifenden, wirklich determinierenden Geschichte: der Geschichte des Geldes.

Der Krieg und das Geld

Es erübrigt sich wohl, daran zu erinnern, daß Europa im 12. Jahrhundert eine ebenso kraftvolle, ebenso umwälzende ökonomische Wachstumsbewegung erlebt hat wie unser heutiges Europa. Eine Bewegung, die der Historiker in Wirklichkeit kaum verfolgen kann, weil die schriftlichen Spuren, die ihm zur Verfügung stehen, nur sehr spärliche Hinweise auf das enthalten, was mit dem Alltagsleben zu tun hat. Niederschriften sind in der damaligen Zeit noch etwas Ungewöhnliches, und so wird immer nur das Ungewöhnliche erzählt. Das Alltägliche ist nicht der Rede wert, und fast alles, was im ökonomischen Bereich geschieht, entzieht sich unserer Kenntnis.

Dennoch sind Momente der Beschleunigung im Rhythmus der Entwicklung zu erkennen, chronologische Punkte oder vielmehr Zeitabschnitte. Ein erster um das Jahr 1075: Das Geld erobert sich endgültig einen Platz im Zentrum der ökonomischen Mechanismen, namentlich innerhalb des Tauschsystems, dessen Rahmen die Grundherrschaft ist. Die zweite Phase der Beschleunigung liegt in den sechziger, siebziger und achtziger Jahren des 12. Jahrhunderts: In Frankreich – ich betone noch einmal, daß ich mich hier mit französischen Phänomenen befasse – wird die Stadt wieder zu dem, was sie in Italien immer gewesen ist, das heißt, sie dient nicht mehr als bloßer Sitz einer religiösen und politischen Autorität, sondern auch als Konzentrationspunkt des gesamten wirtschaftlichen Lebens. Diese Entwicklung – deren Hauptphasen ich darzustellen versuche – ist im Grunde eine Herauslösung aus der Ländlichkeit, aus dem bäuerlichen Leben, in dem Europa – das Europa jenseits der Alpen – nach dem Zerfall des Römischen Reichs allmählich versunken war, aus einer Ökonomie der landwirtschaftlichen Produktion und des Tauschhandels.

Ihr Charakteristikum ist die zunehmende Gegenwart des Geldes. Nach und nach dringt das Geld ins Innere der politischen Institutionen ein, besonders in das der militärischen Institutionen und somit ins Zentrum der Sache des Friedens und des Krieges. Den Zeitgenossen ist das fortschreitende Eindringen des Geldes nicht entgangen. Einer der Zeugen, Richard Fitzneale, Schatzmeister des englischen Königs, beschrieb 1178 in seinem *Dialogus de scaccario* die Verwaltung des ihm unterstellten Amtes. In dem Text sagt er folgendes: »Geld ist nicht nur im Frieden nötig, sondern auch in Zeiten des Krieges.« Und wozu dient das Geld im Frieden? Es dient der Mildtätigkeit der Fürsten – ein kostbarer Hinweis auf die Rolle, die dem Geld damals zugewiesen wurde: Es war eine Art Werkzeug der fürstlichen Mildtätigkeit. Aber Richard Fitzneale sagt weiter: »Im Krieg wird das Geld für die Befestigung der Burgen ausgegeben, man braucht es für die Besoldung der Soldaten und für viele andere Gelegenheiten mehr, je nach Art der Personen, die für die Verteidigung des Königreichs bezahlt werden.« Hier spricht ein Mann der Praxis, ein Fachmann des Finanzwesens. Der wiederauflebende Staat (ich erinnere an die oben erwähnte Rekonstitution der staatlichen Strukturen) legt sich Verwaltungsbeamte zu und vor allem organisiert er ein Steuerwesen, den wichtigsten aller Verwaltungsbereiche. Es spricht ein Finanzmann, ein Mann der Praxis, aber diejenigen, die den gottgewollten Waffenstillstand predigten, hätten ein starkes Argument aus seinen Worten ziehen können: In Friedenszeiten schwillt der Strom der Almosen unverzüglich an, da das Geld der Mildtätigkeit der Fürsten dient; folglich läßt der Frieden auch den Gnadenregen, den man förmlich vom Himmel fallen sieht, alsbald reichlicher werden.

In Wirklichkeit spielte das Geld seine Rolle schon lange bevor Richard Fitzneale den eben zitierten Text verfaßte. So erzählt beispielsweise Petrus Venerabilis, Abt von Cluny, schon dreißig Jahre früher in einem seiner Briefe von Konflikten mit dem Herrn einer in der Nähe des Klosters gelegenen Burg; in diesem Zusammenhang schreibt er: »Alle meine Nachbarn, die Ritter, die Burgherren, die Grafen und selbst der Herzog, spornten mich an, zu den Waffen zu greifen, als hätten sie Geld gerochen.« Derselbe Geruch hatte die Ritter der Grafschaft Flandern noch früher, in den zwanziger Jahren des 12. Jahrhunderts, veranlaßt, von ihren Waffen Gebrauch zu machen. Sie hatten einen höchst glorreichen Grund, es zu tun: die Absicht nämlich, ihren ermordeten Grafen zu rächen. Aber der viel tiefere und trächtigere Grund bestand darin, daß der Graf, wie man wußte, einen wunderbaren Schatz besaß, dessen die Ritter habhaft zu werden hofften.

Deutlich sichtbar wird das Eindringen des Geldes in den kriegerischen Bereich zwischen 1070 und 1080 (die zeitliche Übereinstimmung mit der oben erwähnten ersten Phase der Beschleunigung ist nicht zu übersehen). Zunächst in jener Gegend Europas, in der das Münzgeld reichlicher zirkulierte als andernorts, vielleicht sogar reichlicher als in Italien: in der Normandie. Ein normannisches ›Bußbuch‹ – eine Art Strafgesetz für Verstöße gegen die Gebote Gottes – aus der damaligen Zeit unterscheidet zwischen solchen Rittern, die als Vasallen unentgeltlich im Dienste ihres Lehnsherrn kämpfen, und solchen, die einen Lohn erhalten. Hier, in dieser Region, finden sich zweifellos die Anfänge des neuen Brauchs der kriegerischen Besoldung.

Aber bald verbreitet diese Sitte sich auch in Flandern, in der Umgebung von Paris, und nach und nach in allen Provinzen, die allmählich zur Geldwirtschaft erwachen. An der Wende vom 11. zum 12. Jahrhundert beginnen die Herren der großen Fürstentümer, die Unsicherheiten des feudalen Kriegsdienstes mit Lohnzahlungen zu polstern. Sie schaffen die Möglichkeit, daß diejenigen unter ihren Vasallen, die unwillig sind, an einem Feldzug teilzunehmen, sich von ihrem Dienst freikaufen können, und verteilen die eingezogene Summe an die anderen, um deren Eifer zu schüren. Dies ist die anfängliche Form der Besoldung. Sie ist ein zusätzliches Geschenk des Feudalherrn, eine Gabe, genau wie all die anderen Gaben, die innerhalb dieser Gesellschaft die zuverlässigste Grundlage der Macht darstellten. Was durch den Sold bezahlt wurde, war folglich ein ganz ähnlicher Dienst, wie der, den man damals mit der Einsetzung in ein Lehen zu entschädigen pflegte; was durch ihn erkauft wurde, war eine Treue, die vasallitischen Charakter hatte.

So war die Sitte der Besoldung leicht vereinbar mit der aristokratischen Moral, ohne diese im geringsten zu verändern. Es war normal, daß der Herr sich freigebig zeigte, und je mehr er es tat, um so mehr liebte man ihn, um so besser diente man ihm. Tatsächlich waren diejenigen Ritter, die einen Sold erhielten, bessere Gefolgsleute als die anderen; sie bewiesen beispielhafte Treue und beispielhafte Tapferkeit. Das Geld half, die kleine Schar der Kameraden, der um ein Banner versammelten Reiter, fester an den Herrn zu binden; es untermauerte den Zusammenhalt der Kampfgruppen. Es war nichts Anstößiges daran, dieses Geld entgegenzunehmen. Der Skandal kam erst später, als das Geld, das die Fürsten von den kriegsunwilligen Vasallen bekamen, nicht mehr benutzt wurde, um arme Ritter zu belohnen, als es nicht mehr an Männer verteilt wurde, die dank ihrer Stellung innerhalb der dreigeteilten Gesellschaft für den Kampf auserkoren waren, als dieses Geld verwendet wurde, um Krieger

anzuwerben, die nicht hochgeboren waren, die aus der Ordnung der Arbeiter stammten, aus dem gemeinen Volk, aus jener gesellschaftlichen Kategorie, die nach den damaligen Vorstellungen niemals hätte kämpfen dürfen. Was Anstoß erregte, war die wachsende Schar der Söldner.

Ein Datum, ein bestimmter chronologischer Punkt: 1179. Auf einem der römischen Konzilien, die gesetzliche Regelungen für die Organisation des Friedens und des Krieges trafen, wurde eine äußerst harte Strafe einheitlich gegen zwei Sorten von Rechtsbrechern verhängt: Zum einen gegen die Ketzer, die Katharer, die Albigenser, deren zunehmende Verbreitung im Süden Frankreichs höchst beunruhigende Formen annahm, und zum anderen gegen all diejenigen, die Söldner einstellten, die sich jener Männer bedienten, von denen man nicht so recht wußte, wie man sie nennen sollte, und die im Kanon des Konzils mit den Wörtern ›Brabançons‹, ›Aragonais‹, ›Navarrais‹, ›Basques‹ oder ›Cottereaux‹ bezeichnet werden. Alle diese Begriffe drücken etwas aus. Man muß sie analysieren. Sie sind gewählt worden, um eine neue, katalogisierungsbedürftige gesellschaftliche Kategorie zu definieren. Das zuletzt genannte Wort ›Cottereaux‹ wurde am frühesten und häufigsten gebraucht. Etymologisch könnte es auf jene Leute verweisen, die man damals – immer noch in derselben anglo-normannischen Region – *cottiers* zu nennen pflegte, das heißt, sehr arme Hintersassen, bedeutungslose Arbeitskräfte der ländlichen Domänen. Mit größerer Wahrscheinlichkeit aber geht ›Cottereaux‹ auf *le couteau* zurück, das Messer, die unwürdige Waffe, die von diesen Soldaten benutzt wurde, denn sie bedienten sich nicht des Schwertes, der ritterlichen Waffe, sondern eines niedrigen Instruments, nach dem man ihnen ihren Namen gab. Die anderen Vokabeln, die der Kanon des Konzils von 1179 verwendet, sind geographische Begriffe; sie drücken die Herkunft der Söldnerscharen aus; an ihnen wird deutlich, daß das Kollektivbewußtsein all diese Krieger niederer Herkunft zwei bestimmten Bereichen zuordnet: als Aragonier, Basken, Waliser oder Navarresen kommen sie von den wilden Grenzen der Christenheit, aus rauhen, elenden Bergländern, aus den Gegenden der Hirten, der Jäger, der Halsabschneider; was hingegen das Wort ›Brabançons‹ betrifft, so erinnert es an einen ausgesprochen zivilisierten Bereich, die Niederlande, die Region der großen, in voller Entwicklung begriffenen Städte mit weitläufigen, verrufenen Vororten, in denen die frisch entwurzelten, hungernden Bauern zusammenströmen, all die Leute, die nichts zu essen haben, die um des reinen Überlebens willen zu allem bereit sind, sogar zum Töten. Auf jeden Fall spielen sämtliche Begriffe, die als Bezeichnung für die gesellschaftliche Kategorie der Söldner dienen, auf Randgruppen an; sie verweisen auf sehr gewalttätige, sehr arme, sehr unstabile Grenzzonen der Gesellschaft.

Hinweise auf die bezahlten Handlanger des Krieges finden sich in Wirklichkeit schon lange vor dem Konzilsbeschluß, in Urkunden aus den ersten Jahren des 12. Jahrhunderts. Aber in dieser Zeit bleiben die Erwähnungen vereinzelt. Die entscheidende Periode ist die, in der die Söldner sich zu größeren Scharen zusammenschließen und in der sozialen Landschaft einen so wichtigen Platz erobern, daß sich das Problem ihrer Eingliederung stellt. Dazu kommt es kurz vor dem Konzilsbeschluß von 1179. In den sechziger Jahren des 12. Jahrhunderts tauchen die Söldner massenhaft auf (und hier sehe ich einen Zusammenhang mit der Phase der Beschleunigung in der Chronologie des ökonomischen Wachstums). Diese Jahre sind zugleich die einer wichtigen Etappe auf dem Weg zur Rekonstitution der großen politischen Einheiten, und zugleich nimmt der König von Frankreich die Führung des Friedens und des Krieges wieder selbst in die Hand, er macht sie zu seiner Sache, deren Gesetzgebung ihm für das gesamte Königreich obliegt. Dieses Zusammentreffen von ökonomischen und politischen Phänomenen ist keineswegs zufällig. Die großen Söldnerscharen konstituieren sich genau in dem Moment, in dem der Krieg neue, ungekannte Ausmaße annimmt.

Es handelt sich nicht mehr um kleine lokale Unruhen, um jene Reiterschwärme, die ab und zu für begrenzte Beutezüge aus den Festungen stürmten. Es handelt sich jetzt um Aktionen, die viel größere Tragweite haben und von den Fürsten angeführt werden, von den Herren der wiederauflebenden Staaten, die reichlich über Geldmittel verfügen. In wessen Dienst finden wir die ›Cottereaux‹, die ›Brabançons‹, die ›Aragonier‹ oder die ›Basken‹ ab 1160? Im Dienst des Kaisers Friedrich Barbarossa, der sie für die Belagerung Roms bezahlt; im Dienst des reichsten abendländischen Herrschers, Heinrich Plantagenet, König von England; im Dienst seines Sohnes, Richard Löwenherz; im Dienst des Königs Philipp August, des ersten Königs von Frankreich, dessen Politik wirkliche Größe hatte. In der Tat, nur die Herren mächtiger Staaten sind in der Lage, sich des Instruments der Söldner zu bedienen – eben das macht ihre entschiedene Überlegenheit gegenüber allen kleineren Mächten aus –, denn dieses Instrument kostet unerhört viel Geld. Das schwierigste Problem, das in jeder Chronik erwähnt wird, besteht darin, diese Art Lohnarbeiter zufriedenzustellen. Bedrohliche Lohnarbeiter. Bedrohlich, weil sie sich an einen anderen Fürsten verkaufen können, der sie teurer bezahlt, weil sie denjenigen, für den sie arbeiten, zur Unzeit im Stich lassen können, und vor allem weil sie fähig sind, sich selber zu dienen. So geraten auch die größten Herrscher in beträchtliche Verlegenheit, wenn es darum geht, den Sold zu zahlen. Trotzdem verzichten sie nicht darauf, dieses höchst wirksame Werkzeug einzusetzen.

Versuchen wir, uns die Situation vorzustellen. Es handelt sich nicht um einzelne Kämpfer, sondern um ganze Banden, um Gruppen von vierhundert bis fünfhundert Mann, deren Anführer, ein ›Kriegsunternehmer‹, mit den Dienstherren verhandelt. Diese um ihr Oberhaupt gescharte Gruppe hat einen festen Zusammenhalt, den sie auch dann nicht verliert,

Krieger mit Wagen, auf dem die Rüstungen transportiert werden

wenn der Krieg zu Ende ist; sie lebt weiter. Schwerfällig bewegt die Söldnerschar sich mit Frauen und Kindern in regelrechten Wagenkarawanen fort, begleitet von Priestern, die um der notwendigen Liturgien willen zur Gefolgschaft gezwungen sind. Die Männer kämpfen zu Fuß, sie sind keine Reiter – insofern verbleiben sie in der Ordnung, die ihrer sozialen Stellung entspricht; außerdem benutzen sie Waffen, die nichts mit denen der Ritter gemein haben, arge Waffen: das oben erwähnte Messer, das durch die Zwischenräume des Harnischs ins weiche Fleisch eindringen kann; ferner Bögen und Armbrüste, die den Feind aus der Ferne treffen. Waffen, die nicht nur heimtückisch, sondern auch tödlich sind, das Messer ebenso wie der Pfeil und der Bolzen. Und wenn die Schar dicht zusammensteht wie ein fester, mit Spießen bewehrter Körper, ist sie unverletzlich, mitten in der Schlacht bildet sie eine Art lebende Festung. Diese Handlanger des Krieges verstehen sich hervorragend auf ihren Beruf; sie allein sind in der Lage, die besser befestigten neuen Burgen zu stürmen, die für alle anderen uneinnehmbar sind. So erklärt sich auch, daß die großen Fürsten munter Denare opfern, um sich ihrer zu bedienen. Sie bezwingen alles, was die Ritterschaft ihnen zur Abwehr entgegensetzen kann. Die Burg ebenso wie den Harnisch.

Diese Krieger aus dem gemeinen Volk, und darin liegt der eigentliche Skandal, bringen die Mitglieder des *ordo militum*, die Mitglieder jener sozialen Kategorie, die nach dem herrschenden Gesellschaftsbild als einzige mit der Funktion des Kampfes betraut ist, um ihre Unverletzlichkeit. Durch die Söldner bekommt der Krieg ein neues, ein grausames Gesicht. Ritter untereinander töten sich nicht, sie vermeiden es so gut sie

Die Kampfregeln der Ritterschaft werden nicht mehr eingehalten, um 1360

können. Söldner dagegen töten. Die Regeln des Kriegsspiels funktionieren nicht mehr, die soziale Ordnung ist gestört. Sie ist es auch deshalb, weil die Söldnerscharen, wenn der Feldzug zu Ende ist, wenn der Fürst sie nicht mehr bezahlt, plündernd durchs Land ziehen und die Armen ausrauben, weil sie jene soziale Kategorie angreifen, die den besonderen Schutz des Gottesfriedens genießt. Diese Leute halten sich nicht an die Verbote, die auf der Vorstellung einer dreigeteilten Gesellschaft beruhen. Insofern sind sie subversiv. Sie sind es aber auch, weil sie, obwohl der Herkunft nach aus dem gemeinen Volk, das keine Waffen tragen dürfte, ebenso gut kämpfen wie die Ritter, ja sogar besser als diese, weil es ihnen gelingt, sie, die Ritter, zu besiegen. Und insofern stellt die Schar der

›Cottereaux‹, der ›Brabançons‹, den Inbegriff des gesellschaftlichen Umsturzes dar.

Nun geschieht es aber, daß die Söldnerscharen sich in den letzten vierzig Jahren des 12. Jahrhunderts plötzlich vermehren. Ihr massenhaftes Auftreten wird von allen, deren Zeugnisse wir kennen, das heißt von den Kirchenleuten, als wahrer Pestausbruch empfunden. Als eine Art Epidemie, gegen die man sich nicht wehren kann, als eine Invasion des Bösen, eine Herausforderung an die vollkommene Ordnung der irdischen Welt. Papst Innocenz III. nennt es eine Geißel die der Satan über die Welt gebracht hat, um sich ihrer als Werkzeug seiner großen Ungerechtigkeit zu bedienen. Dieses Gezücht, dieses Geschmeiß, mußte unbedingt ausgerottet werden, mit allen Mitteln, mit Feuer und Schwert. Das heißt, mit Hilfe einer Säuberungsaktion, zu der alle guten Fürsten aufgerufen waren, namentlich die Könige von Frankreich, die es verstanden hatten, ihre Macht mit der von der Kirche gepredigten Friedensideologie zu verbinden. Tatsächlich brach das königliche Heer unter Ludwig VII., der 1170 regierte, nach Südburgund auf: Man hatte ihm gesagt, Söldnerscharen, die zweifellos indirekt von Friedrich Barbarossa bewaffnet worden seien, hätten einen Angriff auf die Abtei Cluny verübt. Der König kam als Statthalter Gottes, um die Ordnung der Welt wiederherzustellen. Sämtliche ›Brabançons‹ – sie waren vierhundert an der Zahl –, derer er habhaft werden konnte, ließ er hängen. Sein Sohn Philipp August dagegen scheute sich nicht, für den eigenen Bedarf Söldner einzustellen, verheimlichte dies aber. Die offiziellen Historiographen, die Panegyriker des Kapetingerhofs bemühten sich, die Dinge fälschlicherweise so darzustellen, als hätte das königliche Heer auch unter Philipps Herrschaft an der großen Säuberung mitgewirkt, an der Verfolgung jener Anstifter des schlechten Krieges, die in den Kirchenbeschlüssen mit den Ketzern gleichgestellt und wie sie dazu verdammt wurden, dem Zorn Gottes, der Rache der guten Fürsten und dem Scheiterhaufen anheimzufallen.

Gewiß, das Böse wurde nicht ausgerottet. Es sollte für immer dabei bleiben, daß es geschickte Kämpfer niederer Herkunft gab, die unter Ausnutzung ihres Geschicks reichlich Geld mit dem Kriegerberuf verdienten. Aber es sollte auch dabei bleiben, daß die Leute, die diesen Beruf ausübten, als verflucht galten, und zwar jahrhundertelang. Das Geschrei, das sich gegen sie erhob, war um so lauter, als die Ritter, die edlen Krieger, die nur deshalb in den Krieg zogen, weil sie einer sozialen Kategorie angehörten, die durch den Ratschluß Gottes zum Kämpfen auserkoren war – als diese Ritter immer mehr Wert darauf legten, sich klar von den professionellen Anstiftern des effizienten Krieges abzugrenzen. Von jenen Söldnerscharen, die ihnen, den Rittern, während der militärischen Auseinandersetzungen direkt ans Leben gingen, die ihre materiellen Einnahmequellen bedrohten – da das Geld, das die Fürsten den Rittern hätten geben müssen, benutzt wurde, um den Soldaten ihren Sold zu zahlen –, die aber vor allem das ritterliche Monopol des Waffengebrauchs und damit die soziale Überlegenheit des gesamten Ritterstandes gefährdeten. So kam es, daß die Wohlgeborenen, die mit ritterlichen Ehren geschmückten Edelleute, ihren Krieg für weniger unrein erklärten – obwohl auch der ihre mit Geld besudelt war.

Er war es auf eine andere Art und Weise, im Rahmen einer anderen Innovation des 12. Jahrhunderts, die auf den Kirchenversammlungen ebenfalls und schon viel früher, seit 1130, als gottlos angeprangert, verurteilt, in Wirklichkeit aber viel weniger hart bestraft wurde. Diese Innovation war das Turnier.

Das Turnier ist ein Scheinkrieg, eine uralte Institution, die auf ferne Zeiten zurückgeht, auf eine Epoche, da der Krieg einen guten Ruf genoß und man sich auf jede erdenkliche Art im geschickten Gebrauch der Waffen übte. Jedenfalls erwähnt der Geschichtsschreiber Nithard eines dieser kriegerischen Spiele schon im 9. Jahrhundert, und zwar anläßlich eines Treffens karolingischer Fürsten. Für unseren Zusammenhang ist allerdings nur eines wichtig: daß die Begeisterung für diese Form der Zerstreuung am Anfang des 12. Jahrhunderts lebhaft zugenommen hat. So lebhaft, daß sie ihrerseits Anstoß erregte. Auch dieser Skandal läßt sich chronologisch an einem Datum festmachen, an der Verurteilung der Turniere durch die kirchlichen Autoritäten im Jahr 1130. Warum werden sie verurteilt? Weil Männer dabei sterben, sagen die Kirchenleute, weil man das Leben der Kämpfer nicht verschwenden darf, da man sie für den Heiligen Krieg, für den Kreuzzug braucht. Darüber hinaus sind Turniere eine Gefahr für das Seelenheil; es sind frevelhafte Spiele, die das Streben nach weltlichem Ruhm schüren, die sündhaften Stolz im Menschen wecken; es sind Glücksspiele, die grundlos das Gottesurteil herausfordern. Trotzdem blieb die laufend erneuerte Verurteilung wirkungslos. Die Turniere befriedigten eine unwiderstehliche Leidenschaft, die von allen Rittern geteilt wurde, auch von den Fürsten, die den Spielen hätten Einhalt gebieten müssen, es aber vorzogen, selber daran teilzunehmen – mit Ausnahme der Könige. Nur sie, die Könige, hielten sich zurück, weil sie gesalbt waren, weil sie sich so offenkundig die Hände nicht beschmutzen durften.

Die Welle der Turnierbegeisterung am Anfang des 12. Jahrhunderts hat erkennbare Gründe. Zunächst einmal technische: Das Turnier diente der praktischen Übung in der neuen, schwierigen Kunst des Lanzenstechens zu Pferde (die erste uns bekannte Darstellung derartiger Reiterspiele auf einem Relief der Kathedrale von Angoulême stimmt zeitlich übrigens genau mit dem ersten kirchlichen Turnier-Verbot von 1130 überein). Dieses Training war offenbar sehr wirksam, da während des ganzen 12. Jahrhunderts die allgemeine Überzeugung herrschte, daß die besten adligen Kämpfer aus Gegenden kamen, wo die Turniere beson-

Stechen zu Pferde
Fresko an der Kathedrale von Angoulême

ders in Ehren gehalten wurden. Aber auch politische Gründe spielen eine Rolle. Die Turniere waren ein Ventil für das Ungestüm der Ritterschaft, das der wiederauflebende Staat disziplinieren wollte. So erscheint die wachsende Bedeutung dieser Spiele zugleich als Folge des erstarkten öffentlichen Friedens und als friedensförderliches Instrument: Wenn die Fürsten nichts unternehmen, um Turniere zu verbieten, so weil sie in ihnen ein Mittel sehen, der Aggressivität ihres Adels Luft zu verschaffen, ohne selber die Kontrolle zu verlieren.

Eine Geschichte des Turniers ist noch nicht geschrieben. Die Zeit zwischen 1170 und 1180 bietet das aufschlußreichste Material für eine Beobachtung dieser besonderen Form ritterlicher Soziabilität. Ich werde mich hier in erster Linie auf zwei Schriften beziehen, zwei literarische Beispiele für die damalige Entwicklung einer profanen panegyrischen Dichtkunst und eine gewisse Verfeinerung der ritterlichen Kultur; Biographien, die zu Ehren von zwei Herren mittlerer Bedeutung geschrieben wurden. Die eine betrifft den Grafen von Guines, Herr eines kleinen Lehnsfürstentums der Grafschaft Flandern; die andere Wilhelm, Marschall des englischen Königreichs. Beide Texte lassen erkennen, daß Nordfrankreich, jener Teil des Landes, den die Fürsten fest in der Hand hatten, das Paradies der Turniere war. Bei den Wettkämpfen handelte es sich um gut organisierte Begegnungen, die sich mit Ausnahme der Fastenzeit, der wichtigsten Phase allgemeiner Enthaltsamkeit, über das ganze Jahr erstreckten. Eine Abfolge vorausgeplanter, vorbereiteter Veranstaltungen also, die alle vierzehn Tage stattfanden. Der Ort dieser Begegnungen lag stets an den Grenzen der Fürstentümer, in den sogenannten ›Marken‹, immer außerhalb der großen Städte und der Burgen. Immer am Rande der geordneten Gesellschaft. Ein Randphänomen also, genau wie das Auftauchen der Söldner.

Dieser Eindruck unbedingter Marginalität wird nachhaltig verstärkt, wenn man bedenkt, aus welchem Personenkreis die Turniergänger kamen: Sie alle gehörten jener Gruppe an, die im 12. Jahrhundert als die Gruppe der ›Jungen‹ bezeichnet wurde. Das heißt, es handelt sich um reife Männer im Erwachsenenalter, die ihre Ausbildung zum Krieger hinter sich haben, denen die Waffen des Ritters verliehen worden sind, die aber noch keine Ehe geschlossen, noch keinen Hausstand gegründet haben und deswegen weiterhin ein unstetes Leben am Rande der Familien führen. Das Turnier erscheint somit als Aktivität, die den adligen, von ihren Familien noch nicht mit Grundbesitz versehenen Junggesellen vorbehalten ist.

Wie beim echten Krieg, dem Krieg der ›Brabançons‹, treffen beim Turnier große Scharen von Kämpfern aufeinander. Der jeweilige Anführer, gewöhnlich der älteste Sohn eines bedeutenden Herrn, stellt eine Mannschaft, einen festen Trupp zusammen, auf altfranzösisch *maisnie* genannt. Was das 12. Jahrhundert betrifft, so können wir das Bild eines Zweikampfes, eines Duells, eines Lanzenstechens auf begrenztem Raum, ein für allemal vergessen. Diese Formen zeichnen das Turnier erst sehr viel später aus, im 14. Jahrhundert. Im Augenblick ist es ein Tumult, ein wildes Durcheinander, ein lärmender Haufen, und der Kampf erstreckt sich über ein weites, unüberschaubares Feld mit vielen Unebenheiten, die es auszunutzen gilt, um Hinterhalte zu stellen oder in Deckung zu gehen. Das Ziel der Auseinandersetzung besteht darin, die Geschlossenheit des gegnerischen Trupps zu sprengen, die Kämpfenden auseinanderzutreiben und in der heillosen Verwirrung Gefangene zu machen.

Genau an diesem Punkt tritt der ökonomische Aspekt dieser Institution hervor, denn hier geht es um Geld. Das Turnier ist zwar ein Spiel, aber es ist ein Geldspiel, und dies in mehrfacher Hinsicht. Es fängt damit an, daß die Mitglieder eines jeden Trupps bezahlt werden, sehr teuer bezahlt, genau wie heutzutage die Mitglieder einer Sportmannschaft. Der Anführer, der die gezeigten Leistungen zu seinem persönlichen Ruhm und zum Ruhm seines Fürstentums benutzt, stellt die Kampfgefährten ein; er bezahlt sie für die ganze Saison, und er bezahlt sie um so besser, je glorreicher ihr individueller Ruf ist. Die Meisterkämpfer werden von allen Seiten mit Höchstgeboten umworben. Das Turnier ist daher ein wichtiges Instrument für die Umverteilung des Geldes, das auf diese Weise von den Schatztruhen der großen Herren, deren Söhne, solange sie der ›Jugend‹ angehören, das herrschaftliche Banner tragen, in die Hände der bedürftigen niederen Ritterschaft gelangt, der die Turniergänger angehören.

Ein Spiel also, bei dem es um Geld geht; aber nicht nur aus den genannten Gründen, sondern auch, weil das Ziel letztlich darin besteht, den Gegner gefangenzunehmen, um ein Lösegeld zu erpressen. In dem riesigen Lager, das sich im Umkreis des Kampffeldes gebildet hat,

Fürstenversammlung zur Vorbereitung eines Turniers
Illustration zur französischen Prosaübersetzung
von La Teseida. ÖNB Wien, Cod. 2617, f 91 r

beginnt am Ende des Turniers ein großes Feilschen. Es wird abgerechnet.
Die Gefangenen werden auf Ehrenwort freigelassen; sie versuchen, von
ihren Eltern, ihren Freunden und namentlich von ihrem Herrn einen
Geldvorschuß oder wenigstens eine Bürgschaft zu bekommen, damit sie
ihre Schuld bei demjenigen, der sie gefangengenommen hat, begleichen
können. Und da bei dem Spiel viel mehr Geld ins Rollen gekommen ist,
als die Teilnehmer insgesamt besitzen, werden zwischen Siegern und
Besiegten komplexe Vereinbarungen getroffen; es geht um Entschädi-
gungen, Schulden, Übertragungen auf die nächste Begegnung, Verspre-
chungen – genau wie am Ende der großen Märkte. Als die Väter des
Konzils von 1130 die Verurteilung des Turniers formulieren wollten, gab
es kein lateinisches Wort, um diese Institution zu bezeichnen; sie hätten
sich mit einer Latinisierung des volkstümlichen Ausdrucks behelfen
können, benutzten aber statt dessen das Wort *nundinae*, Markt.

Marktcharakter hat das Turnier auch deshalb, weil sich neben den
Zelten der Ritter die Zelte aller möglichen Geschäftemacher erheben.

Turnier
ÖNB Wien, Cod. 2617, f 121 r

Eine regelrechte Messe wird eröffnet, und zwar in sehr großem Maßstab. Es werden Pferde verkauft, jene unerläßlichen, aber höchst anfälli-
gen Kampfinstrumente, die außerordentlich teuer sind. Waffen werden
feilgeboten, Rüstungen, aber auch Getränke und alle erdenklichen Lust-
barkeiten. Überall wird Geld umgesetzt, massenhaft, mehr – nehme ich
an – als irgendwo sonst im 12. Jahrhundert, sogar mehr – nehme ich an –
als auf den Messen der Champagne. Und wer profitiert von all dem Geld,
das da in Bewegung kommt? Die Händler natürlich, aber auch die
brillanten Kämpfer, die sich bei den Spielen ausgezeichnet haben. Das
Turnier ist der einzige Ort dieser Gesellschaft, wo ein Ritter ebenso
schnell reich werden kann wie ein Händler oder der Anführer einer
Söldnerschar. Für die Kirche ein Grund mehr, die Turniere zu verdam-
men, denn noch bilden sie die einzige undichte Stelle, durch die sich das
Gewinndenken in die aristokratische Mentalität einschleichen kann.
Manche verdienen große Summen beim Turnier, und alle, oder fast alle,
nehmen nur um des Geldes willen daran teil. Aber sie sagen es nicht,

denn die Realität, das heißt, die Gewinnsucht, wird bei diesen Wettkämpfen vollständiger als irgendwo sonst vom Schleier der Ideologie,
von einer schillernden Fassade zur Schau gestellter Tugenden verdeckt.
Denn das Turnier – und damit möchte ich diesen Abschnitt beschließen –
ist während des 12. Jahrhunderts zugleich der wichtigste Ort für die
Festigung und Erweiterung der Kriegermoral.

Die Moral der Krieger

Das 12. Jahrhundert ist die Zeit des Übergangs von der bäuerlichen
Wirtschaft zu einer urbanen, einer Geldwirtschaft. Es ist aber auch, und
beides hängt eng miteinander zusammen, die Periode eines ununterbrochenen kulturellen Aufschwungs, insbesondere des Erblühens einer spezifischen Kultur, der Ritterkultur. Es ist die Periode, in der die Ordnung
der Krieger ein eigenes ideologisches System, ein zusammenhängendes
Gefüge von Vorstellungen, Begriffen, Bildern und rituellen Emblemen
entwickelt, das sich zunehmend verfeinert und verstärkt, ein System, das
immer mehr Autonomie gegenüber einer anderen, bis dahin absolut
dominierenden Konstruktion gewinnt, die einer anderen gesellschaftlichen Gruppe eigen ist, der Ordnung der Männer des Gebets.

In Wirklichkeit ist es sehr schwierig, die Vorgeschichte und die frühe
Entwicklung dieser neuen Blüte genau zu verfolgen, da die Herstellung
aller dauerhaften Kulturobjekte, die genügend Bestand hatten, um in
unsere Hände zu gelangen, bis in die ersten Jahre des 12. Jahrhunderts
hinein immer noch ein Monopol der Kirchenmänner war. So kennen wir
alles, was wir von den damaligen Geisteshaltungen der Ritter wissen, nur
durch das, was die Männer des Gebets darüber sagten und was nicht
unbedingt die ganze Wahrheit ist. Bis etwa 1150 war die Einstellung der
Kirche gegenüber der Ritterschaft ausgesprochen aggressiv, voller Mißbilligung; für die Männer des Gebets war die Ritterschaft das leibhaftige
Übel, der Feind. Darüber hinaus stand die Kirche selbst bis etwa 1150
unter dem vorherrschenden Einfluß eines Mönchtums, das zur Verachtung der fleischlichen Welt und zur Bußfertigkeit aufrief. Aus diesem
Grunde sprechen die Kirchenmänner – die einzigen, die schreiben, und
durch deren Augen wir alles sehen – bis ungefähr 1150 von den Rittern
nur, um ihnen zu sagen: »Das einzige Mittel zur Rettung eures Seelen-
heils ist die Bekehrung.« Mögen diese Leute ihr Schwertgehänge ablegen
und in ein Kloster eintreten – nur um diesen Preis werden sie Erlösung
von ihren Sünden finden.

Hier ein Beispiel dieser auf Bekehrung ausgerichteten Propaganda. Ich
halte mich an einen Zeugen erster Güte, Ordericus Vitalis, Mönch einer

normannischen Abtei, der uns zweifellos die beste Beschreibung des frühen 12. Jahrhunderts hinterlassen hat. An einer bestimmten Stelle erzählt er von einem jener Priester, die als Diener in einem Fürstenhaus Karriere machten. Die Funktion dieses Priesters bestand darin, zum moralischen Fortschritt der Ritter, die um ihn her lebten, beizutragen. Er tadelte, so heißt es, »die Unbändigkeit des Fleisches; er beklagte die unerhörte Vernachlässigung des Gottesdienstes durch die meisten; unermüdlich wiederholte er seine heilsamen Mahnungen gegenüber den großen Baronen, den einfachen Rittern, den Jungen«. Dem Neuen Testament und den christlichen Kalendarien, so heißt es weiter, entnahm er die Beispiele der verehrungswürdigen Schutzpatrone der Soldaten, wobei er vor allem an heilige Krieger, heilige Reiter wie etwa Georg, Theodor, Sebastian und Demetrius erinnerte. Doch um seine Predigt noch eindringlicher zu gestalten, erwähnte der gute Mann auch Sagenhelden, namentlich den legendären Wilhelm von Orange. Die Spielleute sangen damals ein episches Lied auf diese Persönlichkeit, aber Ordericus zog es vor, die kirchliche Version der Geschichte wiederzugeben. Alles in allem erfahren wir folgendes: Wilhelm, der große Held, mußte zahlreiche Kämpfe gegen die Barbaren von Übersee und die Sarazenen der Umgebung bestehen. Als historische Figur wird er im Lichte des gerechten Krieges dargestellt. Mit Gottes Beistand rettete er das christliche Volk durch sein Schwert und erweiterte das Reich des Christentums. Er realisierte das vollkommene Ideal des gerechtfertigten Krieges, der in der Absicht geführt wird, zu rächen, zu verteidigen und den christlichen Glauben zu verbreiten.

Eines schönen Tages aber beschloß der Held, der Welt zu entsagen; er machte sich auf den Weg zu einer großen Wallfahrtsstätte, Saint-Julien-de-Brioude; seine Angriffswaffen – die Lanze, das Schwert, die Instrumente des Bösen – ließ er vor der Kirchentür. Mit solchen Werkzeugen, die dem Töten dienten, durfte man das Heiligtum nicht betreten; als er hineinging, trug er lediglich Helm und Schild, die er auf das Grab des Heiligen niederlegte. Aller Attribute seiner kriegerischen Funktion entblößt, änderte er sein Leben; zu Fuß, als Büßer, als Zeuge Christi, als Armer, zog er von dannen und begab sich zu dem Kloster, das er selber in Gellone gegründet hatte, um seine Tage in der Demut niedriger Arbeiten zu beschließen. So die Überlieferung. Und so, fährt Ordericus fort, ermutigte der gute Priester all die Männer, die um ihn her lebten und sich den Waffen verschrieben hatten, »bald durch Sanftmut, bald durch Drohungen«, ein besseres Leben zu beginnen. Eine wirksame Ermahnung: Fünf dieser Ritter traten tatsächlich in die Abtei ein, in der Ordericus schrieb.

Zur gleichen Zeit, um 1130 – in dem Augenblick also, da die Turniere zum ersten Mal von der Kirche verurteilt wurden –, brachte ein anderer großer Moralist der Epoche, Bernhard von Clairvaux, ein echter Beichtvater der Christenheit, eine ganz ähnliche Haltung zum Ausdruck. Das Buch, das er schrieb, war eine Lobrede auf die »neue Ritterschaft«: *Nova Militia.* Um was geht es? Zunächst darum, die Lebensart der Ritter, die Neigung zum Luxus, den Stolz und die Maßlosigkeit zu verurteilen. »Ihr müßt befürchten«, schreibt der heilige Bernhard, »daß der tödliche Hieb, den ihr einem Gegner versetzt, zugleich eure eigene Seele trifft, oder daß ihr den Tod aus der Hand des Feindes zugleich an Leib und Seele empfangt.« Vollständige Umkehr ist auch hier die einzige Rettung.

Aber glücklicherweise hat Gott eine neue Ritterschaft ins Leben gerufen – eine neue Art militärischer Orden, den der Templer, den der Hospitaliter –, und diese Ritterschaft ist alles andere als ein Synonym der Schlechtigkeit. Warum? Weil ihre Anhänger der Welt, dem Luxus, der Eitelkeit entsagt haben. Sie scheren sich die Haare, schreibt der heilige Bernhard, »denn sie halten dafür, daß es einem Mann zur Schande gereicht, sein Haar zu pflegen«; sie haben keine seidenen Satteldecken, sie tragen keine spitzen Schuhe, sie prahlen nicht mit kriegerischen Heldentaten, im Gegenteil, im Rahmen der Gemeinschaft kämpfen sie diszipliniert, umsichtig, und der Kampf, den sie führen, ist ein doppelter Kampf, nicht nur gegen Fleisch und Blut, sondern auch »gegen die bösen Geister in den Lüften«. Mögen diejenigen, die sich nicht entschließen können, gänzlich auf die Freuden des Waffengebrauchs zu verzichten, wenigstens einem der neuen Orden beitreten. Wenn schon Ritter, sollen sie zugleich Mönche sein.

Dieses Ideal predigte die Kirche. Tatsächlich waren die Strukturen des Mönchtums damals, als der heilige Bernhard schrieb, im Wandel begriffen: Es ging darum, erwachsenen Personen, die ihre weltlichen Waffen niederlegen wollten, den Eintritt ins Kloster zu erleichtern. Bei den Benediktinern war es schon lange üblich, daß Ritter aufgenommen wurden, die *in extremis,* auf dem Totenbett, nach dem Gewand des heiligen Benedikt verlangten, um es beim Übergang ins jenseitige Leben nicht so schwer zu haben. Am Anfang des 12. Jahrhunderts öffnen diese Mönchskonvente sich auch den müden Kriegern, die einen friedlichen und frommen Rückzug suchen. Man nennt sie *conversi,* Bekehrte; sie haben ihr Leben geändert, sich zu einer neuen Lebensart bekehrt. Aber sie sind alt, wenn sie ins Kloster kommen; sie verstehen sich nicht auf den liturgischen Chorgesang; untätig sitzen sie in den Klöstern herum, man weiß nicht so recht, was man mit ihnen anfangen soll, nimmt sie aber trotzdem auf. Die neuen Gemeinschaften, die der Templer, die der Hospitaliter, lassen sogar Ritter zu, die sich am Ende ihrer Jugend bekehren, dem Orden aber nicht wirklich beitreten. Ein Beispiel dafür ist Wilhelm Marschall: Er bekam die Tracht des Templerordens, die er aber nie benutzte, die ihm nur ein einziges Mal, am Tag seines Begräbnisses, als Sargbedeckung diente. In solchen Fällen war die Einbindung in den Orden durchaus gewährleistet, jedoch im Sinne eines Angebots. Wichtig daran ist, daß die Rahmen nachgiebiger werden, daß sie eine Art Osmose zwischen dem klösterlichen und dem weltlichen Leben begünstigen. Noch wichtiger aber ist das langsame Heranreifen des Gedankens, daß jeder Krieger eine gewisse Vollkommenheit erlangen kann, ohne der Welt den Rücken zu kehren, ohne seine Ordnung – jene soziale Kategorie, der er gemäß dem Ratschluß Gottes dank seiner Geburt angehört – zu verlassen, ohne auf die Erfüllung seiner gottgewollten Funktion zu verzichten.

Diese neue Idee nimmt ganz allmählich Gestalt an und setzt sich schließlich in der Mitte des 12. Jahrhunderts durch, zu einer Zeit, da das Mönchtum endgültig an Einfluß verliert, da sich in der Geschichte der abendländischen Kultur eine absolut entscheidende Wende vollzieht, da die Herrschaft über das abendländische Christentum von den Mönchen auf die Kleriker übergeht. Was diese letzten betrifft, so hatten sie sich schon immer viel direkter an kriegerischen Aktivitäten beteiligt. Die Bischöfe, die Kanoniker der Kathedralen, pflegten höchstpersönlich in den Kampf zu ziehen, und es machte ihnen Spaß. Mit Helmen gerüstet zeigten sie sich auf den Schlachtfeldern, wie es noch lange zu beobachten war. Man rühmte sie ob ihrer Tapferkeit, von der es hieß, sie könne sich mit der ihrer ritterlichen Brüder messen. Im Unterschied zu Südfrankreich, wo die Kluft zwischen dem Sakralen und dem Profanen viel größer geblieben war, wo sich die Kultur der Troubadoure, die sowohl erotische als auch politische Kultur der *sirventés*, dem Einfluß der Kirche lange entzog, lebten die Kleriker in den Fürstenhäusern Nordfrankreichs Seite an Seite mit den jungen Weltlichen, die sich für ihren Kriegerberuf in den Waffen übten. Eine besondere Funktion der Kirchenmänner, die in der Welt dienten, bestand darin, daß sie sowohl zur Erziehung als auch zur Unterhaltung der am Hof versammelten jungen Ritter beitrugen. Diese Männer, die eine Schulbildung genossen hatten, die über eine Schriftkultur verfügten, waren die eigentlichen Baumeister der neuen Ideologie. Einer Ideologie, die autonomer war, weiter entfernt von den Gebeten, den Homilien, und die wirklich den Neigungen der ›Jugend‹ entsprach, jener Ritter, die sich noch nicht etabliert hatten; eine autonome Kultur, die den Hoffnungen und Sehnsüchten der unverheirateten Krieger gerecht wurde. Sie, die an den Fürstenhöfen dienenden Kleriker, brachten all die Legenden, all die Lieder, die ganze mündlich überlieferte Dichtung, die dem Weltbild der Krieger schon seit langem – aber auf eine für uns unzugängliche, nicht schriftlich festgehaltene Art und Weise – Ausdruck verlieh, in eine literarische Form. Sie haben die neue Moral der Krieger formuliert.

Infolgedessen ist die Kirchenideologie nicht ganz spurlos an dieser Moral vorbeigegangen. Aber die Einflußnahme blieb doch sehr gering, und vor allem erfolgte sie über den Umweg der Kreuzzugsidee. Jedenfalls verhielt es sich so, daß die Literatur der Fürstenhöfe nach 1150 eine

Auffassung von der Ritterschaft vertrat, die in direktem Widerspruch zu der des heiligen Bernhard stand, eine weltliche, profane Auffassung, die gegen den Rest der Gesellschaft gerichtet war, gegen die Leute aus dem Volk, und dies um so mehr, als der soziale Aufstieg eben dieser Leute, ihr Emporkommen durch den Handel, den Söldnerberuf oder eine Mitarbeit im Bereich der fürstlichen Verwaltung von dieser Zeit an immer deutlicher hervortrat und zunehmend als Gefahr empfunden wurde. Eine Kultur, die sich aber auch gegen die Kirchenmänner richtete, gegen die Feinde der Fröhlichkeit, die lästigen Ratgeber, die ewigen Spaßverderber.

Der Ritterstand wird in dieser Literatur natürlich als erhabenste gesellschaftliche Stellung präsentiert. Am Ende des 12. Jahrhunderts verkündete Parceval in dem Roman von Chrétien de Troyes: »Die Ritterschaft ist die höchste Ordnung, die Gott geschaffen hat.« Diese herausragende Stellung beruht auf einer bestimmten Konstellation von Tugenden. Die älteste unter ihnen, der älteste Pfeiler dieser Ethik, die sich dem Historiker nunmehr in aller Klarheit präsentiert, ist die Tugend der Loyalität, die Achtung des Treueschwurs, der eingegangenen Verpflichtung, das Festhalten an den Familienbanden, an den Freundschaftsversprechen, die den Gruppenzusammenhalt im Krieg und beim Turnier unzerbrechlich machen. Doch im Laufe des 12. Jahrhunderts haben sich diesem zentralen Wert drei andere Tugenden hinzugesellt, um gemeinsam die wirkliche Grundlage der neuen Moral zu bilden. Die erste ist eine rein zivile Tugend, die ›Höfischheit‹, eine ›ehrenwerte‹ Art, sich gegenüber den Damen – den Damen der vornehmen Gesellschaft wohlgemerkt – zu betragen. Die zweite hat zugleich ökonomischen Charakter, die ›Freigebigkeit‹, das heißt, die Verschwendungslust, die Pflicht, alle Reichtümer zu verachten und das Geld mit vollen Händen zu verteilen. Die dritte hingegen ist eine rein kriegerische Tugend, die ›Tapferkeit‹. Tapferkeit und Freigebigkeit – zwei untrennbare Werte, die beide auf den ›Mut‹ gegründet sind.

Wir müssen uns vor Augen halten, daß der Mut am Anfang des 12. Jahrhunderts nicht zu den Haupttugenden der Kriegermoral zählte. Das mag überraschen, aber es stimmt. Der anonyme Autor einer Geschichte des ersten Kreuzzuges, die in den zwanziger Jahren des 12. Jahrhunderts geschrieben wurde – inspiriert von einem Mann, der zweifellos selber zur Ritterschaft gehörte und sich in deren Belangen auskannte –, liefert durch die Art und Weise, wie er seine Kampfgefährten würdigt, ein überzeugendes Beispiel. Der Text dieser Geschichte hebt den Mut der militärischen Einheiten, der Gruppen (hier ist ausschließlich von Gruppen die Rede, denn die Kriegshandlung ist eine kollektive Handlung, und wenn gelegentlich ein Individuum erwähnt wird, handelt es sich stets um einen Anführer, der nie nach seiner Person, sondern immer nur nach seiner symbolischen Funktion als Kopf, als Verantwortlicher eines Ganzen beurteilt wird), zwar rühmend hervor, aber durch die Anordnung des

Szenen aus dem Wandteppich von Bayeux: die Zubereitung eines Festmahls …

Vokabulars verbindet sich dieser Mut mit dem Begriff der Körperkraft und vor allem mit dem Begriff der Vorsicht, das heißt, mit statischen Eigenschaften. Mut wird in diesem Text nie als Furchtlosigkeit beschrieben. Verwegenheit dagegen erscheint als verwerflich, als Blindheit, als Zeichen der Maßlosigkeit und des Stolzes, das heißt, als herausfordernde Haltung gegen Gott. Der Mut ist folglich eine passive Tugend, sie steht für ein ruhiges, vertrauensvolles Abwarten, für die Bereitschaft, sich dem göttlichen Willen, den man keinesfalls erzwingen darf, zu unterwerfen. Mut ist eine Form der Hoffnung. Er ist immer nur ein Ornament der Handlung, eine Art Zierde, und im Zusammenhang mit diesem Wort gebraucht der Autor immer nur Adverbien oder Adjektive, die Attribute, Dekorationen sind.

Der Motor des Geschehens ist nicht der Mut, sondern die Angst, und die Angst wird in diesem Diskurs durch Substantive oder durch Verben ausgedrückt. Eine quälende Angst, spürbar allgegenwärtig, und zwar solange die Kriegshandlung dauert, ja schon im Augenblick der Vorbereitung, während man die Stellung des Feindes beobachtet, während man seine Stärke einzuschätzen versucht, indem man zählt und sich aus lauter Furchtsamkeit verrechnet, indem man die Anzahl der Gegner übertreibt

... und die Tafelrunde, 11. Jh.

– eine Angst, die zunimmt, wenn die Schlacht beginnt – eine Angst, die alles überschwemmt, sobald Auflösungserscheinungen im Zusammenhalt der Kampfgruppen erkennbar werden – eine Angst schließlich, die sich in der wilden Flucht auf einen Schlag entlädt. Bemerkenswert aber ist vor allem, daß der Autor der Geschichte des ersten Kreuzzugs dieses Gefühl keineswegs tadelt; oft rechtfertigt er es sogar, denn Angst ist für ihn ein Zeichen wirklicher Vorsicht, das heißt, ein Zeichen des wahren Muts, der notwendigen Ehrfurcht gegenüber den Warnungen des Himmels. Meistens beschränkt er sich darauf, das Vorhandensein der Angst kommentarlos festzustellen. Er betrachtet es als eine Konstante der kriegerischen Mentalität, als eine Eigenschaft, die den Menschen keinesfalls entwürdigt.

Drei Generationen später, am Ende des 12. Jahrhunderts, hat sich alles radikal verändert. Der Wert des Ritters bemißt sich jetzt an seinem Mut, dem individuellen Mut. Diese Einstellung veranlaßt den Ritter, rückhaltlos alles zu unterlassen, was ihn in den Verdacht der Furchtsamkeit bringen könnte. Jede Ausflucht ist ihm recht. Hier ein Beispiel: Gemeinsam mit den Baronen von Flandern und gestützt auf die Volksmilizen dieses Landes, die Kommunen, zog Wilhelm Marschall 1197 in den Krieg gegen den König von Frankreich. Die Barone schlugen vor, sich hinter den Wagen, die das Volk der flandrischen Kommunen mitgebracht hatte, zu verschanzen. Sie wollten eine Art Bastion errichten und nur von Zeit zu Zeit zum Angriffssturm auf die Franzosen aus der Deckung hervorbrechen. Um die Tugend, die Ritterlichkeit seines Helden zu rühmen, schreibt der Biograph Wilhelm Marschalls, dieser habe den Vorschlag abgelehnt. Verwegen mußte man sein, kühn mußte man sich dem Kampf stellen, ohne an irgendeinen Schutz zu denken. Im Laufe des 12. Jahrhunderts hat die Kühnheit die Vorsicht verdrängt und den ersten Platz unter den Tugenden eingenommen. Die Kühnheit mit ihrer unvermeidlichen Gefährtin, der Verschwendungslust, der Freigebigkeit. Eine Umwälzung des Wertsystems, die zur gleichen Zeit erfolgt wie eine andere, eine entsprechende Verschiebung auf der Ebene der von der Kirche gepredigten Moral, wo der Geiz dem Stolz den ersten Platz unter den Sünden streitig macht.

Um sich von den Nicht-Adligen abzugrenzen, von denen, die auf jede erdenkliche Art Geld verdienen, die um des Geldes willen Handel treiben, sich als Söldner verdingen oder den Fürsten dienen, fühlt der Ritter sich verpflichtet, so zu tun, als verachte er die Gefahr ebenso wie den Gewinn. Auch der Ritter verdient Geld – ich habe es weiter oben ausgeführt –, aber er muß das, was er verdient, sogleich mit vollen Händen verteilen, auf jede erdenkliche Art, in Form von Geschenken, von nutzlosen Zerstreuungen, von großzügiger Verschwendung. Die Ritterschaft – die Ritterschaft in ihrem neuen Sinne, denn dieses Wort steht am Ende des 12. Jahrhunderts nicht mehr für eine gesellschaftliche Kategorie, sondern es bezeichnet eine Seelenzierde – ist, wie gesagt, durch die Besoldung, durch das Glücksspiel des Turniers eine lukrative Angelegenheit geworden, die immer mehr Geld einbringt; insofern hat sie Teil an der Verderbnis. Doch die Ideologie verschleiert diese verachtungswürdige Realität, schmückt sie mit liebenswerten Farben und liefert Argumente, die der Rechtfertigung, der Beruhigung dienen. So hüllt sich das echte Gefühl der Habsucht in den Mantel der Tapferkeit, es legt sich eine prahlerische Haltung zu und versteckt sich hinter der feurigen, rückhaltlosen Hitzigkeit, die den Frauen gefällt und die Gott, so sagt man, weniger mißfällt als sie ihm einst mißfallen hat.

Doch wenngleich die Werkstätte, in der die Kriegermoral kulturelle Formen angenommen hat, zweifellos der Hof der großen Herren war, der Hof mit seinen Scharen dienstbarer Intellektueller, dürfen wir nicht darüber hinwegsehen, daß der wichtigste Entstehungsort dieser Moral der Tapferkeit und der Freigebigkeit in der Schule des neuen ritterlichen Verhaltens, im Feld der Turniere bestand. Ich habe das Turnier weiter oben als Begegnung lärmender Haufen und als Markt charakterisiert. Aber das Turnier war auch ein Wettbewerb, und der Preis, um den es ging, war keiner Gruppe, keinem Kampftrupp zugedacht, sondern dem Besten, einem einzigen, einem Individuum. Nehmen wir das Beispiel eines Turniers, das unter Teilnahme von Wilhelm Marschall in der Champagne stattgefunden hat. Am Ende des Turniers sollte der Beste eine symbolische Belohnung erhalten – aus den Händen einer Frau. Es handelte sich um einen prachtvollen Fisch, der zunächst den Anführern der Kampftrupps und den anwesenden Fürsten dargeboten wurde, die ihn aber ablehnten. Schließlich wurde er mit festlichem Gefolge dem brillantesten Turnierteilnehmer, Wilhelm Marschall, überreicht. Dieser Preis, diese völlig wertlose Belohnung täuscht über die Wirklichkeit, über den realen Gewinn hinweg. So verwandelt sich das Turnier, diese auf Bereicherung ausgerichtete Veranstaltung, dem Anschein nach in einen Wettkampf um die Ehre, bei dem man sich ohne materiellen Eigennutz an Tapferkeit zu überbieten sucht.

Noch wichtiger ist die Tatsache, daß sich dies alles in Gegenwart der Damen, der Edelfrauen, abspielt. Sie sind anwesend, und so entsteht ein Bündnis zwischen dem höfischen Betragen, dem Mut und der Verachtung aller Reichtümer. Eines Morgens vor dem Kampf, während die Ritter ihre Waffen anlegen, wird »die Gräfin mit ihrem Gefolge« gemeldet. Sofort sind alle bei der Sache. Man reicht sich die Hände zum Tanz, und der Beste, Wilhelm Marschall natürlich, trägt höchstpersönlich ein Lied vor, um den Schönen zu gefallen: Eine Zeitlang wird das Turnier zur Schule der Courtoisie.

Aber es gibt noch eine Gegenwart, die am Ende des 12. Jahrhunderts von größter Bedeutung für die Turniere ist: Die Gegenwart jener Männer, die man heute vielleicht als Werbeagenten bezeichnen würde und die damals Herolde genannt wurden. Diese Männer handeln mit Ruhm, sie sind professionelle Liederdichter. In einem Text heißt es: »Wenn sie auf einem Turnier jemanden sehen, der mannhaft und kraftvoll zu Werke geht, verfassen sie ihm zu Ehren sogleich ein Gedicht.« Ein Gedicht, in dem natürlich die wichtigsten Tugenden gerühmt werden, allen voran die Tapferkeit, ein Gedicht, das an die Höfe weitergetragen wird, das dem Ruhm dessen dient, den es als Helden feiert, und das obendrein seinen Marktwert erhöht, das ihm erlaubt, sich teurer an die Veranstalter der Wettkämpfe zu verkaufen.

Wer aber bekommt den Preis, den die Damen vergeben, und wer wird anschließend von dem Herold besungen, wer profitiert von seinem Loblied? Nicht etwa der ganze Trupp – auch hier wird die Realität des

Krieges verschleiert –, sondern ein Individuum, ein einziger, der allein triumphiert, genau wie beim Wettstreit um die Liebe (die Strategie der höfischen Liebe entwickelt sich in dieser Zeit genau parallel zur Strategie des Turniers). Was gerühmt, besungen und verkündet wird, ist ein persönlicher Heldenmut. Dieser persönliche Heldenmut bildet die Grundlage der Freiheit, der Selbstsicherheit; er allein vermittelt dem Individuum die Illusion, frei zu sein von der konkreten, hautnahen, notwendigen, einengenden, manchmal erstickenden Realität der Familie, der zur Freundschaft verpflichteten Kampftrupps und all der knotenförmigen sozialen Einheiten, die das Gesellschaftsbild der damaligen Zeit beherrschen. Der Preis, den das Turnier in Aussicht stellt, wiegt den Ritter in der Illusion, allein zu sein, mit den einsamen Helden der zeitgenössischen Literatur zu rivalisieren, die glorreiche, erregende, imaginäre Einsamkeit der durchs Land streifenden Parcevals und Gawains zu teilen.

Abschließend noch ein paar ergänzende Bemerkungen. Im Laufe des 12. Jahrhunderts, das ein wirklich entscheidendes Jahrhundert war, unter dem Einfluß der großen Wende, die sich in der Geschichte der abendländischen Zivilisation vollzog, hat die ökonomische Entwicklung in Frankreich dazu geführt, daß sich die Laienaristokratie – jene gesellschaftliche Kategorie, die das Monopol der Kriegführung innehatte – ihres Standes nicht mehr sicher sein konnte. Die Friedensbeschlüsse, die von den wiederauflebenden Staaten immer entschiedener angewandt wurden, schmälerten die Freuden und Gewinne des Krieges in zunehmendem Maße. Auf den Turnieren gab es wenige Gewinner und zahlreiche Verlierer – jedenfalls gaben alle weit mehr dabei aus, als sie daran verdienten. Gleichzeitig machten die reichgewordenen Emporkömmlinge niederer Herkunft den Adligen ihren Vorrang streitig und drangen als Konkurrenten bis in die nächste Umgebung der Fürsten vor.

Zur Verteidigung ihrer Interessen begann die Aristokratie, sich hinter einem Mythos zu verschanzen, und das Grundgerüst dieses Mythos bestand in einer bestimmten Konzeption des Krieges. Eines Krieges, dessen Monopol die Aristokratie bewahren wollte. Eines Krieges, der in erster Linie gerecht sein mußte – dies ist der Anteil der Kirchenideologie, der Ideologie des Gottesfriedens; eines mutigen Krieges, in dem der Krieger alles wagen, in dem er jeder Gefahr furchtlos trotzen sollte – dies ist der Anteil der weltlichen Ideologie; eines Krieges schließlich, bei dem das Individuum ganz im Gegensatz zur Realität eine entscheidende Rolle spielte. Hier, im Herzen des Mittelalters, entstand das Bild einer individuellen Verantwortung, Aspekt eines neuen Humanismus. Zur gleichen Zeit, da Abälard verkündete, der Mensch allein entscheide über seine Handlungen, wurde im Zusammenhang mit dem kriegerischen Wagnis freiheraus erklärt, die Handlung eines einzigen sei entscheidend. Ein Mythos der Tapferkeit also, ein Mythos der Verwegenheit, des tollküh-

Das Hervortreten des Individuums
Fresko an der Kathedrale von Bourges, 13. Jh.

nen Wagemuts, des Opfers für die gute Sache. Geschaffen wurde dieses Bild zur Auszeichnung des Adels, es sollte die Stellung der feinen Leute definieren, das, was sie wirklich vom gemeinen Volk unterschied.

Ab 1789 – auch diesmal stand Frankreich an der Spitze der Bewegung – wurden diese Adelsprivilegien in Frage gestellt. Der Vorschlag am Ende des 18. Jahrhunderts lautete, das ganze souveräne Volk solle teilhaben an

Adam
Statue aus Notre-Dame. Ende des 13. Jh.

168

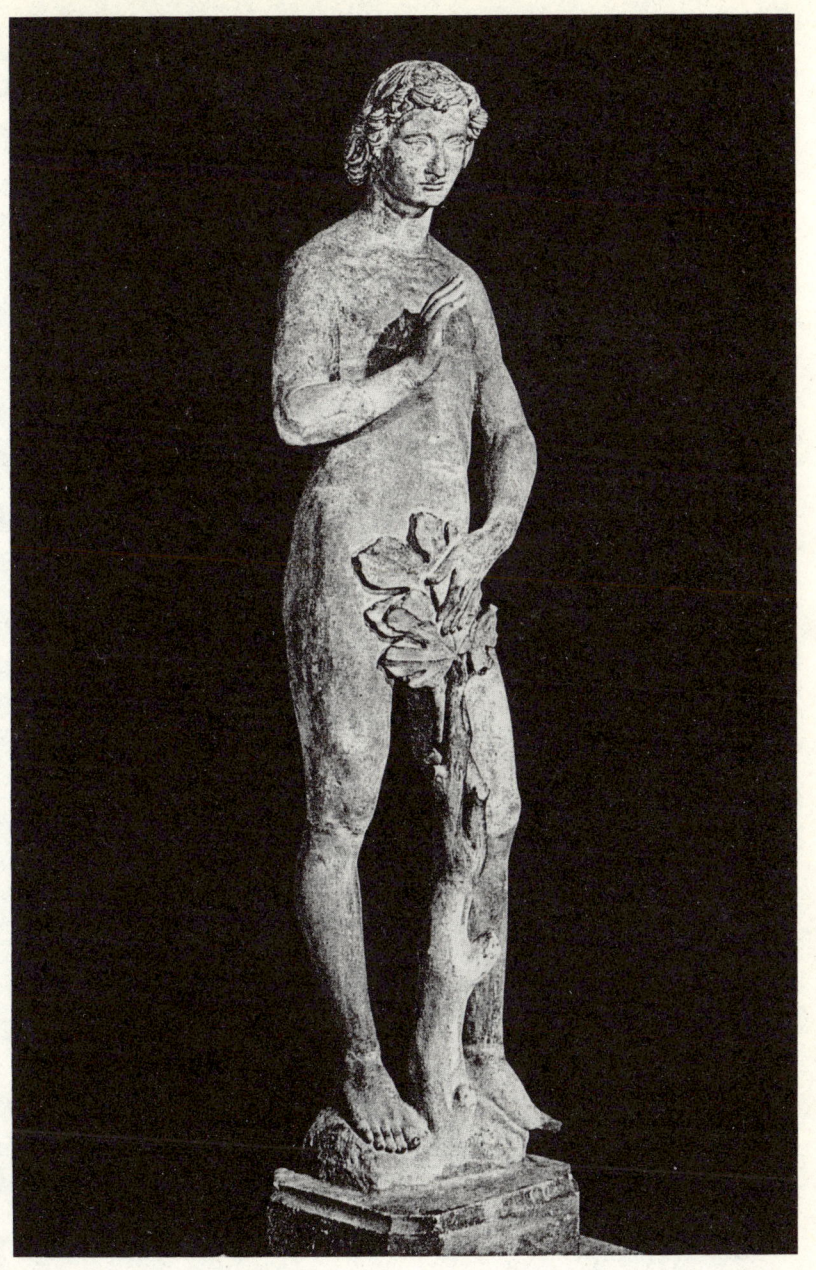

jener Tugend, die ehemals ein Privileg des Adels war. Damit erreichte der Prozeß der Entheiligung, der Verallgemeinerung aller kriegerischen Aktivitäten seinen Höhepunkt. Die Zeit der bürgerlichen Revolution war gekommen, die Zeit einer Revolution, die – um die Worte eines lange als höchst subversiv geltenden Liedes aufzugreifen – »uns zu Helden machen wollte«.

Mein Anliegen war es, aufzuzeigen, welch unerhört großen Anteil bestimmte Bilder, Vorstellungen und ein ganzer Komplex moralischer Begriffe, die im Mittelalter entstanden sind, an der modernen Konzeption des Krieges haben. Ich hoffe, daß es mir gelungen ist, eine Antwort auf die Frage zu geben: Inwiefern ist das Mittelalter in unserem Leben noch gegenwärtig?

Anmerkungen

Geschichte der Ideologien

1 PAUL VEYNE, *Comment on écrit l'histoire*, Paris 1971, S. 230.

2 *Ibid.*, S. 223, Anm. 11.

3 *Ibid.*, S. 242 und S. 244.

4 *Ibid.*, S. 227.

Die Jugend in der aristokratischen Gesellschaft

1 Ich verwende sie in einer allgemeinen Untersuchung über die aristokratische Familie in der Feudalzeit; der vorliegende Aufsatz faßt einige einleitende Überlegungen dieser Studie zusammen.

2 Vgl. ORDERICUS VITALIS, *Historia ecclesiastica* (Abk.: H. E.), hg. von LEPRÉVOST und DELISLE (1838-1855), SHF 3, Bd. II, S. 47 und 94. Was die Bücher III bis VII der H. E. betrifft, stütze ich mich auf die unveröffentlichte Studie von J. PAUL, »La famille et les problèmes familiaux en Normandie au XIe siècle d'après l'*Historia ecclesiastica* d'Orderic Vital«, D. E. S., Aix 1960.

3 H. E. 8: Robert von Rhuoddan wird so lange als *puer* bezeichnet, bis er *miles* geworden ist. D'ARBOIS DE JUBAINVILLE, *Histoire des comtes de Champagne* (1859), Bd. VII, S. 70: Von Balduin VI., Sohn des Grafen von Hennegau, heißt es, »*juvenis etiam miles*«.

4 H. E. 4, Bd. II, S. 219: In bezug auf Richard, Sohn Hugos von Chester, heißt es, »*juvenis adhuc liberisque carens*«; H. E. 3, Bd. II, S. 25: Ernold von Montreuil, der bei seinem Tode einen Sohn hinterläßt, wird als *vir* bezeichnet.

5 Der Ausdruck *bachelier* scheint in der romanischen Sprache die exakte Entsprechung des lateinischen Begriffs *juvenis* zu sein. Vgl. *L'Histoire de Guillaume le Maréchal* (Abk.: G. M), hg. von P. MEYER, SHF, V. 1477; *Charroi de Nîmes*, V. 23-25; *Chanson de Roland*, V. 3018-3020.

6 Vgl. G. M., V. 1895 und 1901.

7 Franz. *errer;* vgl. G. M., V. 2399 und 2444; V. 1890:

Que nus qui velt en pris monter
N'amera ja trop long sojor ...
Ains s'esmovit en mainte terre
Por pris e aventure quere
Mais souvent s'en revenait riche ...

Vgl. auch LAMBERT VON ARDRES, *Historia comitum Ghisnensium* (Abk. H. Gh.), 91; »*torniamenta frequentendo, multas provincias et multas regiones ... circuivit.*«

8 Vgl. G. M., V. 754, 2997-2998:

Puis mena si très belle vie
Que plosors en orent envie
En torneiemenz e en guerres
E erra par totes les terres.

9 Es sei darauf hingewiesen, daß die jungen Männer aus vornehmen Familien, auch wenn sie die Schwertleite nicht empfangen hatten, sondern zu Gelehrten ausgebildet wurden, ganz ähnliche Abenteuerfahrten unternahmen, auf denen die scholastische Disputation als Gelegenheit, Heldentaten zu vollbringen und den ›Preis‹ zu erobern, die Rolle des Turniers spielte. Das Verhalten des jungen Abälard und das Vokabular, das er auf den ersten Seiten der *Histoire de ses malheurs* gebraucht, sind in diesem Zusammenhang sehr aufschlußreich.

10 *Acta sanctorum*, 15. August, III, S. 232 A.

11 *Chanson d'Aspremont*, V. 7515 und 7516; G. M., V. 2427-2432. Heinrich II.

läßt seinen Sohn von Wilhelm Marschall betreuen, der sowohl für die Erziehung zuständig ist als auch dafür, den ›jungen‹ Heinrich dorthin zu führen, wo Turniere stattfinden. Vgl. G. M., V. 1959-1967; H. Gh., 92.

12 Es geht um den Sohn Wilhelm Marschalls und den Grafen von Salisbury; G. M., V. 15884.

13 H. Gh., 91.

14 Der ›junge‹ Heinrich von England hat es verstanden, die Kampfgefährten an sich zu binden; seinem Beispiel folgend, verteilen die hochgeborenen Männer Waffen und Denare an die ›Jungen‹. Vgl. G. M., V. 2673-2675, 2679-2685.

15 H. E. 5, Bd. II, S. 381; H. E. 7, Bd. III, S. 190.

16 H. E. 6, Bd. III, S. 4.

17 H. Gh., 92.

18 Vgl. die familia Hugos von Chester, deren Oberhaupt, in militia promptus, in dando prodigus, Spielleute und Freudenmädchen unterhält; H. E. 6, Bd. III, S. 4.

19 Nachdem Roger und seine Gefährten das Gefolge ihres Herrn Hugo von Chester verlassen haben, um sich zu bekehren, kommen sie, wie ORDERICUS VITALIS schreibt, quasi de flammis Sodomiae zurück; H. E. 6, Bd. III, S. 16. Zur Verderbtheit der juvenes, siehe unter anderem GUIBERT VON NOGENT, De vita sua, hg. von Georges Bourgin (1907), Bd. I, 15, S. 57; Bd. III, 19, S. 220.

20 Fragmenta Gaufredi, in: Analecta Bollandiana (1932), Bd. I, S. 110.

21 G. M., V. 1897.

22 H. E. 3, Bd. II, S. 54: Der Herzog von Salerno erhält zur Verstärkung de electis juvenibus Normanniae aliquos.

23 Charroi de Nîmes, V. 641-646.

24 Richard, Sohn von Wilhelm dem Eroberer, starb bei der Jagd; vgl. H. E. 5, Bd. II, S. 391. Hugo, Sohn von Wilhelm Giroie, wurde, juventute florens, bei Waffenübungen tödlich von einem Wurfspieß getroffen; vgl. H. E. 3, Bd. II, S. 29. Ernold von Montreuil, der selbst nicht mehr zur »Jugend« zählte, starb im Kampf gegen einen juvenis; vgl. H. E. 3, Bd. II, S. 25. WILHELM VON GUINES, strenuissimum quidam militem, sed in flore juventutis apud Colvinam mortuum; vgl. H. Gh., 72. SIMON VON ARDRES, jam adultum et juvenem mortuum; vgl. H. Gh., 134. Von dem aus fünfzehn Männern bestehenden Trupp, den Wilhelm

Girois nach Apulien führte, kehrten nur zwei in die Heimat zurück.

25 H. Gh., 122.

26 Monumenta Germaniae Historica, Scriptores, Bd. XVI, S. 511-512.

27 Heinrich der Junge »bien erra an e demi«; vgl. G. M., V. 2444; H. Gh., 91. ARNOLD VON GUINES, multas regiones fere per biennium non omnino sine patri auxilio et patrocinio circuivit.

28 H. Gh., 92.

29 So etwa Robert Kurzhose; vgl. H. E. 5, Bd. II, S. 381. Gemeinsam mit einem anderen ›Jungen‹ unterstützte der älteste Sohn Wilhelm Marschalls die Partei des Königs von Frankreich, den sein Vater bekämpfte; vgl. G. M., V. 15884. Im 11. Jahrhundert verheerte der Sohn Roberts des Frommen mit einem Trupp gleichaltriger socii den väterlichen Grundbesitz; vgl. RODULF GLABER, Historiarum libri quinque, Bd. III, S. 9.

30 H. Gh., 93: Statt in einem Land zu bleiben, wo kein Krieg geführt wird, zieht Arnold von Ardres es vor, andere Länder aufzusuchen, propter torniamentorum studium et gloriam. G. M., V. 2391, in bezug auf Heinrich den Jungen:

En Angleterre sejornèrent
Près d'un an qu'ils ne s'atornèrent
A nule riens fors a pleidier
Ou a bois ou a tornoier
Mais al gieble rei pas ne ploust
Tel sejor, anceis li desplout.

31 G. M., V. 2404: Heinrich II. läßt seinen Sohn ziehen. G. M., V. 1391-1394: Der junge Wilhelm Marschall bittet seinen Vater um die Erlaubnis, fortgehen zu dürfen.

32 H. E. 5, Bd. II, S. 457: Ansould von Maule, der älteste Sohn, folgt dem Ruf seines greisen Vaters, kehrt vom Kreuzzug zurück, heiratet und tritt das Erbe an; die anderen Söhne sind fern der Heimat. Vgl. auch H. E. 5, Bd. II, S. 463.

33 H. Gh., 63; Annales Cameracenses, Monumenta Germaniae Historica, Scriptores, Bd. XVI, S. 511-512.

34 In den Ländern des Südwestens sorgte der alte Herr zu Lebzeiten für die dispositio der Nachfolge. Vgl. Historia pontificum et comitum Engolismensium, S. 26, 31 und 36.

35 Ebd., S. 30.

36 H. Gh., 149: Die Ehe des jungen Arnold von Ardres wird von seinem Vater und den Onkeln der Braut beschlossen.

37 Zur Brautgabe, vgl. H. Gh., 149. Als

Manasse, der dritte Sohn des Grafen Balduin von Guines (sein zweiter Sohn starb *in juventute*), heiratet, wird er in eine *Seigneurie* eingesetzt, die sein Vater begründet hat und die aus Neuerwerbungen besteht.

38 *Chanson d'Aspremont*, V. 5572-5573: Der Kriegschef gibt den Kämpfern Frauen zur Belohnung. H. Gh., 64: Als Arnold von Gent sich in der Grafschaft Guines niederläßt, versammelt er alle seine Gefährten, behält einige von ihnen in seinem Haus zurück, *illos in terra maritabat*.

39 H. Gh., 39, 60.

40 H. Gh., 93, 149.

41 H. E. 11, Bd. IV, S. 167, Anm. 2.

42 H. Gh., 122.

43 H. Gh., 96.

44 H. E. 3, Bd. II, S. 3-18.

45 K. F. WERNER, »Untersuchungen zur Frühzeit des französischen Fürstentums«, in: *Die Welt als Geschichte*, 1960, S. 116-118.

46 H. Gh., 9-11.

47 R. NELLI, *L'érotique des troubadours*, Toulouse 1963, S. 108 ff.

48 H. Gh., 93.

Die Laien und der Gottesfrieden

1 Vgl. B. TÖPFER, *Volk und Kirche zur Zeit der beginnenden Gottesfriedensbewegung in Frankreich*, Berlin 1957; die von Töpfer erstellte Chronologie der Gottesfriedensbewegung kann berichtigt werden nach dem Werk von R. Bonnaud-Delamare, *Les institutions de paix en Aquitaine au XIᵉ siècle*, Bd. I, Brüssel 1962.

2 Dieser Aspekt wird in der Untersuchung von R. BONNAUD-DELAMARE, in: *Mélanges Halphen*, Paris 1951, sehr klar herausgearbeitet.

3 Vgl. B. TÖPFER, *a.a.O.*; Töpfer hat die Beziehung zwischen der Friedensideologie und den Sozialstrukturen in aller Klarheit dargestellt.

4 L. HUBERTI, *Studien zur Rechtsgeschichte der Gottesfrieden und Landfrieden*, Ansbach 1892, S. 35. Trotz aller Mängel erscheint mir die Textsammlung von L. Huberti am brauchbarsten; auf die in seinem Werk lateinisch zitierten Quellen stütze ich mich auch im Folgenden.

5 *Ebd.*, S. 212.

6 B. TÖPFER, *a.a.O.*, S. 88, Anm. 36; R. Bonnaud-Delamare, *Les institutions de la paix, a.a.O.*, S. 422.

7 L. HUBERTI, *a.a.O.*, S. 136. War dies wirklich die Rolle der Prälaten? Als die Gottesfriedensbewegung nach 1023 bis an die Grenzen des Königreichs vordrang, als sie Gegenden erreichte, wo die königliche Macht durchaus stark genug war, um ihre Funktionen zu erfüllen, behaupteten manche Zeitgenossen das Gegenteil. Der Bischof Gerhard von Cambrai beispielsweise verwies darauf, daß es »Sache des Königs« sei, »Aufstände zu unterdrücken, Fehden zu schlichten und für friedliche Beziehungen zu sorgen«, während die Bischöfe lediglich die Aufgabe hätten, »die Könige zum Kampf um das Heil des Landes zu ermahnen und für ihren Sieg zu beten«; vgl. *ebd., S. 162.

8 R. BONNAUD-DELAMARE, *Les institutions de la paix, a.a.O.*, S. 425-426.

9 *Ebd.*, S. 447.

10 L. HUBERTI, *a.a.O.*, S. 124.

11 *Ebd.*, S. 35.

12 *Ebd.*, S. 123 und 166.

13 *Ebd.*, S. 123 und 124.

14 *Ebd.*, S. 183.

15 *Ebd.*, S. 214.

16 *Ebd.*, S. 206.

17 *Ebd.*, S. 35.

18 *Ebd.*, S. 320.

19 *Ebd.*, S. 166.

20 *Ebd.*, S. 406 und 417; Konzil von Clermont im Jahre 1095; Friedenseid des Grafen Fulko von Anjou und der Großen von Touraine.

21 R. BONNAUD-DELAMARE, *Les institutions de la paix, a.a.O.*, S. 432.

22 L. HUBERTI, *a.a.O.*, S. 241; die Kanones des Konzils von Elne im Jahre 1027 stellen den Inzest und die Verstoßung der Ehefrau im gleichen Atemzug wie die Gewalttat unter Strafe. *Ebd.*, S. 203 und 205; Rodulf Glaber und andere zeitgenössische Chronisten berichten, daß die Konzilien um das Jahr 1033 nicht nur Gesetze zur Friedensreform erließen, sondern auch vorschrieben, daß am Donnerstag Abstinenz

vom Wein und am Freitag Abstinenz vom Fleisch zu üben sei.

23 *Ebd.*, S. 167.

24 *Ebd.*, S. 240: »Niemand greife seinen Feind zwischen der neunten Stunde am Samstag und der ersten Stunde am Montag an.«

25 Kapitular von 813, zitiert bei L. HUBERTI, *a.a.O.*, S. 246.

26 *Ebd.*, S. 317.

27 *Ebd.*, S. 406; besonders die Fastenvorschriften.

28 *Ebd.*

29 *Ebd.*, S. 411. Bemerkenswert ist, daß die Pilgerfahrt nach Jerusalem auf dem Konzil von Arles (1037-1041) als Buße für einen während der *Treuga Dei* begangenen Totschlag verhängt wurde; vgl. *ebd.*, S. 273.

30 *Ebd.*, S. 408.

Seite 41, 154: Mit freundlicher Genehmigung des Archivs Roger Viollet, Paris.

Quellen

Die mittelalterlichen Gesellschaften. Ein Überblick
›Les sociétés médiévales. Une approche d'ensemble‹: Editions Gallimard, Paris 1972

Geschichte der Ideologien
›Histoire sociale et idéologies des sociétés‹, in: *Faire de l'Histoire. Première partie:* nouveaux problèmes, Hrsg. von Jacques Le Goff und Pierre Nora, Editions Gallimard, Paris 1974

Zur Verallgemeinerung der kulturellen Modelle in der Feudalgesellschaft
›La vulgarisation des modèles culturels dans la société féodale‹, in: Georges Duby, *Hommes et structures du moyen âge*, Editions de l'Ecole des Hautes Etudes en Sciences Sociales, Paris, und Mouton Editeur, Paris-La Haye, 1973

Der Rosenroman. Sozialgeschichtliche Hintergründe eines höfischen Traums
›Preface au *Roman de la Rose*‹: Vorwort zur französischen Ausgabe des *Roman de la Rose* von Guillaume de Lorris und Jean de Meun, Editions Gallimard, Pairs 1984

Die ›Jugend‹ in der aristokratischen Gesellschaft
Les ›jeunes‹ dans la sociéte aristocratique dans la France du Nord-Ouest au XIIᵉ siècle, in *Hommes et structures du moyen áge*, a.a.O.

Die Laien und der Gottesfrieden
›Les laics et la paix de Dieu‹, in: *Hommes et structures du moyen âge*, a.a.O.

Krieg und Gesellschaft im Europa der Feudalzeit
›Guerre et société dans l'europe féodale‹, in: *Concetto, Storia, Miti e Immagini del Medioevo*, hrsg. von Vittore Branca, Sansoni Editore, Florenz 1973

Vortragsfassungen unter den Texten wurden für den Druck leicht geändert.